出镜记者现场报道指南

CHUJINGJIZHEXIANCHANG BAODAOZHINAN

宋晓阳 著

中国广播影视出版社

图书在版编目（CIP）数据

出镜记者现场报道指南／宋晓阳著．—北京：中国广播影视出版社，2008.1（2021.8 重印）
ISBN 978－7－5043－5490－7

Ⅰ．出…　Ⅱ．宋…　Ⅲ．新闻报道—外国—指南　Ⅳ．G212－62

中国版本图书馆 CIP 数据核字(2007)第 180912 号

出镜记者现场报道指南
宋晓阳　著

责任编辑	高子如
封面设计	亚里斯
责任校对	谭　霞
出版发行	中国广播影视出版社
电　　话	010-86093580　010-86093583
社　　址	北京市西城区真武庙二条 9 号
邮　　编	100045
网　　址	www. crtp. com. cn
微　　博	http://weibo. com/crtp
电子信箱	crtp8@ sina. com
经　　销	全国各地新华书店
印　　刷	涿州市京南印刷厂
开　　本	710 毫米×1000 毫米　1/16
字　　数	266(千)字
印　　张	16
版　　次	2008 年 1 月第 1 版　2021 年 8 月第 9 次印刷
书　　号	ISBN 978－7－5043－5490－7
定　　价	39.00 元

出镜记者点燃现场直播之火

作为大众媒体，报纸、广播、电视、互联网具有自身独特的媒体特性。发展至今，电视在大众媒体中的头牌地位固若金汤，攻不可破。在电视新闻发展过程中，来自传统媒体——报纸、广播的竞争压力从未停止过。事实上，报纸、广播、电视之间的竞争是媒体特性的竞争。由于电视传播技术的不断革新，电子新闻采集 ENG（Electronic News Gathering）、卫星新闻采集 SNG（Satellite News Gathering）系统先后投入电视新闻报道，电视的媒体特性得到了最大限度的发挥，电视新闻的发展日新月异，令人注目。

与电视新闻报道抗衡的传统媒介报纸，其三次调整经历足以证明新闻媒体的多变性。报纸遭受的三次冲击，分别是广播、电视和互联网。20 世纪 30 年代来自广播的冲击，使报纸开始走向综合性和专题栏目性。50 年代来自电视的冲击，使报纸开发出新闻解释性报道、调查性报道、精确报道等一系列深度报道模式。这些深度报道模式直接作用于之后的电视新闻报道，电视新闻调查文体的出现就是报纸新闻报道文体的"电视化模式"。90 年代来自互联网的冲击可谓晴天霹雳，由于媒介特质的相似性，使得报纸直到目前还未能摸索出抗衡互联网的"生存秘方"。与报纸的岌岌可危的生存现状形成鲜明对比的是，广播媒介放弃新闻报道阵地，依托"服务令牌"迎来了"第二春"。从 90 年代初各地音乐电台的火爆到如今各地交通广播的势不可当，广播在"服务、贴近"的宗旨下，进行着发展方向的应变调整。

20 世纪媒介历史的演变催生了 21 世纪新媒体的转型，传统的新闻媒介报纸、广播、电视承受着来自互联网、卫星电视、IPTV（交互式网络电视）、手机等新兴媒体的强烈冲击。在激烈的竞争格局中，传统媒介不断调整新闻报道模式，以便站稳脚跟；新兴媒体凭借崭新的媒体特性，在新闻报道中大显身手，侵蚀传统媒体领地。

2001年9月11日，日本时间晚上21点50分左右，我正在为暑假集中讲义①的发表②忙碌着，隔着拉门我爱人说："这个大楼着火了，这么高可不太好救呀！"我随手拉开了门，他打开了卫星电视CS，电视画面显示的是美国有线电视新闻网CNN。没有画面配音，没有信息性字幕，沉默的CNN。"真是不太好救啊！"我边回应他，边把拉门关上，继续忙着。不过十分钟，他的一声尖叫把我吓了一跳，"一架飞机进去了，进大楼了，出事了！"我闻声后，拉开隔门，把信号切换到日本公共电视台NHK，这时正是NHK晚间新闻节目《news10》的播出时间，该节目是日本唯一一家现场直播了第二架飞机冲进世贸大楼的新闻节目。随后，我把信号切到TBS、朝日、读卖等其他商业电视台，电视画面无不例外的皆是冒着浓烟的世贸双子大厦。NHK从日本时间9月11日晚上22时直到9月12日早上8点15分，从事发15分钟起，对于这一史无前例的突发事件采取了紧急报道机制，共计直播了10小时15分钟。

9月11日，一个考验媒体直播报道能力的日子。

作为最典型的突发灾难事件，"9·11"事件不仅仅改变了世界政治格局发展，同时再一次成为电视直播报道史上的标志性事件。2001年发生在美国本土的"9·11"恐怖事件成就了一个中东籍的半岛电视台，也许冥冥之中证实了一句古老的谚语："君子报仇十年不晚"，1991年发生的海湾战争促成美国有线电视新闻网CNN的一鸣惊人，2001年发生的"9·11"事件同样促成了卡塔尔半岛电视台的一夜成名。

无论是CNN还是BBC，注重电视新闻现场报道成为不争的事实。除了常规新闻节目中的现场报道，还专门设立以出镜记者报道为报道形式的新闻节目。

中国国内电视新闻现场报道最早的形式是在《新闻联播》中，平时在演播室播报新闻的播音员随同国家领导人出访，他们在机场进行现场报道，其报道内

---

① 笔者所在的日本关西大学大学院是日本关西地区大众传播学专业比较健全的学校，为了让学生学习到更多的专业知识，学院利用暑假邀请其他大学教授来为硕士研究生上课，这些教授的研究方向是关西大学大学院所没有的课程，授课时间是1周。虽然有些紧张，但是几乎每天上完课，任课教授都会请我们吃饭。研究生阶段从来没有笔试考试，每一门课都是交论文。

② 发表：日本的硕士研究生专业课形式，由指导教授主持，每次上课有一位学生就自己感兴趣的某一课题展开最少1个小时的演讲，之后回答其他同学和指导教授的提问。通常，每位学生一个学期会做两次发表，准备时间大概需要用1个月。这次发表是在暑假集中讲义时段，只有几天的时间，所以非常忙碌。

容事实上完全可以编排到新闻中去。现场报道开始被重视起来是随着特别报道活动的出现，香港回归、澳门回归、三峡截流等大型直播活动中，出镜记者来自新闻现场的报道成为直播中最具冲击力的部分。

出镜记者现场报道成为新闻节目中的重要组成部分，成为一种常态报道行为是在民生新闻出现以后。火灾、交通事故、犯罪事件等大量出镜记者的现场报道，使得中国的电视新闻报道得以赶上世界电视新闻发展的脚步。来自地方电视台的威胁，使得中央电视台新闻频道加大了直播报道比重，在日播新闻节目中增加现场直播报道时间。可以说，电视新闻现场报道的趋势是从南到北裹胁而来，从香港凤凰卫视多样式的现场报道到江苏全省各级电视台之间的充分竞争，从央视 2006 年 6 月新闻频道报道模式的改变到北京卫视 2007 年 1 月晚间新闻重点出击现场报道，出镜记者终于迎来了媒体地位的黄金期。

出镜记者已点起现场直播之火。

宋晓阳

2007. 11

目　录

第一章
现代电视新闻报道彰显电视媒体特性

第一节 速报性——电视媒体的第一特性

书面形式把口口相传的历史凝固下来，电视媒介把世间风云以图像形式保存下来。人类以往历史的书写完全依赖文字和静止的图画，只有当大众映像媒介电视出现之后，图像代替了文字，成为后代了解前辈的便利媒介。盗版 DVD 的柜台上，与当下热门电影并驾齐驱的还有 BBC 优秀的纪录片，借助影像人们解读着历史。我们的文化正处于从“以文字为中心”向“以形象为中心”的发展时期，在电视上，话语是通过视觉形象进行的，电视上的会话表现形式是“形象”而不是“语言”。①

画面变成流动的字母，“读图的时代”开始了。

1980 年 6 月 1 日美国有线电视新闻网 CNN 在一片质疑声中开播。在经历了开局阵痛之后，1986 年 CNN 对“挑战者号”航天飞机升空爆炸的现场直播报道使其一夜成名。CNN 将电视新闻现场报道作为确立自己媒体地位的“杀手锏”，电视新闻报道制作理念由“P. P 过去时”创新为“—ing 进行时”。在媒体技术的支持下，电视新闻报道形式发生了重大改变，有力地推动了全球范围内的电视新闻发展。日本电视新闻媒体战争的起点是在 20 世纪 80 年代的中后期，正是在 CNN 电视新闻直播浪潮裹胁下，日本的电视新闻报道进入全盛时期。

当前电视新闻报道已经由传统的“演播室中心制”向“演播室与新闻现场两点制”并举方向拓展。2006 年 7 月 1 日是中国共产党建党 85 周年纪念日，也是举世瞩目的青藏铁路全面试运行的日子。上海文广集团（SMG）在东方卫视推出《青藏巅峰之旅》全天大型直播节目，从 8:30 开始至 18:30 结束，节目通过现场直播、现场连线、嘉宾访谈、专题、观众参与、短信互动等形式，展现了青藏铁路通车典礼的盛况、青藏高原人文历史、青藏铁路建设历程、铁路建设者们

① 尼尔·波兹曼：《娱乐至死》，章艳译，广西师范大学出版社，2004 年 5 月，第 8 页、第 11 页。

顽强拼搏的天路精神和铁路沿线的生态环保、旅游风光。①

电视新闻报道充分发挥了电视的媒体特性，现场直播报道有力地彰显出电视媒体的速报性，“即时形声传播性（相近的表述也可以为实时形声传播性、同步形声传播性）”② 的先天优势使得电视的媒体影响力远远超过之前的报纸、广播。即便是在当前，面对互联网的强烈冲击，在新闻报道领域，电视仍然处于霸主地位。

在新闻报道领域，往往将报纸与电视进行比较。众所周知，报纸是以文字和照片作为信息传达的媒体，电视是以画面和声音作为信息传达的媒体。除此之外，报纸主要是以报道新闻为主要传播内容，而电视除了报道新闻之外，还提供娱乐、教育等内容。新闻节目在电视节目中所占比例有限，而新闻报道可以说占据了报纸 90% 以上的版面。

比较媒体特性需要借助严密的尺度标准，因为一种特性可以是其他特性的重复部分；同一种特性会因从不同范畴、角度来看，名称有所不同。作为大众媒体，特别是作为传播新闻的大众媒体，报纸与电视的媒体作用最大。对于电视媒体特性的研究，此次只是限定在与新闻报道有着直接或间接关系的媒体特性范围内。所以，在报道“新闻”上，比较报纸与电视的媒体特性，从而探讨出电视的媒体特性。

主要的比较项目包括：物理特性、同时性·速报性、时间性、信息的质·量以及竞争形式。

一、物理特性

从传达、播送新闻内容的媒体特性这个基本角度出发，报纸是以纸（印在纸上的文字和照片）为载体的，而电视是以电波信号为载体传输图像画面和声音。以下关于媒体特性的比较，也是由物理特性的不同为基本点的。

二、同时性·速报性

关于同时性·速报性的比较，报纸和电视有着根本性的差异点。关键点是看“能否直播（live）”这一点上。

报纸从事件发生到把报纸送到读者手里，要经过写稿、排版、印刷、运输、

① 谢耕耘、单琳琳：《东方卫视两翼起舞》，中国广播影视，2007 年 1 月（上半月）第 23 页。

② 吴信训：《新编广播电视新闻学》，复旦大学出版社，2006 年 11 月，第 11 页。

贩卖等程序，最短也要花上几个小时。电视把正在发生的新闻事件即时地传播给受众，在理论与实践两方面都是可能的。

（一）电视的卖点——速报性、同时性

电视所具有的速报性、同时性这一卖点是报纸所没有的，此卖点也是电视“现在主义”① 的具体体现。当新闻事件发生的同时，电视的速报性、同时性的媒体特性在电视新闻报道中得以充分发挥。通过直播，不论受众身处何地都可以犹如亲临新闻事件现场。“哥伦比亚号”升空后瞬间的爆炸、菲律宾愤怒的民众、倒塌中的世界贸易中心摩天大厦，即时传播新闻现场发展状况的电视带给观众的是震撼的视觉冲击力。

（二）现场直播时播出内容无法核实

在美国、日本等发达国家电视新闻节目中，来自新闻现场的直播报道比例极高，特别是对重大突发性新闻事件的报道几乎是从事件发生起就采用全程直播。例如，2001 年美国“9·11”恐怖事件发生当时，日本各家电视台立即取消事前预定的电视节目，从晚上 9 点 54 分也就是当事件发生 9 分钟后便开始直播报道直到第二天。② 在信息未经进一步证实的情况下，电视新闻直播报道中出现误报、错报的可能性是极高的。最有力的证明是 2000 年美国总统大选时，美国电视媒体上演了前所未有的“集体大误报”闹剧。在收视率的驱使下，CNN、CBS、NBC、ABC 等美国主流电视新闻媒体，在报道选举最终结果时频频出错，当选结果几经更改，弄得受众一头雾水。③

伴随传播技术的革新，从世界各地将新闻现场的画面和声音即时传送给受众成为可能，电视的同时性·速报性得以真正实现。但是，在实现了同时性·速报性的同时，由此产生的问题对于社会生活的影响变得更加直接、明显。对播出内容无法核实而引发的误报和错报，其潜在的危险性是电视新闻报道人员必须克服的课题。

三、时间的约束性

由于报纸与电视的物理特性存在根本差异，导致两个媒体在时间问题上存在

① 日本民放连放放送节目调查委员长原寿雄在其著作《新闻人的思想》中指出了在电视时代中电视的三大主义（1）现在主义；（2）图像主义；（3）感性主义。

② 外冈秀俊、枝川公一、室谦二：《9 月 11 日媒体被检验的日子》（2001 年 12 月 18 日），书与电脑业书编辑室，第 46 页。

③ 参照小语美意子：《媒体选举的误算》（2001 年 7 月 16 日），共荣书房。

五点不同。

（一）电视传播内容一瞬即逝性与报纸内容的保存性·记录性

对于已经看过的旧报纸，可以处理或再利用，因为报纸是客观存在的有形纸张。无论是送报人送来的报纸还是读者自己买的报纸，直到处理之前任何时候都可以自由地阅读。几天前、几周前甚至是几个月、几年前的报纸都可以看到，至于更久远的报纸还可以利用图书馆的微缩版来阅读。报纸的客观有形存在形式决定了报纸具有保存性和记录性。

相对而言，电视新闻在播出时间之前或之后，受众想收看都是不可能的。除非设置了录像机录像功能，没有事先特别的准备，根本不可能看到播出过的电视节目。由于电视节目播出内容是一瞬即逝、不可反复（除非重播的情况），在受众接受信息的同时就已经消失了。与报纸的客观有形存在比较来说，电视是转瞬即逝的电波。与随处可取昨天发行的报纸不同的是，电视的利用者的负担某种程度上说是过高的。正如日本社会学家学习院大学教授清水几太郎，在 1958 年杂志《思想》的卷头论文中指出的那样，"报纸是可以留下证据的，而电视是什么证据也留不下的"。

（二）观看电视时间量、收视顺序的约束性

对于电视来说还有一个就是观看电视时间量的约束性。

根据日本广播协会 NHK 所作的日本《国民生活时间调查》结果来看：读者看报纸的时间是非常短的。在诸多的报纸版面中，登载了许多新闻、信息，读者只需要看一下专刊、新闻题目，就可以根据自己的兴趣和喜好迅速地挑选出来完成阅读，有时会进行跳跃式阅读。在信息接收、信息的选择、信息接受速度、信息的重复获得等方面读者处于主动位置。

由此可见，看报纸的阅读进程完全掌握在读者的手里。读者可以从时事新闻专版直接过渡到足球专栏、汽车世界、科技先端、家居生活等任意专版上，其自由度是全方位的。

作为电视观众倘若看 30 分钟的电视新闻节目的话，必须花费整整 30 分钟的时间来观看节目。从节目开始直到节目结束，在 30 分钟内观众在接受信息题目、信息的选择、信息的接收速度、信息的重复获得等方面完全处于被动地位。因为在电视（传输方）与观众（受众）之间只存在从电视台向观众单方向信息传输。无论观众选择任何频道只要想观看节目的全部内容，就必须花费与节目播出时间同样的时间量，像阅读报纸那样进行跳跃式"观看"，除非是看录像带、光盘，

否则对于正在播出的电视节目，观众在时间上的达到完全意义上的自由度是不可能的。观众必须根据电视台的节目顺序作为观看电视节目的先决条件。

（三）同一时间段内其他频道节目的排他性

作为时间段约束性的一个总结是，该时段的电视节目必须在此时间段来观看，于是，与在此时间段内同时播出的其他电视台节目之间便会产生“排他性”的竞争关系。因此，电视台的总编辑需要参看其他频道的电视节目的编成，倘若遇到与本台节目相同内容的情况，就必须进一步充实内容，以便取得较高的收视率。另一方面，避开同质内容的节目，发挥创造力，力图制作出独具特色的电视节目。所以，每晚的黄金时间段电视台之间的竞争态势最为明显，播送优质节目，打造“王牌”节目，抓住固定观众的同时，发展、争取新观众的加入。

（四）收看场所的约束性

关于收看场所，印刷平面媒体——报纸对于阅读场所的要求不高，随意性较强。只要光线达到阅读的亮度，在电车、公司、车站等任何场所都可以看报纸。相对而言，观看电视节目首先必须有接受电视节目的接收机也就是电视机，还有电源以及良好的电视节目信号，这样才可以看到电视节目。电视机、电源、电视信号是收看电视节目的先决条件。具备这三项条件的通常是固定地点，虽然现在有公交电视，但是，节目内容却是无法选择。在乘坐公交车时，顾客的手里是没有遥控器的。在日本，可以在车里安装小型液晶电视收看到电视节目，但是，一旦处于行驶状态时，信号接收就受到影响。

（五）日常性·浸透性

日本广播协会 NHK 自 1960 年开始每 5 年进行一次《国民生活时间调查》。自从 1970 年以来，日本国民每天观看电视的时间平均是 3 个小时以上。① 美国人每周开机时间，1970 年是 42 小时，1980 年是 46 小时、1990 年是 48.5 小时，2000 年是 50.8 小时。而我国的情况根据央视—索福瑞的调查数据，中国人平均每天收看电视时间是 190 分钟，三个多小时。②

根据以上数据以及我们的生活实际发现，看电视已经是日常生活行为的一部分。近些年来受众观看电视时，已经不再像以前那样目不转睛了。现在看电视受众可以聊天、吃饭、干家务。当节目内容是自己感兴趣的才会专心观看，不感兴

① 荻原滋编著：《变容的媒体与新闻报道》（2000），丸善株式会社，第 5 页。

② 刘燕南：《收视率分析再探——“电视收视率在电视台工作中的应用”访谈发现与思考》，摘自《传媒观察网》。

趣的时候则继续之前的行为。看电视成了"不经意的"行为举动，"非专念视听行为"成为受众的一种收看方式。与此相比，阅读报纸的行为则要求读者必须保证最低限度的集中精力，也就是说，读者需要集中精神阅读自己感兴趣的内容。所以，电视媒体具有日常性·浸透性的特性。

四、信息的质、量——图像与文字的不同

报纸和电视作为新闻的传播载体，在信息的"质"与"量"上的不同是由两者的传播方式不同产生的，报纸是文字·照片，电视是图像·声音。

（一）原文（text）的形态

报纸的原文是文字和照片（静止画面），新闻事件的报道借助的是文字和照片。

电视的原文是动作中的图像（也包括静止画面）和声音（现场的同期声、记者报道、新闻播音和配音等声音都包括），新闻报道是靠图像和声音共同完成的。

（二）图像与声音

无论是报纸还是电视都具有两个传播要素，报纸是文字和照片；电视是图像和声音。在这两个要素中，哪一个要素优先往往与媒体特性相关联。

具体地说，报纸依靠文字来传达新闻事实。但是，近年来，报纸头版刊登巨幅照片是一个不争的事实，无外乎是希望博得读者的注意。通过照片的诉求极力张扬出新闻事件的特殊性。与电视对图像的过渡依赖比较而言，报纸只依靠文字就可以完整地叙述新闻事件、背景信息。所以，对于报纸来说不存在选择是"文字"还是"照片"的问题。只是有合适的照片配发文字新闻，传播效果会更好。

同样的问题是选择"图像"还是"声音"，在电视看来是一个非常有争议的问题。

在美日等国的电视新闻发展历史中，是传达"事实"还是传达"图像"，围绕这一对立观点始终争论不休。映像主义即图像主义一直强调："没有图像就没有电视新闻"；事实主义则认为："无论有没有图像，电视还是要传达新闻的"。从两国电视新闻节目制作现状分析，重视电视新闻"图像"似乎占据上风。在电视新闻节目中，没有任何实质意义的"空镜头"很少使用，无论是 15 秒的消息短讯还是二三十分钟的深度报道，具有丰富信息含量的镜头语言构成新闻节目图像的整体，新闻图像资料中的信息量丝毫不逊色于有声语言。综上所述，电视作为传达图像·映像的媒体，媒体特征要求电视新闻把"映像"魅力发挥到

极致。

有关电视的声音要素的重要性问题。与已有的大众媒体广播进行比较的话，简单地说，电视是在广播媒体的基础上增加了图像，但是电视的图像作用却被有力地强调了。从传达信息·情报的角度来考虑，声音的作用同样非常重要，电视新闻需要图像的同时，还需要声音的解释说明。

（三）sound bite 和 reporter

关于图像·声音的使用方法，在电视新闻中存在着是选择 sound bite 还是使用 reporter 的问题。从目前现状考虑，两者的使用比率都非常高。

sound bite 指的是在电视新闻中所引用的政治家等被采访者的发言、见解等图像资料素材。

reporter 则指的是电视台方的采访记者、主持人、播音员在电视画面中的出镜，通过自己的声音报道新闻事件的方法。

电视新闻在制作这样的新闻时采用以下三种方法。

1. 新闻采访记者只是起草新闻稿件，这份稿件由演播室里的节目主持人或者播音员来播送。

2. 播送被采访的政治家的 sound bite（录有当事人的图像资料以及同期声的素材）。

3. 采访记者等电视台制作方人员在电视画面中出镜，通过自己的声音来报道的方法，例如，出镜记者现场报道。

电视新闻的发展初期是从模仿报纸开始的，其主流制作手法是“采用播音员或节目主持人来播读记者撰写的新闻稿件”的方法。随着各种传播技术的进步和传播机械的普及，电视作为媒体变得愈加成熟，这一系列的诸多原因促成了电视媒体特性的表现方法被广泛地运用。sound bite 和 reporter 两种报道方法的使用就是有力的证明。

（四）图像的多义性

与报纸新闻大多是通过文字来传达新闻事件比较来说，通过图像·声音来传达信息的电视新闻具有多义性特征，依据图像作出的各种各样的解释，可谓是五花八门。

例如，政治家的记者会见，有的受众关注的是政治家的说话内容；有的注意政治家说话时的表情；还有的受众会着重注意政治家的西装样式或领带的颜色等。同样的电视画面，由于受众的注意点不同，对于电视图像的理解角度也不同。

还有，报道示威游行的新闻，倘若从治安警察的角度拍摄的话，受众看到的是制造暴乱、扰乱社会秩序的不法分子；反之，从示威者的角度拍摄的话，受众看到的是手挥警棍、耀武扬威的镇压和和平抗议的无辜市民。

曾有这样一条新闻，美国总统布什在参加一次活动时发表讲话，然而，这次讲话内容本身没能成为新闻，站在布什总统后面的一位小男孩的举动却成了一条大新闻。原来，这位只有十来岁样子的小男孩在听讲演时，一直哈欠连天，他父亲几次提醒他，无奈孩子太小，他不知道自己打哈欠跟总统讲话之间有什么关系。收看电视新闻的观众将注意力完全集中到了这个小男孩身上，这条新闻一方面说明了图像的多义性，另一方面也折射出现代美国电视政治的弊端。

电视新闻中使用的镜头语言传达到受众的时候，由于受众从不同角度去解读，图像的多义性特征就显现出来。

（五）新闻处理方法的不同——图像·声音的编辑、文字的要约·抽象化

无论是报纸新闻还是电视新闻，报道出来的只是真实事件的一个“减缩本”，只不过两种媒体的“减缩”方法有所不同而已。

电视新闻是截取现实的一部分，将其置于一定的时间范围内，这个时间可以是1分钟，也可以是30分钟。报纸新闻是把新闻事件“镶嵌”在一幅版面里，这个版面可以是豆腐块大，也可以是整版篇幅。

时间长度是30分钟的政府官员记者会见，报纸新闻可以用数十行文字来报道；电视可以制作30秒或1分钟的简明新闻。报纸新闻记事是记者根据政府官员发言内容，结合自己所思、所想，以“要约”的形式抽象化地来传达。电视新闻报道是到会的采访编辑记者根据自我判断从政府官员记者会见的图像和同期声资料中，截取部分认为最有价值的sound bite内容来构成新闻。

对于被采访人物有声语言表达能力水平的高度渴求，可以说是每一位电视记者的梦想。上述所举事例，以电视新闻传达效果来说，政府官员的口头表达能力越好，其语言魅力对吸引受众注意力将起到积极作用。相反遇到语言贫乏，语义模糊的官员，纸面媒体的记者会非常辛苦，记者必须发挥主观能动性来报道新闻事实。

（六）现实性·诉求性与详报性

与电视媒体“现实性·诉求性”不同的是，报纸的优势在于“详报性”。电视图像生动地传达新闻现场感、曲折的故事情节，特别是画面中的人物表情、当

事人的情绪都可以一目了然，电视的影像表现力占据绝对优势。

与“感性”的电视相对而言，“理性”的报纸新闻在背景资料、事情的来龙去脉、统计数据等方面所反映出的“一览性”和“详报性”优势明显，特别在抽象概念的传达上，读者可以重复多次解读文章，对于陌生概念的理解比一瞬即过的电视新闻容易掌握。

（七）主题主义和情节主义

通过以上的特性比较可以反映出，在报道同样新闻事件时，报纸新闻和电视新闻，在取材、稿件构成的制作手法上的差异，导致受众在新闻信息的接受上有所不同。

具体而言，正统的报纸新闻是以主题或新闻事件的内容为中心。草创期的电视新闻正是移植了报纸的新闻报道方法，之后才向“好像电视”的方向转移。“好像电视”指的是电视新闻报道的“情节中心主义”。与报道的主题或新闻事件比较来说，电视新闻关注的焦点是新闻所涉及的人物。美国 CBS 的老牌电视新闻报道节目《60 分钟》的制作人皮伊特在谈及采访报道方针时指出：“节目需要的不是观点和争论，而是人。”

2001 年美国“9·11”恐怖事件发生后，针对美国媒体在新闻报道中显露出过分的“爱国主义”倾向，世界各国媒体声讨之声纷至沓来。日本的大众传播学者在分析美国电视新闻报道后指出，美国总统布什发表电视讲话时，大多采用普通的美国国民和美国国旗为背景。给受众造成总统是以普通的美国国民为自己的坚实力量的感觉，在节目中编辑、记者截取的镜头都是布什讲话中极富感染力的语言和肢体动作，重点突出部分讲话情节以及现场观众的激动情绪。布什总统的讲话不再是电视新闻报道的重点，布什作为国家元首媒体形象极度膨胀。政治家原本可以表现才干和驾驭能力的领域已经从智慧变成了化妆术。①

有一项研究比较分析了美国三大电视网晚间电视新闻节目在 1968 年和 1988 年两次总统选举的电视新闻报道，研究结果认为 20 年间美国的电视新闻从“传统争点中心型的报道”急速地向“演剧批判型报道”发展变化。

“演剧批判型报道”是指新闻报道不再针对事实的本质而是转移到总统候选人的肢体语言灵活度是否得当的边缘问题上。记者和节目主持人像批评家一样向受众传达这些无用的信息。其实，此种电视政治的报道形式是政治家对电视媒体

① 尼尔·波兹曼：《娱乐至死》，章艳译，广西师范大学出版社，2004 年 5 月，第 5 页。

变相的政治利用。日本首相小泉纯一郎的上台，改变了日本电视政治新闻生态环境。他平民化的语言表达博得了渴望政治稳定的普通日本国民的好感，一时间以小泉首相为形象的商品大行其道，每天的电视政治报道关注的不再是他的施政方针而是最近又有什么小泉首相的新鲜话题。自他上任以来，日本社会舆论一致称其内阁是"wide show 内阁"（wide show 是一种电视节目形式）。可见电视政治报道与政客之间互相利用的关系。

2007 年 1 月东国原英夫在日本宫崎县知事的选举中胜出，就任之前曾经有过劣迹表现的他上任之后，利用之前从事艺人经历，在电视上大力宣传宫崎县，其民众支持率竟然达到 90%，之前稀薄的艺人形象一扫而光，这可谓是政治与电视并肩合作的又一成功案例。

（八）电视是以人物为焦点的媒体

电视以人物为焦点不仅仅体现在电视所报道、采访的人物，还包括传达新闻事件的信息传达者，即电视新闻节目中的播音员、节目主持人、出镜记者、评论嘉宾。

同样播读一篇电视新闻稿件，播读者在年龄、性别、姿势、服饰、表情、化妆、声音、语言表达、人生经验等方面存在着千差万别。同样是中央电视台新闻播音员邢质斌和海霞，其播报风格、受众印象完全不同。世界各国的电视新闻节目中，作为最终的信息传达者——电视新闻播音员、节目主持人是非常受观众喜爱的。

与人见人爱的电视新闻节目播音员、节目主持人比较而言，撰写报纸新闻的记者几乎不为人所知。尽管目前的报纸新闻都是署名文章，但是读者似乎没有习惯去注意此文出自谁的手笔。不管是什么新闻、哪位记者，最终此则新闻都将以印刷文字的形式与读者见面。想通过一条普通的新闻解读出撰写该文记者的个性特征几乎是不可能的。

（九）娱乐性与新闻性

20 世纪 90 年代中期在西方国家出现了电视新闻节目娱乐化的倾向。

进入 80 年代以来，随着信息技术的发展，报纸新闻和电视节目的视觉化、娱乐化趋势不断显现。特别是电视新闻报道中出现了轻视和缩短新闻事件核心部分（稿件撰写、配音）的现象，此种现象可用"小报化"或者"信息娱乐化"（infortainment 信息与娱乐合起来的造词）等词汇来表述。确切地说，此种娱乐化新闻报道倾向是指带有娱乐性、演出化的新闻和信息报道。①

具体的娱乐化表现是：

1. 从内容上的变化是国际新闻的减少，相反的是体育、演艺界等娱乐性新闻的增加。

2. 从形式上的变化是"演播室的闲谈以及来自现场记者直播报道的增加"；"主题音乐、CG 等高科技的大量采用"；"节目开始和中途时不断插入的简短节目预告"等。

其实，初期的电视一直被视为"娱乐媒体"，后来传播技术的进步，电视的"新闻报道"机能才得以确立和巩固，电视从单纯的"娱乐媒体"发展为"报道·娱乐双兼型"媒体。从根本上说，电视比较容易倾斜成娱乐性的媒体。

其主要原因有两层：

1. 来自新闻本身。我国的民生新闻节目中，趣味新闻、情节冲突多的新闻增多便是证明。

2. 电视新闻节目处于娱乐节目氛围中。电视节目中娱乐节目多于电视新闻节目，新闻节目容易受到来自娱乐节目的侵蚀。在日本，晚间黄金时段的大型电视新闻节目大多是一个小时左右，为了吸引受众在这样容易观看娱乐节目的时段"坚持"收看新闻节目，制作者们从新闻节目开始到结束增加了许多演出的要素。这为电视新闻节目娱乐化的实施找到了"借口"。

与电视新闻节目天花乱坠的演出要素比较起来，报纸新闻近年来注重照片的趋势也是十分明显。电视新闻避重就轻的报道方式，容易陷入"丧失新闻本质"的制作怪圈中。相反，尽管报纸新闻增加了照片的版面，但报纸新闻的新闻性并未因此降低。

（十）新闻项目数

最后，就信息量中的一个侧面问题——新闻的项目数进行比较，报纸新闻比电视新闻内容丰富。虽然，电视的动态图像可以表现人物的细微表情差异，声音可以包括现场的同期声和效果音，而这些是报纸新闻无论如何也不可能传达的。但是，仅仅局限可传达的新闻量这一范畴的话，报纸新闻的项目数显然是非常多的。一份报纸所包括的新闻信息量远远多于 30 分钟的电视新闻节目中的新闻项目数。

---

① 川端美树：《电视新闻节目的娱乐化与受众方向》，杂志《民放》2001 年 8 月，第 12 页。

五、竞争形式

以上关于电视媒体特性的探讨主要是由物理特性引发出来的，下面就从社会、经济特性的角度来比较。

（一）收视率和发行量

无论是报纸还是电视，将其作为企业来经营就会牵扯到经济利益的问题。在日本既有像 NHK 这样的公共电视机构，同时还有每日放送、日本电视台等几家商业电视台，尽管经营方针各不相同，但是为了保证节目的正常播出，制定最低限度的预算是必要的。报纸经营也是如此。

列举电视的经济特性的话，其外在表现形式首当其冲的是各家电视台之间的收视率竞争。根据以上电视物理特性以及时间的诸多特性分析，在各个时间段力争赢得较高的收视率才会吸引更多的广告客户。这不仅仅涉及该节目的实际运营操作，还涉及节目的内容、演出者。具体指的是新闻的选题、内容、切入点、报道视点都要与“顾客”有联系。倘若该节目以年轻受众为主的话，在节目制作上就要迎合年轻人的口味。

至于像 NHK、BBC 这样的公共电视机构就从不担心节目的收视率，因为其节目制作经费来源不是广告而是国民交纳的收视费。其实不然，NHK 和 BBC 作为公共电视机构，其制作的电视节目不像商业电视台那样完全依赖广告商。所以，有些节目虽然收视率不高，但却有一批固定的收视群体。公共电视机构制作节目的宗旨是为了满足受众对不同节目的需要，力求做到节目形式和节目内容的多样性。

（二）顾客层的不同

正如不同价位的商品顾客不同一样，电视与报纸的受众层也是不同。在日本身为公共电视机构的 NHK，其口号是“大家的 NHK”，节目受众层较为广泛，中高年龄层是它的忠实观众。

商业电视台由于节目制作来源是广告客户，在社会阶层中，年轻人的购买力最强，所以，商业电视台的目标受众层主要是年轻人，节目制作主要面向年轻人。近年，女性消费呈逐年上升的趋势，比如怎样谈恋爱、流行时尚、女性旅游等以女性观众为主的电视节目层出不穷，在收视率的调查中女性收视层被细分化。我国的电视节目中，体育节目的受众以男性为主，少儿节目的年龄层次划分明显，其他节目的受众定位较为宽泛、模糊。

在日本，报纸阅读是以家庭为中心，这主要是日本独特的报纸配送业务的原因。《读卖新闻》《朝日新闻》《每日新闻》这三大全国报纸的占有率非常高，地方性报纸发行量较小。报纸的读者以中高年龄层为主，为了确保读者群的可持续性，目前需要解决的是年轻人不读报纸的问题。在我国报纸以单位、个人读者为主，特别是个人随机购买报纸的行为在北京、上海这样的大城市较为普遍。

通过电视与报纸在新闻报道上的比较，探讨出电视作为新闻媒体独特的媒体特性。但是，电视的媒体特性包括的双重含义是相对而言的。

1. 如果比较对象不同，由此显现的特性也会不同。报纸与电视比较不具有速报性，可是与杂志比较，报纸就具有了速报性。

2. 由于时代的不同，电视所固有的媒体特性是不断变化的，这是相对而言的。正如我们所经历的那样，电视的速报性是随着取材机械以及通信手段飞跃性的进步和传播设备的普及，经历了理论价值渐成事实的发展过程。从目前的水平衡量，初期的电视速报性与现阶段的电视速报性是无法相比的。

从电视诞生之日起，电视就是以直播的方式来播送节目的，由于考虑到利用胶片制作节目的高成本，所以最初的电视节目都是直播的。直到 1959 年美国安培公司开发研制出了四磁头录像机，以及之后不断发展进步的电视技术，使得录播代替了直播。录播的优点是具有可控性，可以有效保证播出安全，但是时效性差。一些预测性新闻事件又开始使用直播，充分发挥电视不同于其他媒体的特性，在没有网络的 20 世纪 80 年代，电视直播迅速地使电视成为大众媒体中的“第一媒体”。

初期的电视新闻经历了电影新闻胶片、报纸新闻、广播新闻等“复制”原有媒体新闻形式的过程，在模仿的过程中，电视不断挖掘自身的媒体特性，并积极结合最新的传播技术，使电视作为新闻媒体的媒体特性愈发突出。1980 年美国有限电视新闻网开播，该台奉行的就是电视新闻以直播形式出现，电视新闻报道依托电视独特的媒体特性，建立起电视新闻的形象。CNN 的举动在当时备受嘲讽，经过对一系列突发新闻事件的超长时段现场直播，CNN 成为之后所有电视新闻频道的复制模板。电视新闻报道逐渐站稳脚跟，并由此引发了世界范围内的电视新闻浪潮，各个国家纷纷利用电视新闻频道作为舆论宣传的阵地。

第二节　电视新闻现场报道的异军突起

电视诞生在报纸、广播的夹缝中，当它一旦挣脱技术的羁绊，便迅速变身为媒介霸主。霸主地位的获得依赖于电视直播的媒体优势，电视新闻直播报道注定与“大事件”联系在一起。从技术稀薄时代的奥运会直播到如今快餐式的简单装备，电视直播已延伸到对市民生存环境的日常化直播报道，甚至会利用 SNG 直播车在节目头条去报道某小区路灯不亮的问题。①

要发挥电视的特性，需要我们充分认识和善于运用电视现场直播的传播方式。尤其是对那些最需要而且唯有电视现场直播才有可能迅速、及时地展示事物发展过程和风貌的事件，不遗余力地去使用电视现场直播，而非录制后播的传播方式。②

新闻报道是衡量一家电视台媒体实力的说法早已成为业界共识。然而，这一共识的生成却花费了几十年的时间。从 CNN 的单枪匹马到遍地开花的新闻专门频道，电视直播伴随着历史大事件赢得亿万观众的关注。

一、电视新闻直播的发展

现场直播报道是电视的生命。

就是这样危及电视生命的原则，在我国却是一条难以逾越的鸿沟。虽然，很多电视新闻节目打出直播的标示，但是，无论是节目制作者还是媒体研究学者普遍认为：我国的电视新闻直播还仅仅处于“直播演播室”的阶段，与真正意义上的电视新闻现场直播尚存很大的努力空间。

电视直播通常是指无剪辑播出，分为演播室直播和新闻现场直播。

（一）演播室直播

演播室直播方式与录播方式相比，新闻截稿时间一直可以延迟到节目直播以后。目前央视和各个省级电视台的新闻整点播报，大多都实现了演播室直播。但是，它与真正意义上的新闻现场直播还是不同。

（二）新闻现场直播

新闻现场直播包括：日常新闻节目现场直播报道、事件报道现场直播以及主题先行的现场直播。

在我国日常新闻节目中，出镜记者采用现场实时直播报道的比率较低，主要以录像型现场报道的形式出现。

事件报道现场直播中，出镜记者现场报道占据重要地位。

---

① 北京卫视 2007 年 1 月 22 日的《直播北京》节目。

② 吴信训：《新编广播电视新闻学》，复旦大学出版社，2006 年 11 月，第 11 页。

事件报道现场直播分为新闻事件和媒介事件。新闻事件分为突发新闻事件和预发事件。

至于主题先行直播在本节第四个问题中再进一步详述。

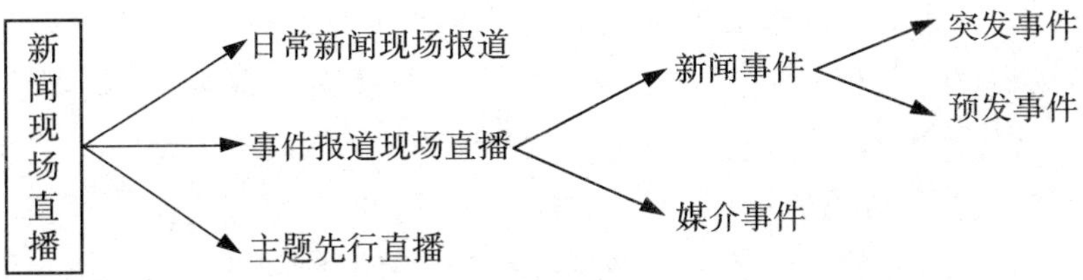

虽然事件报道现场直播分为新闻事件和媒介事件，但是媒介经常将新闻事件处理成媒介事件。例如“神舟”六号载人飞船属于新闻事件中的预发事件，但是经过媒体的集体运作，俨然成为媒介事件。通常来说新闻事件中的预发事件被运作成媒介事件较为容易，如今，新闻事件与媒介事件之间的界限变得愈加模糊了。

在此需要指出的是，媒介事件可以选择新闻事件来做，也可以选择新闻主题来做，并不是所有的新闻事件都会以媒介事件的规格予以报道。

交通事故的发生、训练中的直升机突然坠落是记者无法预料的，这都属于突发新闻事件，更为重大的突发新闻事件需要启动紧急报道机制，打断节目正常播出，改为特别报道节目，例如对美国“9·11”恐怖事件的报道。

二、 新闻事件的直播

现代意义上的电视新闻现场直播，是以新闻现场的多机位拍摄，现场编辑与卫星传播直接相连的实时报道系统，呈现出以现场新闻即时传送为主体，综合背景资料，相关知识介绍，演播室串联、评述、记者现场采访等多现场切换交流的综合状态。[①] 近几年，由于媒介事件经常被电视台作为凸显电视台新闻报道能力的标志，越来越受到电视台的追捧，各种主题先行、命题作文层出不穷。反而让受众忽视了电视媒体新闻事件的报道能力。

为了与媒介事件有所区别，这里笔者就新闻事件直播进行界定。

电视新闻现场报道在记录新闻事件发展变化的同时，把记者的现场报道、播音员或主持人的现场描述或背景介绍同步传播，集报道新闻、提供知识、分析事态于一体。新闻事件分为突发新闻事件和预发事件。

---

① 石长顺：《当代电视实务教程》，复旦大学出版社，2005 年 3 月，第 269 页。

其要素包括以下三个方面。

（一）新闻直播报道的主体必须是某一新闻事件，而不是某一主题

这是区别新闻事件直播与媒介事件直播的最基本的标准。新闻事件直播是以新闻事件作为整个节目的报道主体，新闻五要素以及延伸是报道的重点。突发新闻事件，例如“9·11”事件、台风登陆、北京机场因大雨一度关闭等。

（二）新闻直播报道必须与新闻事件的发展同步

新闻事件的发展脉络具有不可预测性，使得新闻直播报道必须根据事件的发展而展开。对于突发的个别状况，在没有充分准备的情况下，也要把新闻现场的最新画面、最新状况报道出去。新闻事件现场直播围绕动态信息展开，一个又一个鲜活的新闻信息通过直播报道展现在观众面前。

（三）新闻事件直播报道以新闻现场作为主战场，演播室起到串联辅助作用

新闻现场直播，直播的是新闻的现场而非演播室。

纵观当前的新闻事件现场直播，主要是以演播室为主，把新闻现场作为主持人手中的风筝，演播室是控制新闻现场的枢纽。电视台作为播出方可以保证随时将新闻现场不宜画面切掉，防止直播事故的发生。

但是，这样处理的后果是新闻现场报道受制于演播室，现场听从于演播室，即使现场有再好的新闻也不能第一时间播出，必须经过演播室的通报才能见人。

三、媒介事件的直播

1948 年美国总统选举结果和 1952 年美国政治会议的电视直播，标志着媒介事件这一电视样式的诞生。特别是 1952 年的政治会议的直播为以后的代表大会直播树立了样板，如集中设备、动用明星主持人等。直播会议超过 70 小时共计 6500 万～7000 万人收看了电视直播。

1952 年伊丽莎白二世的加冕大典于 1952 年 6 月 2 日举行。BBC 从上午 10 点 15 分开始，历时超过 8 小时的直播。经过调查有 2000 多万人利用电视看到直播。由于当时没有录像带，实况节目用胶片录下来后空运到加拿大，由 NBC、CBS、ABC 进行重播。电视直播使得人们在家中看电视，就可以参加各种重大活动，媒介营造的电视节日大大吸引了受众的注意，媒介事件出现了。

与西方发达媒体比较而言，我国电视媒体制作媒体事件的时间是在新闻频道建立之后才频繁登场。最早让观众觉得新鲜的当数凤凰卫视，为了扩大凤凰卫视媒体知名度，该台早在 1997 年就与中央电视台共同直播柯受良飞越黄河的活动。

之后还有《千禧之旅》《欧洲之旅》以及每年的台庆活动等。媒介事件使电视台处于主动位置，媒体根据自身的优势运作整个活动，既扬名又有大量的节目可供播出，可谓一举多得。中央电视台自从新闻频道成立之后，媒介事件层出不穷，除了显示央视新闻频道报道能力的同时，还可以练练兵，为奥运会报道积攒经验。从文化领域的《敦煌再发现》《中俄友谊之年》到社会问题的《开学了》《高峰体验》，央视媒介事件所触及的领域比较广泛。

媒介事件与上述介绍的新闻事件存在诸多的不同，如今媒介事件的影响力处于上升阶段，更是成为电视媒体经营者的宠儿，事实证明，成功运作的媒介事件带给电视媒体的是巨大的无形资产。随着直播技术的进步，媒介事件与新闻事件之间的区别日益减少，笔者认为，关于两者之间的区别没有必要进行细致的划分。通常被媒体运作成"媒介事件"的新闻，必然是新闻事件，但是并不是所有的新闻事件都会被媒体选中，大张旗鼓地以"媒介事件"的级别予以炒作。有的学者将媒介事件称为"电视仪式""节日电视""文化表演"。对于观众来说把它看作一种邀请——乃至一种指令——停止日常惯例来参加的一项节日体验。①

（一）媒介事件的素材分类

丹尼尔·戴扬和伊莱休·卡茨在《媒介事件》一书中，将媒介事件的素材分为三类：竞赛、征服、加冕。

1. 竞赛

包括的范围可以从世界杯到总统竞选辩论，可以从奥运会到参议院"水门事件"听证会。体育和政治是它们的领地，因为在这两个领地是有规则的冠军之战。同时他们能招来成千上万的观看者。

2. 征服

"人类的巨大飞跃"的电视直播。这样事件的发生及其效果是罕见。例如"神舟"五号、六号载人飞船飞行。两国之间的破冰之旅——尼克松1972年访华等。

3. 加冕

皇室的婚礼和葬礼，以及奥斯卡等颁奖典礼。日本电视媒体对皇太子结婚仪式和1964年的东京奥林匹克运动会的直播标志着日本电视新闻报道发展进入了成长期阶段，媒介事件成功运作的结果是电视机家庭拥有数量的大幅度上升。

---

① 丹尼尔·戴扬、伊莱休·卡茨：《媒介事件》，麻争旗译，北京广播学院出版社，2000年1月，第2页。

（二）媒介事件的特征

1. 干扰性

干扰性的出现主要是对日常已经安排的节目而言。当媒介事件出现时，电视台为了满足直播的需要，取消计划好的节目。媒介事件转移了受众的注意力，提高了事件组织者和主演的社会地位，充分印证了媒体赋予人们“名人地位”的功能。

2. 垄断性

媒介事件直播所造成的“电视节日”气氛，着实令广大观众心驰神往。电视媒体特性决定了观众只能选择一个频道观看节目，对于重大活动的关注使得人们只被这一件事情所“左右”。央视对 2006 年世界杯的直播，再创收视新高。1981 年英国皇室为查尔斯与黛安娜王妃举行婚礼在 79 个国家现场直播，1997 年为黛安娜举行葬礼，转播国家超过百个，全球观众近 20 亿。

（三）媒介事件的运作规律

1. 利用自身的媒体条件进行前期宣传

媒介事件的前期宣传的目的是告知电视观众近日要播出大型直播活动，一定要留意收看。在宣传片中就这个事件的构思、设想、组织等相关信息给予发布，为了吸引受众而特别设计的环节更是用心雕琢。预发新闻事件也会进行前期宣传，但是新闻事件本身的事实在宣传片中是看不到的，因为毕竟新闻还没有发生，这是两者在宣传上的不同之处。

2. 周密策划、人为设计环节为主

对于可以预知的直播活动，报道成功与否与前期策划和采访有着密切的关系。

一般来说，直播前记者要深入采访，了解新闻事件发生、发展的来龙去脉，写出直播脚本。脚本的第一稿要经由现场报道的记者、摄像人员和主持人讨论补充，作为直播的主要依据。由于经过事前的准备，所以在策划案中为了达到某一目的可以设计许多环节，以期达到更好的播出效果。镜头的使用、问题的设计、音乐的安排、画面的色彩、互动环节等。精细的策划可以弥补活动本身的诸多不足，比如活动转场时安排什么内容，使受众不会感到冷场。

长江三峡截流直播共进行了 14 个小时，央视对于直播内容进行了详细的策划，整个报道突出三个重点——“合龙启动仪式”“截流合龙仪式”“烟火晚会”。然而与看电影不同的是，大型直播通常时段较长，电影可以在 90 分钟之内讲述一个故事，隔几分钟设计一个高潮。超长时段的直播活动由于受到活动进程的影响，不会每一分每一秒都出现惊奇场面，这就需要在策划案中有意识地进行设计，这样直播节目才会层次分明。采用宣传片和阶段性的预告形式，不断制造新的收视期待，吸引受众一直关注节目。

3. 突发情况预案的准备

突发情况分为两种情况：一是活动现场出现与预先进程不一致的情况；二是电视台自身的机器设备、人员技术等出现情况。无论是哪个情况，都需要做两手准备。例如香港回归时，原香港总督彭定康离开香港时几经周折才走，远远超出了预定时间，给当时作现场报道的记者来个措手不及。所以说，即使是预发的新闻事件也会出现突发情况。

四、 主题先行直播

（一） 主题先行直播的界定

多元化的社会结构滋生不同表象的社会现象，不同的社会发展时期催生不同的社会问题。20 世纪 80 年代初期，让上了年纪的人认可穿牛仔裤的年轻人未必是坏人简直是天方夜谭，20 年后网络生存时代的当下，胡戈制造的《一个馒头引发的血案》使“恶搞”文化由边缘身份被裹胁到了舆论中心的旋涡。在这个媒体制造新闻的时代，电视新闻报道主动探寻出路，摸索方向。

在经历了常态新闻节目直播、重大事件特别报道之后，对于那些缺少新闻元素但极具问题性的社会现象，成为新闻制作者关注的焦点。于是，不同于以往任何样式的新闻直播报道出现了。《开学了》《高峰体验》《敦煌再发现》从报道内容和形式上难以划分到新闻事件和媒介事件的行列中去，“主题先行”成为此类直播报道节目的共性特征。

新闻事件直播报道依托事件发展，媒介事件依托活动的重要性，主题先行直播依托的是社会现象和问题的影响力。“主题先行”这一概念在中国的电视界不是一个陌生的字眼，孙玉胜在《十年》中是这样介绍的：80 年代的“文学电视”“作家电视”后来逐渐演化为“政论片”，是较为成熟的电视形态。这种电视形态的图像语言基本是以文献资料汇编为主，而且是主题先行的，节目质量主要依赖于作家的写作水平，画面语言则排在第二位。① 那时，主题先行纵横在电视片中，如今它已经出现在新闻直播报道中。

① 孙玉胜：《十年——从改变电视的语态开始》，生活·读书·新知北京三联书店，第 5 页。

由此可见，主题先行的直播，即话题性直播是指在某一中心主题议程下，以演播室或贴近报道主题的现场作为信息传播的主体，期间穿插相关背景资料、嘉宾访谈、观点评述以及出镜记者的现场报道（此类现场报道不是传达事态的最新发展，而是借助外景环境传达意见性信息），报道主线清晰，报道进程逻辑性强。

主题先行的直播可以是特别节目，例如《高峰体验》的信息传播主体就是演播室（稍后详述）；还可以在日常新闻节目中出现，时长不过三五分钟而已，例如2006年1月25日日本NHK电视台早间新闻节目《您早日本》的直播板块中，播出了《最新防盗外买摩托车产品介绍》，其直播报道点就选择在摩托车店铺外。

通常此类直播报道的脚本设计与实际播出情况基本一致。主题先行直播与媒介事件的区别在于，它不是就某一特定活动展开报道，而是根据社会现象和社会问题、话题的重要程度展开的。从选题的重要性来说，不如媒介事件的影响力大。

（二）主题先行直播的特点

1. 主题性大于新闻性

主题先行直播报道首先面临的是选题问题，优秀的选题善于捕捉社会热点、洞悉社会万象。在平淡如常的世间中，拨开重重面纱将事件原貌呈现出来是这类选题的经典之处。报道议题宗旨贯穿节目始终，引导受众，影响受众。如果说电视新闻中对于某一新闻事件的反复报道目的是完成媒体的议程设置①任务的话，主题先行的直播报道的出现就显得更加名正言顺了。因为主题先行的直播报道的任务就是给受众海量的观点性信息，摒弃了新闻事件直播的不确定性，报道意图明显而且强势。报道如同一个命题作文，其中用于论证观点的信息选择标准主要集中在报道主题的贴近性、说服力上，信息内容服务于报道主题。报道主题本身的社会意义置于首位，需要注意的是信息的新闻性相对要强调。

2006年4月24日—30日，中央电视台新闻频道播出了《高峰体验》直播节目。近年来，城市交通愈来愈受到人们的关注。节目对北京、上海、广州、武汉、杭州、成都和青岛等城市的上下班交通状况进行实时转播。节目分为早间时

---

① 媒介的议程设置功能就是指媒介的这样一种能力：通过反复播出某类新闻报道，强化该话题在公众心目中的重要程度。见沃纳·赛佛林、小詹姆斯·坦卡德著郭镇之等译《传播理论——起源、方法与运用》，华夏出版社，2000年1月，第246页。

段和下午时段两个部分，每天上午9:00~9:05，节目依次展示七个城市的上班高峰状况，并抛出当天下午节目的直播互动话题。在下午17:00~18:20的节目中，来自各地交管局的交通实时信号出现在节目中，除此之外，出镜记者到公交车、地铁、停车场等地亲身体验，感受各地的不同交通状况，了解交管部门在城市交通管理中的各种特色措施。为了丰富节目内容，编导还制作了中国台北、中国香港、巴黎、纽约、东京、莫斯科、新德里等地的交通见闻短片。

此外，节目还设置了花样百出的交通违法案例，看交警如何现场执法的《有错必纠》；堵车时怎么省油，独门的挤车“秘笈”，走在路上的《有招必学》；交警、司机、乘客、行人，路上的酸甜苦辣的《有话想说》三个板块。七天的直播报道中心主题是“城市交通现状”，根据城市交通特点，节目给每天直播都制定了小主题。《高峰体验》就是典型的主题先行的直播报道，城市交通每天发生，在节目播出前没有重大城市交通事故发生，选题本身的新闻性较弱。但是，无论是北京还是上海，随着城市发展，道路交通所产生的社会问题和社会现象逐渐影响到市民的日常生活。在大城市民众已经进入“my car”时代时，影响“my car”时代发展的除了城市道路硬件设施的完善，还离不开市民的交通观念的不断进步。

新闻事件直播报道仅仅围绕某一事件展开，报道的横向链接点是相关事件的信息整合与分析，纵向链接点是该事件自身信息的深度挖掘。例如对矿难事故的直播报道，横向报道主要侧重此次矿难事故的原因、救援措施与之前发生矿难的相似之处等，而纵向报道主要侧重于目前救援进展情况、解决办法、善后事宜等。刚刚出炉的最新信息通过直播传播出去，通过报道人们获得告知性信息。事件本身的“新闻性”涨圆了报道整个过程，对于最新信息的获取是受众的唯一诉求。

2. 前期策划、事前踩点、表现形式多样

主题先行直播报道首先需要确定报道选题，在日本NHK电视台日常新闻节目中的小型“主题先行”的报道，通常是由担当直播报道工作的播音员独自承担整个前后期工作，有时也会由PD（program director）和出镜记者（记者或播音员）共同完成前期的企划工作。

利用记者现场出镜的方式报道社会问题性、现象性的新闻话题，比以往仅仅依靠画面加解说的报道形态更加吸引受众。完成这一报道任务需要周密的前期策划，例如话题切入口、问题展开层面、背景信息与现场信息的有效结合、画面如何表现等实质性问题。新闻现场的多场景、多地点的筛选，明确出镜场景后的走位等技术环节的可操作性，以及抢眼的表现形式等。

2007年2月12日北京卫视晚间新闻节目《直播北京》中播出了“餐桌牙签安全隐患多”的问题性报道。在表现事实信息时，出镜记者选择了多家餐馆，一是说明此类问题的普遍性，另一层意思是人们对于这一问题“无视”的都市生活状态。报道点仅仅围绕了餐馆现状、医生证言、政府声音、进货渠道这一逻辑链条梳理成文，出镜记者的评论力度比较薄弱无力。这是因为在新闻信息中，缺少警醒受众的“关键词”，引起受众安全意识的信息点少的缘故。新闻片的表现形式是记者出镜亮相质疑、暗访实际情况、采访医生、电话采访政府负责人、总结点评，中规中矩，模式老套。

日本NHK电视台每天中午有一个直播节目《日本列岛》，半个小时的节目通常有时选择在一条普通的商业街，有时选择在颇具特色的农家宿舍。为了避免流水账式的播出顺序，节目制作人员根据素材设计了许多报道亮点，节目的可看性强。

主题先行直播是对事件直播、媒介事件直播的有力补充，新闻制作者根据不同新闻事件、新闻话题选择不同的报道形式。主题先行的话题性、问题性的视点是其备受关注的原因之一。

五、新闻直播的传播样式

1. 同一新闻现场多机位直播，即在新闻事件发生发展的流程中以不同机位、不同镜头的画面引领观众进入现场。

2. 双视窗直播，即同时展现两个不同空间正在发生的事件的直播样式。数字技术的发展，使得电视得以采用双视窗对新闻进行充分报道。

3. 以小型卫星设备对突发事件的随时直播。日益轻便的数字化摄录、编辑机、小型卫星移动设备保证了对突发事件的随时直播，该样式在国外被广泛运用。

4. 异地多点直播，在对一些牵扯地点很广的新闻事件的报道中，电视直播同步多点直播来实现对共时的扩展，同一时间能将几个不同地区事件的发生、发展情况展示在观众面前，空间距离不复存在。

第二章
出镜记者——现代电视新闻现场报道的急先锋

第一节　电视新闻出镜记者的诞生

一、广播新闻记者现场报道改变广播新闻报道模式

(一) 现场报道使广播新闻发生质变

我正站在一个屋顶上俯瞰伦敦。在这一时刻周遭一切非常安宁。出于国家和个人安全的考虑，我不能告诉你们我现在的精确位置。在我的左边很远的地方，我可以看到愤怒的截击机的反击发出的暗红的火光映衬着灰蓝的天空……我可以看到不远处的一幢楼，下方好像是有白色油漆在闪烁，我在白天看到过这幢楼，它缺失了四分之一——在一天晚上被一枚炸弹击中……①

1940年9月21日，美国各地的听众通过收音机在自家客厅中收听到了CBS广播电台记者爱德华·R. 默罗发自英国的现场直播报道——《这里是伦敦》。在广播新闻领域，爱德华·R. 默罗与同伴威廉姆·L. 夏勒共同探索出一个全新的模式，即将广播由以往传播轻浮的游戏节目、戏剧和喜剧节目变身成为重要的新闻来源。而使广播新闻发生质变的，就是被誉为美国广播电视新闻的“开山鼻祖”——爱德华·R. 默罗。

“我们必须找到自己做新闻的方式，我们要找到新的方式来报道新闻，要将新闻和新闻事件本身通过记者立刻传送给听众，传到他们的客厅里，让他们能同步感受到正在发生的事情……这是一个全新的事业。这样做新闻就没有事件的滞后，也没有报纸所需要的编辑和改写。听众直接从记者那里立刻知道正在发生的事件。广播发出的报道……这些有声报道都可能比报纸记者撰写的报道告诉你更多的内容。”② 以上这段描述出自威廉姆·L. 夏勒，从中我们可以体味到他是如

① Bob Edwards：《爱德华·R. 默罗和美国广播电视新闻业的诞生》，周培勤译，复旦大学出版社，2005年8月，第3页。

② Bob Edwards：《爱德华·R. 默罗和美国广播电视新闻业的诞生》，周培勤译，复旦大学出版社，2005年8月，第28页。

何解读报纸新闻与广播新闻的本质差异，如何运用广播媒体特性拓展新闻报道的。威廉姆·L. 夏勒没有想到的是，他的评述直接影响到之后的广播新闻与电视新闻之间的利益争夺。

（二）广播新闻报道与电视新闻报道的影响

如果说德国吞并奥地利这一新闻事件催生了广播新闻综述这一形式，那么慕尼黑危机则带来了“圆桌报道”。在“圆桌报道”中，不同城市的记者互相交谈而不像在新闻综述中那样轮流念自己的文稿。[①] 爱德华·R. 默罗也没有想到，“圆桌报道”会在以后的电视新闻报道中，演变成为“论坛式”以及“政治讨论”型节目。

从爱德华·R. 默罗与威廉姆·L. 夏勒所做的努力我们不难看到，广播新闻记者现场报道不仅改变了广播新闻报道模式，而且也对电视新闻报道产生了深远影响。同时，他们的努力也让我们感悟到，在任何领域，重要的是创新。

当前，电视新闻从业者集体振臂高呼：电视新闻报道没有新的模式可以挖掘，技术的均衡使得新闻报道不再会出现独家新闻的可能，新闻报道只能在第二落脚点、第三落脚点里寻觅了。然而在音乐领域却不断有流行的歌曲被大众传唱，但是很少听到作曲家们说，人类创作的歌曲太多了，没有新的曲调可以谱写了。同样在文学领域积淀有无数的旷世名作，但是，我们今天仍能看到层出不穷的被人们津津乐道的作品。人类大脑的细胞在创新过程中迎接死亡，在储备能量中重生——这就是文学艺术的创作过程。由此我们不得不重新审视电视新闻从业者的哀叹，中国电视新闻从业者对新闻报道方式是否缺少了创造性？

二、电视新闻出镜记者现场报道的应运而生

（一）由偶然到必然

1963 年 11 月 25 日，暗杀肯尼迪总统的职业刺客奥斯瓦尔德在由达拉斯警察局移至监狱的途中，被达拉斯夜总会老板杰克·卢比近距离击毙，现场电视记者出乎意料地将事件现场通过卫星做了实况转播，毫无准备地开创了电视现场直播的新时代。[②] 从此以后，美国电视观众透过电视目睹了 20 世纪后半叶几乎所有的重要历史事件。电视媒体对越南战争的真实报道改变了战争的发展方向，客观世

---

① Bob Edwards：《爱德华·R. 默罗和美国广播电视新闻业的诞生》，周培勤译，复旦大学出版社，2005 年 8 月，第 39 页。

② 吕宁思：《凤凰卫视新闻总监手记》，昆仑出版社，2005 年 1 月，第 88 页。

界的遥远距离在电视这个小小的方框中，变得触手可及，活跃其中的出镜记者的现场报道成为观众脑海中永远的记忆。

（二）CNN 的天空——不只是主播，更重要的是出镜记者

1991 年 1 月 16 日凌晨，CNN 的三名记者阿奈特（Peter Arnett）、霍里曼（John Holliman）和萧伯纳（Bernard Shaw）万万没有料到，他们在伊拉克希德酒店的现场直播报道，从此掀开了全球电视新闻的竞争序幕。更令 CNN 意想不到的是，它的一夜成名成为日后诸多媒体行动的诱因。英国的 BBC WORLD 24 小时新闻频道、美国本土的 MSNBC、FOX NEWS CHANNLE、中东的半岛电视台、阿布扎比电视台、亚洲的凤凰卫视资讯台、中国中央电视台新闻频道、日本 NHK WORLD 频道等相继诞生。至于 CNN 对于电视新闻节目样态的影响力，则更是意义深远，其对电视新闻节目样态的开发模式注定成为后来追随者的复制品。无论是哪个电视新闻频道崛起，业界都会冠之以“某某的 CNN”加以称赞，半岛电视台被誉为“中东的 CNN”，凤凰卫视资讯台被称为“华语的 CNN”。由此可见，CNN 已占据标志性的媒体地位。

CNN 开创的电视新闻节目样态使人们注意到，活跃在新闻频道荧屏上的除了光鲜的明星主播们外，还有支撑其报道天空的永远奋战在新闻现场上的出镜记者们。“reporter”之所以成为 CNN 与 BBC 一档备受人们关注的新闻节目，原因在于无论是在硝烟四起的战场、危险重重的山林大火中，还是在疯狂肆虐的台风中、地震灾害现场，哪里最危险，哪里就会有出镜记者现场报道的身影，他们以亲身经历、观察、感悟诠释了现代电视新闻报道的理念。

（三）出镜记者在中国电视新闻报道中迟到的身影

在中国，电视新闻出镜记者的出现较晚。由于新闻报道理念的滞后，国内电视新闻报道模式长久以来一直停留在“联播体”新闻样态中。一提起出镜记者现场报道，人们最初想到的难免是《新闻联播》的播音员随同国家领导人出访时，在机场所做的新闻导语式的出镜报道。事实上，那不过是现场报道中最简单的形式。徐俐在《女人是一种态度》中谈及《中国新闻》的节目定位和新闻报道创新时是如此描述的：“1992 年 10 月 1 日《中国新闻》开播，记者高丽萍站在天安门广场向大家作现场报道。她告诉观众今天的国庆节有什么样的人来到广场，人们在做什么，人们的愿望是什么，天安门广场又发生了怎样的变化。这些都在她的现场采访中一气呵成，如行云流水。那条长达三分钟的新闻，几乎没有什么解说词，基本上都是现场同期声。这样的新闻首次出现在中央电视台的屏幕

上，它的效果及影响力是可以想见的。”

从那时起，真正意义上的出镜记者这一报道形式开始在中国的电视新闻报道中出现了。

三、决胜直播报道——出镜记者的现场报道

（一）新闻报道的主战场——由演播室向现场的转移

1. 现场报道成为媒体竞争的焦点

凡是世界性的大事必定会引发世界性的媒体大战，而有关重大新闻直播报道的竞争焦点，就是看哪家电视台的记者能够深入最前沿发回最精彩的现场报道。

回顾电视新闻的发展，电视新闻在发展之初曾经历了开局阵痛。在媒体形象模糊之时，电视新闻曾一度盲目地模仿纸面媒体、广播媒体，这使电视新媒体形象遭到质疑。随着技术进步，电视新闻优势日趋明显，媒体张力更尽极致。

在人们的记忆中，以往的新闻报道都是以嘉宾们精辟的分析、主播们的机智应对来演绎的，但如今这种形式已经在 CNN、BBC 以及其他学步者的媒体中消去，取而代之的是精彩的现场画面和出镜记者出没危险前线的身影。

从《华尔街日报》对两次海湾战争报道所做的比较可以看到，世界媒体发生了历史性进步。这表现为在上次海湾战争期间，159 名前线记者还需要用交通工具把录像报道送到外界，前线记者禁止使用移动电话，电视观众直到第二天才能看到美军包抄俘虏——成千伊拉克军人的画面。而如今记者兵团随军行动，通过可视电话进行卫星通信报道，甚至从装甲车和坦克上使用微型摄像机转播前线实况。①

2. 演播室是“鼠标”，点击现场汇集信息

笔者在日本留学期间，曾有幸目睹了三次媒体大战，即 2001 年的“9·11”恐怖袭击事件、2001 年年底的阿富汗战争以及 2003 年的伊拉克战争。由于美日两国关系密切，所以，日本电视媒体的新闻报道内容十分丰富。记得在伊拉克战争开战之初，日本 NHK 电视台就开始播出特别报道节目。NHK 以日本东京总局作为报道播出平台，将出镜记者的报道点遍布世界各地以及战争区域各个关键点：联合国五个常任理事国——美国的纽约联合国总部和华盛顿（有时还有军事基地）、中国北京、俄罗斯莫斯科、英国伦敦、法国巴黎；日本本土的首相官邸、伊拉克驻日大使馆等日本本土多个直播点；中东地区的阿曼、沙特、约旦、科威

---

① 吕宁思：《凤凰卫视新闻总监手记》，昆仑出版社，2005 年 1 月，第 117 页。

特以及美军前线各个新闻点。NHK 在现场报道中实现了地缘政治划分，其报道模式与凤凰卫视的“事件现场画面 + 记者前方采访 + 专家评论 + 主持人后方播报和串联”以及央视的“新闻短片（有时是现场报道，大多是电话连线） + 演播室（主持人与嘉宾对谈）”截然不同。其特点是特别节目报道的重心是在新闻现场，将涉及相关事件诸多关系链条的各个地点作为报道点，将演播室仅作为“鼠标”，一个一个点击展示报道点现场。整个节目没有口水新闻的嫌疑，只有生动画面的轮番上阵。

（二）央视与凤凰卫视的对决——现场报道决定胜局

在对伊拉克战争报道初期，凤凰卫视曾面临着来自中央电视台的强大压力。吸取了在 2001 年对“9·11”事件报道教训的央视，曾摩拳擦掌欲在伊拉克战争报道中收服失地、挽回名誉。据说，当时在央视的演播室走廊里站满了准备上节目的嘉宾。与央视庞大的人脉资源相比，凤凰卫视可谓是孤军奋战。即便是有着双语主播的同声翻译，万金油式的新闻评论员的轮番上阵，其媒体影响力的弱势也已现端倪。然而，使凤凰卫视扭转乾坤，令央视目瞪口呆的却是那朵“战地玫瑰”在伊拉克境内的美丽绽放，以及之后各路记者纷至沓来形成的遍地开花的现场报道网。来自战争前线的现场报道使得凤凰卫视成为全球华人的焦点。而失去新闻一线的央视，只能捶胸顿足。

（三）出镜记者的现场报道

1. 现场记者的行动

现场记者在直播中起提示、递进事件进展的穿针引线作用，同时，通过记者的主观感受也可以补充和丰富新闻现场的信息。现场记者的表现形式灵活多样，既可深入事件现场各个区域穿梭于事件现场之中，也可在特定条件下直接面对镜头侃侃而谈，或者与经历事件的人物进行交流，向受众传输事件的详细信息。因此，现场记者在直播中的现场感非常强，他（她）起到了观众替身和代表的作用，可以使观众有一种置身现场的感觉。①

2. 经典声音发自现场

如今，电视新闻报道已进入直播报道的时代。而出镜记者来自新闻现场的报道是直播报道的一个重要环节，因为没有现场就谈不上是直播报道。没有现场报道演播室的新闻播报将会显得索然无味，更会给受众不真实的感受。因此，与其

---

① 周勇：《电视新闻编辑教程》，中国人民大学出版社，2002 年 12 月，第 134 页。

说是别斯兰人质危机成就了卢宇光，不如说是现场报道使其扬眉吐气。

在报道人质危机之前，卢宇光常常因其画面水准遭到上司的批评。但他在战斗打响后的5分钟里发回的现场报道，使其一举成名，并被誉为“中国传媒史上的经典声音”。①

战斗是5分钟以前开始的，大概在现场100米的地方，能看到孩子不断地往外面送，我们的机器落在火力圈里，我们撤到了一个墙角……

现在又冲出了一批人，我们不知道是从哪个方向来的，躲在汽车后面。我们看到不断有部队往里冲。

现在情况可能松弛下来，部队行动有些缓慢。

唉呀呀！恐怖分子向我们这边冲过来。突围了，已经打伤了很多人。唉呀，我们现在正在跑（急促的枪声和喘息声）。

回顾卢宇光的现场报道，我们虽然会发现其中存在诸多问题，但是，当直播时，相信每一位观众都会被现场的紧张气氛所吸引，他的每一个字，每一句话都可以填补观众对前沿一线信息的渴求。在那时，词汇使用不当，事态演变表述模糊等已变得不再重要了。

当然，在此一个不能回避的问题是，无论是央视还是凤凰卫视，对于出镜记者的培养与使用都陷入了“偶然”发现的怪圈。凤凰卫视始终主张的播报方式“六化”是：现场直播经常化、现场报道纪实化、事件报道同步化、全天新闻滚动化、播音主持明星化、新闻评论权威化。在此，笔者强调需要增加的一项内容是“出镜记者专业化”。

第二节　出镜记者——活跃在现场的“新闻主播”

一、出镜记者与现场报道

（一）出镜记者的定义

电视新闻现场的主角是出镜记者，电视记者和电视新闻节目主持人（新闻主播）通常是出镜记者的主要来源。在我国常态新闻节目中，由电视记者兼任出镜记者的情况居多，只有在电视台为重大新闻事件、时政活动制作播出特别报道节

① 张林、蓝艺：《大事背后——凤凰卫视咨询台揭秘》，中国和平出版社，2005年9月，第97页。

目时，平日只会出现在演播室里的新闻节目主持人（新闻主播）才会到新闻现场从事现场报道工作，通常把此时的主持人也称为出镜记者。

在朱羽君和雷蔚真合著的《电视采访学》中，有关出镜记者是这样定义的："出镜记者是指在电视采访中出现在镜头里的记者和主持人。"① 该定义的不足是将出镜记者仅仅局限在采访这一环节上，而事实上出现在镜头里的记者和主持人的报道行为还涉及直面报道、即时评论等范畴。所以，笔者认为，出镜记者是指在新闻现场，在镜头中从事信息传达、人物采访、事件评论的电视记者和新闻节目主持人（新闻主播）的总称。

由出镜记者担负信息传达的现场报道成为电视新闻报道的重要组成部分，甚至可以毫不夸张地说，没有出镜记者的现场报道就不能称为现场直播报道。因为出镜记者是现场直播报道的重要标识。

（二）现场报道

什么是现场报道？让我们先来看看如下有关现场报道的定义。

定义 1：现场报道是电视记者在新闻事件现场，面对摄像机（观众），以采访者、目击者和参与者身份做出图像的报道。②

定义 2：电视新闻中的现场报道是电视报道者置身于新闻事件发生现场，面对摄像机，以采访者、目击者和参与者的身份向观众叙述、评论新闻事件，并同时伴以图像报道的一种报道形式。③

比较两则定义不难发现其异同点。

它们的相同点是：

第一，身份相同。都是在新闻事件现场，面对摄像机（观众），以采访者、目击者和参与者身份。

第二，都是图像报道。

它们的不同点在于：

第一，谁是出镜记者？定义 1 指明的是电视记者，定义 2 说是电视报道者。显然，定义为"电视报道者"范围更为准确，因为这里的"电视报道者"是将电视记者和新闻节目主持人（新闻主播）都包含在内了。

第二，是怎样的新闻现场？定义 1 将出镜记者安排"在新闻事件现场"，定

① 朱羽君、雷蔚真：《电视采访学》，中国人民出版社，2003 年 6 月，第 13 页。

② 叶子：《电视新闻：与事件同步》，北京师范大学出版社，2007 年 6 月，第 136 页。

③ 付程总主编：《实用播音教程》，第 4 册，北京广播学院出版社，2003 年 9 月，第 92 页。

义2则将出镜记者安排在“新闻事件发生现场”。可以说，狭义的新闻现场是指“新闻事件发生现场”，而广义的新闻现场则是指与新闻报道主体存在逻辑关系的新闻空间。在一些以新闻话题为主的现场报道中，其“新闻现场”所承担的任务与“新闻事件发生现场”存在着本质上的差异。例如，报道北京市民为了迎接奥运会，积极参加绿色奥运活动，出镜记者站在某宣传看板下所做的现场报道。这个“现场”只是与报道主题相关，但是该现场本身没有什么新闻发生。所以，有关新闻现场的定义不能仅仅圈定在“新闻事件发生的现场”。

第三，出镜记者都干些什么？定义1只是笼统地概括为“做出的图像报道”，而定义2则更为详细，概括为“向观众叙述、评论新闻事件，并同时伴以图像报道的一种报道形式”。但是，使用“叙述”这一词汇，显得不太恰当，因为出镜记者在新闻现场除了将新闻事件本身进行叙述之外，还有一项重要的任务，就是对现场场景的细致描述。再有，新闻评论可长可短，现场报道既传达最新信息，同时又发表即时评论。由于受到时间上的限制，通常现场报道的新闻评论较短，切入口小，针对这一特点，有关新闻评论改为“点评”更为合适。

所以，对于现场报道做如此定义更为恰当，现场报道是电视报道者置身于新闻现场，面对摄像机，以采访者、目击者和参与者的身份向观众描述新闻现场、叙述新闻事实、点评新闻事件，并同时伴以图像报道的一种报道形式，现场报道分为录像型现场报道和直播型现场报道。

二、出镜记者与新闻主播

对于出镜记者与新闻主播，少有研究者将二者加以比较区别。由于在新闻报道中的职责不同，他们似乎缺少可比性。但是，笔者却发现二者之间有着诸多的联系，首先便是业务能力上的相似性。

（一）新闻主播的五项基本功

1. 报道

报道能力是新闻主播最基本的能力。身处新闻现场，捕捉报道要点，组织报道小组工作程序，撰写或草拟现场报道的文字腹稿，理清报道脉络，调查新闻现场，采访相关当事人和相关人员，调查新闻事件。

2. 播报

扎实的新闻播报能力是新闻主播作为有声语言信息传播者的武器。稿件基调的准确，恰当的语气把握，在不影响新闻语义传达的前提条件下的停连、重音的位置确定，气息通畅，意思清晰，层次分明，通过语气的转换体现出文稿的文字意思。

3. 评论

可以说，一位新闻主播真正地报道一则新闻，肯定会对该新闻产生点评一番的心理，否则他根本没有把心放在新闻上。评论是新闻主播洞悉社会的窗口，而评论能力的高低是判定新闻主播等级的标尺。在节目允许的情况下，只播不评，只播不论，论不到点子上，以废话代替评论的做法都是不可取的。

4. 主持

作为新闻主播，这应该是看家本领了。可事实上，对于新闻主播来说，主持上的技巧却是一个“经验主义”致胜的。刚入道的主持人很多是由于欠缺主持经验，表现为对于演播室和新闻现场缺少“气场”式的掌控，而实际上是一种统筹全局的宏观能力的缺失。这时，具有丰富主持经验的新闻主播往往成为年青一代主播的老师，“偷学”他人主持经验是每一位新人主播的当务之急。“老记者与新记者的区别在于，看着一个相同的现象，得出不同的结论。”① 套用这句话我们可以得出这样的结论：“老主播与新主播的区别在于，面对一个相同的场面，运用不同的主持技巧。”

5. 采访

与演播室嘉宾、当事人和相关人员的对话、与出镜记者的一问一答都是需要通过采访完成的。采访是新闻主播报道新闻事件的重要渠道。如何抓住核心问题，从当事人和相关人员的口中找到事实的真相，从而深刻剖析新闻事件。在采访时，主播的任务不是让观众记住主播的观点，而是要记住被采访者的观点。

（二）出镜记者的五项基本功

1. 报道

虽然报道能力是新闻主播应具有的基本能力，但是与之相比，出镜记者更需要具备此项基本能力；可以说，这是出镜记者的看家本领。在与摄像记者组合而成的报道小组中，报道的随行是以出镜记者为中心的。在出镜记者的安排下，摄影记者完成取景拍摄工作。对于出镜记者来说，新闻现场报道是他的天下。从新闻现场信息的搜集、整理、筛选到整个新闻作品的文字结构、画面配合、直播报道的有声语言表达等都在其控制之下。因此，一位优秀的出镜记者首先应当具备的素质就是要有极强的新闻报道能力。

① 吕宁思：《凤凰卫视新闻总监手记》，昆仑出版社，2005 年 1 月，第 64 页。

2. 表达

表达对于出镜记者来说，犹如是应当可以自诩的语言能力。一个好的新闻作品的完成需要经过对新闻作品素材进行整合再到将与之相对应的新闻画面进行完美组合的过程，而此过程中“有声语言”的准确表达是使新闻作品为人所知的手段。有声语言表达能力对于当前出镜记者来说，可谓是当务之急。从目前的现状来看，以“惨不忍听”来形容一点都不为过。出现在精彩的新闻现场的出镜记者，往往是口齿不清，或是一口气说到底，这显然直接影响到新闻信息的传播效果。出镜记者表达目的首先是要让观众听清楚、听明白、听得舒服。因此，要达到这三项要求，必须要接受专业的有声语言训练。

3. 短评

出镜记者在完成表层信息报道之后，有时会根据实际情况对自己所报道的事件发表简短的新闻评论，这简称为“短评”。与近年纸面媒体新闻评论出现的“短小化”倾向相同，电视新闻出镜记者现场报道同样是“重信息轻评论”。因为，通常节目设计上会把评论的主动权交给演播室的新闻主播和嘉宾们；即便是给出镜记者评论的权利，也会考虑到节目时间的限制，所以出镜记者的评论主要表现形式也会是“短评”。短评首先是篇幅较小，一两句话，大多不会超过50个字的样子；其次，短评的落脚点只会选择一个评论点上；第三，短评发表的目的通常是为了深化主题。

4. 采访

采访是出镜记者的武器，没有了采访一切报道行为都不存在。对于出镜记者来说，需要完成的采访包括幕后采访和镜头前采访。幕后采访是为了获取基本新闻素材、信息，包括自己的调查、各方取证等。镜头前采访对于出镜记者来说需要注意的事项较多，比如提问的准确、用词的恰当、体态语的配合，等等。倘若是直播时的人物采访难度就更大了。例如，在北京卫视2006年9月17日播出的《鸟巢钢体卸载特别直播报道》中，该台《直播北京》的主播胡蝶作为报道活动中最重要环节部分的出镜记者，面对被采访对象消极的镜头前表现，她有效地把握对话进程，通俗易懂地准确地解释出专家的艰涩术语，出色地完成了直播任务。

5. 技术

对于出镜记者来说，只在话筒前出色地完成报道任务还远远不够。凤凰卫视新闻总监吕宁思在《凤凰卫视新闻总监日记》一书中指出，当前的电视新闻记者必须熟练地使用电脑和操作电子视像资料发送。他还谈道，如今专业摄像机与家用摄像机区别日益减少，利用身边设备、熟悉操作程序，在电脑上可以简单编辑画面，并利用电脑将画面传回总部。

三、出镜记者的未来发展趋势

（一）即兴口语表达、现场报道是考核电视节目主持人业务能力的标准

在 2007 年 7 月 12 日开始播出的“白象杯”第五届 CCTV 电视主持人大赛初赛中，设置了《我在现场》的比赛环节，现场报道作为考核电视主持人业务能力的标准被赋予了重要意义。同时，现场报道能力已不再狭义地限定在新闻类节目主持人业务能力范围内，即兴报道能力可以说已经成为电视节目主持人应具有的专业能力之一。“在初赛阶段的比赛与往届相比最明显的不同就是摒弃了以往知识问答式的考核形式转而采用现场报道、谈话节目主持的形式对选手的新闻素质、逻辑思维、语言表达、屏幕形象进行综合的考量。可以说，这样的考核方式不仅是对这一传统赛事的突破，同时也是对当前主持人行业性质的一次诠释，对中国电视节目主持人选拔理念的创新和实践。对于这样的环节设置，本届主持人大赛的总导演于淼认为是与前两届大赛的积累和对目前电视发展状况的分析分不开的。现阶段的电视节目主持人仅仅具备优雅的气质、靓丽的外表、清晰的口齿是远远不够的。一个好的电视节目主持人首先要是一名优秀的记者，要具备新闻从业人员必须具备的专业素质。”①

从比赛实际情况来看，初赛中的《我在现场》是“主题先行”的报道模式。为了追求比赛的可视性，比赛的设计感较强。选手的报道内容虚拟成分较多，虽然其中涉及具体地点，但是，在缺少新闻画面支撑的情况下，对于新闻事实信息的合理性、真实性难以判断。从比赛选手到大赛评委，有关现场报道的认识各有不同，从那些实际从事过电视新闻报道的选手参赛内容上来看，可以发现一个共性特征，那就是现场报道必须仅仅围绕新闻现场细节展开报道行为。

现场报道作为当前电视新闻报道基本形式早已成为不争事实，因此，现场报道能力就成为每一位利用有声语言进行信息传达完成新闻叙事信息传达者的必备能力。这样，即兴口语表达、现场报道能力等理所当然地就成为了考核电视节目主持人和电视新闻记者的标准之一。

---

① http：//zhuchiren. cctv. com/20070716/103913. shtml

（二）出镜记者的天空

面对电视新闻节目无限广阔的发展空间，出镜记者现场报道的“未来像”又该是怎样的呢？

1. 多职能化

早期的CNN着眼于那些年轻的记者和企划人员，还有那些已经退职的但业务十分老练的经验型记者。为了节约成本，CNN导入了从取材、报道直到编辑、评论都可以由一人承担“Video Journalist”制度。如今的电视记者已经进入了“shoot yourself”时代。由星空卫视资深新闻摄影师罗伯·麦克布雷德（Rob Mcbride）命名的这一术语指的是作为多功能电视记者，单人单机进行采访，之后是自己为自己拍摄，电视记者既是摄像记者又是出镜报道记者。如今这种形式逐渐被业界广泛使用。这种方式除了降低新闻制作成本之外，也预示着电视新闻记者今后一段时期的人才发展方向。日本开始出现“Video Journalist”这一新型职业名称是在20世纪90年代中期，1995年日本发生了阪神大地震、地铁沙林事件等重大新闻事件。当时，数字摄像机的诞生为VJ的孕育提供了技术平台，器械的小型化、画面的高素质化成就了VJ。

2. 专业化

在2003年央视关于伊拉克战争报道中，使用了来自不同国家、不同媒体的电视信号，同时还连线了其他媒体的记者。在某一天的直播中，主持人不断地追问记者的具体位置。这位记者直率地回答说：“我在餐厅吃饭呢，过了时间，就没有饭了。”这位记者无疑是位文字记者。这种在缺乏本台专职出镜记者的情况下的直播报道，使得新闻报道质量难以把握。因此，直播的专业化、出镜记者的专业化就必然成为今后一段时期的工作任务。

电视新闻记者的专业化除了体现在新闻报道内容上之外，还表现在出镜记者业务能力的专业化上。一些接受过相关有声语言训练和一线新闻现场报道工作的电视记者逐渐确立了“出镜记者”的形象。特别是电视新闻报道理念的不断推进，出镜记者在新闻节目中地位的明确都为这一队伍的壮大和完善提供了可能。一些业务能力强、经验丰富的出镜记者渐渐成为继播音员、主持人之后，电视媒体打造的又一群电视“新星”。

3. 直播化

现场直播一方面体现了电视媒体的报道能力，另一方面也验证了该媒体对新闻资源的占有力。同时，出镜记者的直播报道也直接影响着新闻报道的效果。在日本，每家电视台每天的新闻节目中必然会出现直播报道。在那里，尤其是在民生类新闻节目中，现场直播报道犹如粤菜里的例汤，每日必备。直播报道成为新闻节目必不可缺的形式和内容。随着直播报道的日常化，电视新闻现场直播的种类和形态日益多样化起来。如今，现场直播报道是衡量一名出镜记者新闻报道能力的最佳渠道，突发事件对于他们来说犹如考卷中的附加题，只是将平时录像型出镜报道以现在进行时态播出。

可以说，随着经济的发展，发达国家由“录像型”向“直播型”转化的新闻报道样态必然会在我国电视新闻节目呈现。因此，出镜记者现场报道的直播化也必然会越来越多地表现在中国电视新闻节目中。

第三节　出镜记者现场报道与新闻客观性

一、新闻客观性

客观性原理在西方新闻理论与实践中一向占据着重要的位置，它不仅体现了自由主义理论的核心内容，而且包括一系列与日常新闻实践有关的方法和准则，这种承上启下联系主导理论与具体业务的特殊功能，决定了它成为西方新闻界流传最广、影响最大的基本原理。从另一个方面来说，在客观性原理产生和发展的过程中，它经历了不断的批判和修正过程。在这个意义上，它是西方新闻界最具争议性的理论。在此首先需要梳理一下三个概念。

通常，人们把西方的客观性和客观报道笼统地称为客观主义，实际上这三个概念是有所区别的。

第一，客观报道（objective reporting）是指在新闻实践中的报道手法，是实际操作规程。

第二，客观性（objectivity）是指一种原则性的要求，或者说是一种新闻报道的理想，它要求记者尽量达到这个目标。

第三，客观主义（objectivism）实际上是一种新闻观念，它是关于新闻是什么的一种判别标准。

在欧美新闻界的一般论述中，用得最多的是客观性，最少的是客观主义，只有触及到如何进行采访、写作时，才会经常提到客观报道。所以说，不能简单地以“客观主义”来取代“客观性”和“客观报道”，更不能笼统地对客观性的追求戴上“主义”的帽子。因为新闻工作者一般认为“客观”是记者永远做不到的，但是他们又一致承认通过努力，记者是可以尽量接近这个目标的。综上所述，需要注意的是，我们不能想当然地把对客观性、客观报道的追求归结为客观主义。

电视新闻出镜记者现场报道的诸多做法和表现形式似乎与新闻客观性相抵触。出镜记者的现场报道改变了电视新闻报道的信息传播模式，那么由此又该对新闻客观性概念做如何诠释呢？

二、出镜记者现场报道对信息传播的影响

新闻播音员的口头播报、新闻图像、新闻配音构成了传统消息类电视新闻信息传播元素。在出镜记者现场报道导入电视新闻报道领域之后，其形式主要体现在对新闻信息的组成以及画面和声音的表现上。出镜记者现场报道在彰显新闻画面信息力度的同时，也以其掷地有声的新闻现场同期声力度超越了以往电视新闻在信息传播上难以达到的高度。

事实上，在对伊拉克战争报道中，华语电视新闻记者由幕后一跃跳到镜头前，由此确立了出镜记者的形象媒体地位。在“电视节目主持人明星化”理念诞生之后，“电视新闻记者明星化”可谓顺理成章、应运而生。凤凰卫视的人才推广计划适时将这一崭新理念纳入其中，“明星主播”“明星记者”“明星评论员”，在声势浩大的宣传鼓动下，在凤凰卫视的新闻从业群体中诞生出最具媒体价值的出镜记者先锋，“战地玫瑰”闾丘露薇在战火中的怒放、卢宇光在别斯兰危机时发出了华语媒体的“第一声”。

出镜记者现场报道丰富了电视新闻报道形式，它的出现和使用昭示着出镜记者正在改变电视新闻的信息传播，出镜记者在新闻现场拓展出广阔的信息传达空间。

（一）“类人际传播”报道行为

1. 出镜记者以“人格”传达信息

在由日本放送协会出版的《NHK 播音训练——应用篇》一书中，有关“现场报道”一节，开篇是这样概括出镜记者现场报道行为的。

“现场报道”，简单地说，就是通过出镜记者的“人格”来传达信息情报。

这一精炼的断语印证了出镜记者的“人格品性”对于新闻报道的影响。出镜记者在信息传达时通常是以快速复制外在表象为主，这样就需要其对事件背景和事件进展做出深度说明，从不同角度以问题性视角挖掘事件。

出镜记者带来的现场报道呈现在受众眼前应不再是干巴巴的事件本身，而是由一个活生生的人在“讲故事”。他应以日常生活中常用的词汇、一听就明白的

叙述方式传达与普通民众有着密切联系的新闻信息。

那些高不可及的播音员、主持人制造的距离感，在出镜记者身上应很难找到。出镜记者现场报道使电视这一大众传播媒体在多元化媒介竞争环境下迅速变身。在出镜记者的“指挥棒”下，新闻现场成为信息的原点，出镜记者成为信息第一制造者、传播者和把关人。

2. 人际传播与“自我表露”

以往大众新闻媒体中的人际传播主要体现在访谈类节目中。采访者与被采访者之间在你来我往中，构筑了话语交锋框架，在电视这一大众媒体背景下完成信息传达。“交谈双方之间的信息沟通借助于有声语言符号，符号的流动为信息的沟通提供介质和渠道。在交谈双方临时组成的对话关系中，符号是共享的，尽管对于任何两位参加者，这些符号不可能刚好意味着同一事情，但这种关系的结构是随着交流的继续进行，理解很可能变得越来越接近。此外，随着符号交流的继续进行，新的不同点几乎肯定会出现，那么也就必须通过进一步的交流来消除这些不同点”。①

出镜记者在新闻现场，在镜头前，面对不确定多数的受众，以“类人际传播”的方式传达信息。人际传播的基础是“自我表露”，对于自我表露的评价尺度从五个方面来衡量：

（1）表露的量。

（2）表露的积极或消极性质。

（3）表露的深度。

（4）表露的时间选择。

（5）表露的对象。②

出镜记者利用有声语言和副语言来进行现场报道。他的“自我表露”是有意识的行为，当出镜记者在新闻现场将自己的所看、所听、所感等信息传达给电视机前的观众时便形成了自我表露。

3. 对出镜记者自我表露的评价

出镜记者的自我表露可以通过其信息的报道量、报道时的状态（积极高兴、消极愤怒、担心提示等）、事件报道的深浅、报道的时间长短、报道的对象等方面加以评价衡量。

---

① 威尔伯·施拉姆：《传播学概论》，根据新华社1984年9月第一版翻印，第49页。

② 胡正荣：《传播学总论》，北京广播学院出版社，1998年11月第2次印刷，第131页。

（1）信息报道量

对于人们在日常生活中的自我表露的量是没有衡量标准的，但是对于出镜记者来说，现场报道的信息量是“有量可查”的。来自新闻现场的有效信息自然是越多越好，这是每一位受众在看新闻报道时的最低诉求。信息报道量的多寡直接反映出出镜记者对事件信息的掌控。在此需要强调的是，并不是信息量越多就越好，在报道时间的限制下，应将有效信息依据报道脉络做合理安排，在保证信息质量的前提下，尽可能做到信息含量最大化。

（2）恰当的报道状态

这是指出镜记者在新闻现场报道时“自我表露”的状态与新闻事件内容、新闻现场气氛是否吻合。恰当、得体的报道状态决定了出镜记者镜头前表露状态的性质，在积极饱满的情绪酝酿下，与新闻现场气氛相融合，依托事件信息内容塑造镜头前的报道状态。在洪水面前，需要适度的急切和提高音量；在车祸现场，需要稳重的语气和贴心的提示。一个恰当、适度的在镜头前的表现是做好现场报道的基础，因为受众在报道的开始时还未感受到现场气氛，出镜记者的鲜明状态可以起到预热氛围的暗示作用。

（3）报道深浅

出镜记者在现场报道中对于事件信息是采取浅层次的告知性报道，还是深入性报道，主要依据事件自身和节目要求而定。也就是说要因事件发展进程、因直播当时的情况、因出镜记者的报道能力、因出镜记者所掌握的信息而定。

（4）报道时间

出镜记者的“报道时间”一般主要是指出镜记者的实际报道时长。不过，关于报道时间还包括报道时机的选择以及在整个节目进程中如何安排不同地点的出镜记者几时几分开始报道的问题。

在多点依次直播报道时就会涉及这个问题。日本的电视新闻媒体在报道地震等灾害性事件时，通常采用“接力棒”式的现场直播报道。在此情形下，东京总局的主播只需要呼出 A 地的出镜记者就可以了，B 地、C 地、D 地的出镜记者犹如四人接力跑一样，按照事前排好的报道顺序，A 地报道结束后，B 地就开始报道，接下来是 C 地、D 地。为了保证报道顺利完成，每一地点的出镜记者都要掌握自己的报道时长以及自己报道开始的时间。

（5）报道对象

出镜记者现场报道的对象是不确定的大多数，有些事件报道需要自己在潜意识中将受众看成是个人，例如提示性内容。有些事件则要求记者语气上更加大气，将目标受众的范围进一步拓展，例如重大活动的仪式性报道。

（二）电视新闻向个人感受方向倾斜

1. 个人感受贴近电视新闻报道

世界著名记者、作家法拉奇深受新新闻流派的影响，她强调新闻不仅要关注引人注目的重大事件和焦点人物，更要显示作家自己的思想和感情，在文章中渲染自己的风格和气息。法拉奇在对事件的叙述中，常常借助摄像技巧，将一个个具有意义的画面剪接、串联、组合起来，她善于运用拟人、夸张、比喻的形式，穿插背景和细节，制造出像短篇小说一样的新闻作品。① 在纸面媒体的新闻报道中，使用个人感受的记事做法效仿者寥寥无几，即便如同法拉奇这样的优秀记者极力倡导，钟爱此法的人终归属于少数派。

以往个人感受从未近距离地接触过电视新闻报道。然而，在出镜记者问世之后，事实与观点必须绝对保持界限的报道原则显得越来越模糊了。电视记者的“自我意识”在“出镜记者”名称的掩映下，可以将个人感受作为新闻报道中的一部分而存在，有时甚至占据了主导地位。

2. 个人感受式报道文本形式

在 2007 年 7 月 29 日日本 NHK 电视台早间新闻节目《您好日本》中，播出了“京都夏天的味道——贺茂的茄子”的新闻报道。在该则报道中，出镜记者由该节目周六、周日主持人礒野祐子担当。让我们来看看节目的编成：

主持人出镜，地点：鸭川（京都的标志性场所）

京都夏天最具代表的蔬菜是茄子，今天，我们就去拜访一位种植这种茄子的农家。

（配音）上贺茂地区的茄子被称之为“贺茂茄子”。

主持人：早上好，是玉田芳弘先生吗？请多关照。

玉田芳弘：是的，请多关照。

（配音）玉田芳弘的祖辈一直是种茄子的，到他这一代已经是第五代了。

主持人：打扰了，噢！（茄子）实在是太大了，一个个圆圆的，噢，天呀！（惊叹），实在是太棒了呀！看看我手上的茄子，需要两只手呀！瞧，茄子蒂还带着刺呢！好痛！

---

① 罗海岩：《法拉奇　向世界投不信任票》，新华出版社，2007 年 1 月，第 96、97 页。

玉田芳弘：小心别刺到！

主持人：这个（刺）一直有吗？

玉田芳弘：是的，刺越是坚硬，茄子就越是新鲜。

主持人：那么说，摘这么新鲜的茄子，有可能被刺到，很痛的呀！

（配音）贺茂的茄子之所以好吃，是因为有大量的山泉水灌溉，看看我的脚底下，好像是一条小水沟。

玉田芳弘：用新鲜的水灌溉，这样贺茂的茄子才好吃。

（配音）要想品尝到贺茂茄子最好吃的料理，就只好麻烦玉田的妈妈了。

玉田美荣子：我们把这个茄子就切一半吧！

主持人：即使这样切，这个茄子也是很大的呀！5 厘米左右吧！

玉田美荣子：两面用油煎好，不用放特别多的油。

主持人：这个味道可真香呀！

（配音）之后把白味噌和红味噌抹上去就可以吃了。

主持人：真漂亮呀！看着就香，那我就开动了。（开始品尝），吃上去水分特别的多，软软的，不是油，是水水的感觉。我能吃出来水的甜味，这真是一种新的吃法。

（配音）这就是京都夏天的味道。

在以上节目中，主持人无论是在蔬菜大棚里见到成熟的茄子，还是在农家品尝独特的茄子料理，有关茄子的信息全部依赖于主持人的个人感受；新鲜茄子的判定、茄子品质的好坏、贺茂茄子最佳料理方法、贺茂茄子的口感，等等，报道是在主持人的亲身体验过程中完成的。坐在电视机前的观众，通过主持人细致的感受，随着她的味觉、触觉、嗅觉，似乎可以感知京都夏天的味道。

3. 电视记者视野与新闻报道核心紧密相连

如上所示，在出镜记者“体验式”现场报道中，出现了个人感受式的报道文本形式。“我看到”、“我认为”与“我”的角色在新闻报道中得到肯定，并被迅速提升，广泛使用、复制。以“我”为中心的报道主体，在整个信息传达过程中，使出镜记者处于绝对优势地位。电视新闻从来没有像现在这样将新闻报道的核心与一个电视记者的视野、想法联系在一起，电视记者的作用因这一形式变得重要无比了。电视记者在新闻现场的所感、所思、所想，通过有声语言这一符号的暗流被及时、高效、快速地传达到受众信息接收环节中。出镜记者对于新闻事件的新鲜感想以出镜报道的形式固定下来，更以张扬的模式发送出去。法拉奇纸面媒体的文字新闻报道的魅力，如今，在电视新闻报道领域中以出镜记者报道的形式得到展现。

（三）第一人称新闻叙述方式的采用

出镜记者现场报道主要采用的是第一人称的叙述方式。身在新闻现场的记者，无论是目击式报道还是回顾式报道，记者通常是以“亲历者”的身份完成报道任务的。

“亲历者”角色需要以第一人称的叙述方式报道新闻，第一人称的叙述方式将出镜记者的个人感受、经历的点滴细节融会贯通在新闻报道中，以“我来告诉你”“面对面”的叙述方式，使出镜记者的判断以真实和亲切为底蕴传达给受众。作为新闻事件的亲历者与观众“面对面”的讲述，在新闻现场鲜活的背景映衬下，受众在接收新闻信息时，如临其境，感同身受。

出镜记者的现场报道除了启用第一人称“我”之外，有些时候还会使用第三人称“记者”，使用的条件因事件而定，并没有什么固定的规则。

（四）“新闻现场”信息的多维报道

1. 事件性报道的多维视觉

新闻事件发生具有多维空间和自身运行轨迹的特点，所以，记者在报道事件时同样需要以多维空间、多维切口、多维解释的视觉与方式进行阐述说明。

与电视新闻主持人在演播室发表新闻点评效果不同的是，出镜记者是以新闻现场为背景，他的问题性视角不再简单地依赖于有声语言信息的传达，新闻现场背景本身也犹如“旁证”一样间接地达到唤起受众信息接收意识的作用。虽然，电视新闻中的画面只能表现事实的几个片段和典型的场景，难以叙述事实的完整过程。但是，观众是服从于电视记者的安排，收受时间受到严格控制，得到事实的真相也可能是有限的。

2. “先信息后评论”与“重评论轻信息”的报道目的不同

出镜记者的现场报道内容注重事件表层信息的发布，在链接新闻背景的同时，对于事件的解释与说明有所触及。为了在新闻事件发生之时掌握问题的“第一解释权”，有些电视台也要求出镜记者在完成新闻基本信息的报道之后，对事件发表短小的意见性信息，即小型的新闻评论或称之为三言两语式评论。

事件性报道主要采用“先信息后评论”的报道顺序，信息发布在整个新闻文本内容中占据比例较高，至于新闻评论，无论从报道力度，还是时间量上，显然是处于陪衬位置。然而，还有一种情况是“重评论轻信息”的报道，例如像

《新闻调查》之类的深度新闻报道，出镜记者在新闻现场的出镜目的不是为了报道目前所在新闻空间的信息，而是把对事件的思考和评判放在一个与事件有着某种直接或间接连带关系的新闻空间，出镜记者选择该新闻现场报道是为了通过新闻空间的力量达到烘托报道氛围的目的。

三、出镜记者报道如何体现新闻客观性

（一）客观报道最基本的特征是注重事实

报道“真实的新闻”永远是现场报道的准则和目标。

出镜记者现场报道的诸多表象似乎与新闻客观性原则有些出入，但是，细致分析不难发现，出镜记者以其亲历者的身份，眼见为实的报道内容，一改电视新闻报道从属于纸面媒体、广播媒体的弱势媒体形象。电视新闻报道正是以前所未有的“存在感”，时刻影响着社会公众对周遭生活环境的解读与思考。

传统的电视新闻报道只是把以往广播、报纸的文字性事实信息或语言，以图像加解说的方式予以传达，是一种转述方式的变形而已。观众根据这样的转述想了解事件，还原新闻事件的面目是难以达到目的的。然而，出镜记者的报道不是转述，而是陈述。即便是转述其他被采访者口述内容时，出镜记者也是以自我陈述的方式表达出来，以出镜记者自身的感受将信息传达给观众，使得观众在信息接收上，变得容易理解和记忆。

虽然，来自新闻现场的面对面报道、来自新闻现场刚刚采集的新闻信息、来自新闻现场的真实背景，这些使得出镜记者的现场报道植根于新闻事实。但是，在随行现场报道任务时，出镜记者仍应谨记客观报道原则。

（二）出镜记者客观报道准则

1. 不以记者感觉代替事实

“感觉”，是指客观事物的个别特性在人脑中引起的反应，感觉是最简单的心理过程，是形成各种复杂心理过程的基础。

“感受”，是指人在接触外界事物得到的影响、体会。与“感觉”比较，感受的心理过程较为复杂，是需要经过一定时间思考、体味、酝酿的。

出镜记者在现场报道中，个人感受性的词汇使用率往往较高。这是由现场氛围和出镜记者的报道身份决定的，一个身在新闻现场的出镜记者如果报道中说的都是毫无自己感受内容的话，受众最基本的反应是这个记者怎么对这件事情无动于衷呀？这违反日常生活习惯的镜头前状态，势必造成受众群的流失。

出镜记者只有把自己在新闻现场最朴素的感受鲜明、生动地表达出来，才最

符合受众的生活常态与心理诉求。但是，新闻报道长久以来始终奉行这样一条报道原则，即不以记者感觉代替事实。这样就要求出镜记者在报道时，要以冷静的态度从旁观者的视角进行陈述，必须尽量避免感情用事，特别是具有一定语义色彩的形容词也属于禁用范畴。

2. 绝不将事实与观点混为一谈

客观报道强调以事实为主体，要求将事实与观点分开，让受众在信息接收时，知晓报道中哪些部分是基本事实，哪些部分是由基本事实引发的观点、意见。客观报道秉承这一原则，即绝不将观点与事实混为一谈，不将带有强烈主观色彩的观点偷换基本事实用以误导受众。

客观报道与以往新闻报道的区别在于：告诉人们事实是什么，而不是进行主观价值判断。在新闻业务分工中，新闻报道只提供事实，对事实的评价和言论一般是由新闻评论部门制作完成的。在电视新闻制作领域同样存在这样的分工，只不过当初这样的分工的目的只是从操作层面考虑的，至于像纸面新闻媒体那样，为了保证新闻报道的客观性而明确划出界线的想法是有所不同。例如，中央电视台的新闻部门分为新闻中心和新闻评论两个下属部门。

3. 既“告知”又阐述“意见”，集报道与评论于一身

出镜记者现场报道的最初任务只是将新闻现场信息报道出来。随着新兴信息媒体的推陈出新以及国内电视新闻媒体之间竞争日益加剧，加之借鉴美、英等国外电视新闻先进报道理念，出镜记者现场报道从形式到内容皆发生了显著变化。2007 年是香港回归十周年，中央电视台制作播出了一系列特别节目。其中在 2007 年 6 月 30 日的节目中，播出了 1997 年中央电视台对香港回归 72 小时特别报道的视频资料。当时在交接仪式之前，李瑞英的现场报道说明了那时对于新闻播音员出镜主持语言样态还处于摸索阶段。十年过去了，如今看来，当时的报道理念和语言表达还存在巨大的努力空间。在实践、否定、尝试的循环往复中，出镜记者在新闻现场的报道空间逐渐扩大，报道时间加长，更为主要的是出镜记者除了要发出“告知”的声音外，更需要发出“意见性”的声音。

出镜记者的意见性信息的形成，可以说极具说服力。就在新闻刚刚或正在发生的新闻现场，出镜记者畅游在丰富的现场信息海洋中，那时、那刻的有感而发显得顺理成章。出镜记者将报道、评论集于一身，首先得益于现场信息的时效性优势。对于新鲜出炉的事件点评更是新闻报道追求“问题第一解释权”的话语权争夺的产物。由此可见，对于出镜记者报道能力的衡量如果仅仅局限在信息采

集能力方面，则显得门槛过低；在最短时间内以冷静的视角一针见血地直指要害才是出镜记者报道能力的指标。

4. 使用第一人称与客观报道并不矛盾

客观报道准则要求：记者（媒体）以第三者身份旁观事件，不参与事件（一般情况），不介入当事各方，不引导事件进程。叙事角度及叙述人称是记者报道的重要取向，用什么语气陈述事件，不仅关乎叙事的整体进程及真实性，也是新闻客观性的具体表现。[①] 与纸面媒体新闻报道环境不同的是，电视新闻出镜记者的现场报道大多属于“目击式报道”，也可以说是“见证实录式”报道。

记者以第一人称“我”或第三人称“记者”的身份直接或者间接地出现在新闻事件中，有时是在事件之外报道。对于收看新闻节目的受众来说，出镜记者出现在新闻现场这一事实本身就足以使得受众感受到电视记者的所在、所看、所感。电视记者报道的新闻全部来自其第一手的信息收集，在“人证”“物证”面前，将真相告知给受众。

所以，对于出镜记者来说，第一人称的使用基础来源于实际的报道环境以及电视新闻报道特点，使用第一人称与客观报道并不矛盾。

第四节 出镜记者现场报道的作用

一、电视新闻理念的回归

中国的电视新闻报道理念，长久以来与新闻宣传作为同一概念统领着新闻从业人员的职业思维。即便是以图像、声音、文字等多种手段为一体的电视新闻，同样遭受着传统新闻观念的束缚。“1997 年的直播报道年”昭示中国电视新闻报道开始进入新纪元，从此电视新闻报道这一敏感领域积极拓展报道领域，突破报道形式，在失败与总结、欣慰与不足、焦虑与憧憬中迎来了现代电视新闻报道理念时代。电视新闻与“时效性”、“现场感”紧密相连，“今日的消息今日报道”的 TNT（Today's News Today）转向了“现在的消息现在报道”（Now News Now）。

在崭新的新闻理念驱动下，各种报道样态开始在新闻节目中尝试性地出现。出镜记者现场报道经过不断历练成为当前电视新闻报道的重要形式保留下来，并

① 郑思礼、郑宇：《现代新闻报道——理解与表达》，云南大学出版社，2004 年 6 月出版，第 337、338 页。

占据重要位置。

在经历了1997年的时政报道高峰、1998年由特别报道向常态报道的转变之后，中央电视台的新闻制作者们已经意识到了现代电视新闻报道理念的重要性。韩彪在《现场直播——新闻改革的标尺》一书中，披露了中国电视新闻一线人员对这一观念转变的心路历程和思想裂变。

以下本书节选1999年韩彪在《电视研究》杂志上发表的文章，题为《现场直播——电视新闻本源的复归》，从中可以窥见当时的电视新闻制作者们对于现代电视新闻是如何理解的。

为了从时间轴上最大限度地接近新闻本源，目前电视新闻的发展趋势是尽可能地采用现场直播，让观众在新闻时间发生的同时，就看到它的发展与变化。

从传播的过程上看，电视直播使受众主观接受信息时与客观发生的新闻事件在时间上是同步的，信息衰减可以减少到最小程度，新闻的真实性毋庸置疑；与时间的瞬时性相比，电视在空间轴线上让观众接近新闻事件是不可能的，因为电视观众不可能真的到达新闻现场，但是电视通过视听兼备、声画具有、场景直观、细节生动的优势，以强烈的现场感、参与感、融入感吸引观众，以较强的心理感受弥补了身体介入的不足。

时间的同步性，空间上的接近性，电视的现场直播通过视觉和听觉两个通道，使大众传播在螺旋式上升中又出现一次复归，向电视的新闻本源的复归。生动可见的电视图像，把人际传播中的心理沟通、情感互动、归属认同等基础特色，融入到大众传播之中，把新闻的客观真实性提高到一个新的层面。①

二、 出镜记者现场报道的作用

在电视新闻节目中，新闻播音员的作用是播报新闻信息；新闻节目主持人的作用是把握节目进程；出镜记者的作用则除了将新闻现场的最新信息以最快的速度传达给受众之外，还要链接新闻背景，点评新闻事件，因此，出镜记者的作用则远远超过现场报道形式本身。

目前，国内有关出镜记者进行现场报道作用的研究，可做如下归纳：

（一）结构性作用

在电视新闻报道中使用出镜记者现场报道形式的目的，除了可以丰富新闻报道表现手段之外，其作用到底为何。对此，中国传媒大学电视与新闻学院院长高

① 韩彪：《现场直播——新闻改革的标尺》，当代中国出版社，第434页。

晓虹教授在2005年5月出版的《现代传播》中，发表了题为《直播的理念与要素分析》一文，做出了如下回答：

电视记者应具有较强的现场报道能力，记者的现场报道在直播中担负着重要的使命。具体说来，现场报道有以下作用：

1. 交代新闻的背景。

2. 按照事情的逻辑联系跳跃式地报道新闻。

3. 担当新闻的开头与结尾。

4. 揭示画面背后的内容。①

由此可见，高晓虹教授对于现场报道作用的归纳，使得出镜记者在整个新闻报道中的作用变得鲜活起来：电视记者出镜报道内容既可以是交代新闻的背景，也可以根据新闻信息的重要程度依次进行报道；同时，出镜记者在新闻现场利用有声语言进行新闻叙事，是在新闻导语段落设计出镜，还是采用出镜形式完成整个报道内容，完全是根据新闻报道实际需要来设定的。简而言之，出镜记者的报道内容安排在整个新闻报道中，首先起到的是有关电视新闻节目编成的结构性作用。

（二）功能性作用

周勇在其所著《电视新闻编辑教程》一书中是这样总结出镜记者在新闻现场直播中的重要功能的：

1. 体现媒体能力

2. 在现场及时传递信息

3. 表达媒介的观点和视点

4. 采访的作用

5. 体现记者的个性化感受

另外，他还指出了出镜记者在现场报道中要完成三个任务，即

第一，引导观众关注新闻重要的信息。随时追踪事件进程，抓取现场鲜活的事件。

第二，提供合适的背景信息。

第三，协调和演播室主持人的关系。②

（三）形式上的作用

出镜记者现场报道形式改变了之前电视新闻报道的传统表达样态，电视记者

① 高晓虹：《直播的理念与要素分析》，《现代传播》2005年第5期，第94页。

② 周勇：《电视新闻编辑教程》，中国人民大学出版社，2002年12月，第134、135页。

出镜实现了电视媒体的传播优势，即“由一个具体的人在屏幕上向观众报道新闻，形成直接的人际化交流，将有效地拉近传播者和受众双方的心理距离。由此，电视的报道形式不再冷冰冰，而是充满了鲜活而具体的‘人’的个性，使观众的收视过程恢复到最原始的人与人的、面对面的交流。”①

朱羽君教授在《电视采访学》一书中论述有关记者的出镜问题时，就电视记者现场出镜的主要作用，做出如下总结：

1. 记者带领观众亲临现场，增强新闻报道的可信度。

2. 使现场的信息更加条理化。

3. 搜集摄像机不能直接记录的信息。

4. 使采访更加深入。②

朱羽君教授有关出镜记者作用的上述总结是建立于“报道形式”上的，即出镜记者现场报道形式较之以往的电视新闻报道模式在现场感、信息整合、采访深入等问题上所起到的功能性作用。

（四）信息传播作用

由上述可见，出镜记者现场报道的结构性作用最易识别和理解，功能性作用的落脚点着眼于该形式在信息采集上所具备的优势，而对于出镜记者现场报道在信息传播方面的作用，国内学者还未触及。

1. 出镜记者是新闻信息的传播者

信息是传播学的基本概念之一。信息的英文对应词 information，只有六百多年的历史。它是由英国作家乔叟于1386 年最早使用的，含义是“赋予形式”。将信息作为一个学术概念的讨论开始于 1927 年。一种意见认为，信息是客体变化或客体间相互关系差异或关联的表征。另一个角度看，信息产生于主体对于客体不确定性的认识过程中，如果获悉的某一表征使人感到关于某一事物的不确定性减少了，这种表征便是信息。③

当前的电视新闻报道对于时效性的追求不是“近似值”，而是全力做到“直接等于”。“现场主义”早已成为电视新闻的代名词，现场信息的多寡关系到电视新闻节目的成败。出现在现场的记者好像降生的新生儿一样，新生儿用最本能的“哭”向世界发出“我存在”的信号。出镜记者的现场报道运用有声语言发

① 朱羽君、雷蔚真：《电视采访学》，中国人民出版社，2003 年 6 月版，第 183 页。

② 朱羽君、雷蔚真：《电视采访学》，中国人民出版社，2003 年 6 月版，第 183、184 页。

③ 陈力丹：《传播学是什么》，北京大学出版社，2007 年 3 月，第 10、11 页。

出“我在现场”的信号，这个信号是如此具有冲击力，他使出浑身解数，用他的视觉、听觉，甚至是触觉、嗅觉体味着周遭的一切。如果把记者安置在现场仅仅认为只是一个简单设想的话，那么，此种形式的生命力便会犹如流星一般。

事实上，对于新闻现场的重视和偏爱，直接影响到电视新闻的信息传播。电视新闻从业人员中，出镜记者通常是由电视记者担任的，从严格意义上来说，电视记者就应该等同于出镜记者，也就是说，电视记者应该具备从事出镜记者现场报道的业务能力。这种称谓的转变是因为电视新闻传播介质的改变。现场的信息是通过哪些途径传播出去的？是以何种方式传达给了受众？出镜记者如何使用“信息点”？出镜记者为何要具备有声语言信息建构能力？这一连串的问题，只有将出镜记者的现场报道放置在信息传播环境下思考才能得到答案。

2. 来自现场的渠道容量

按照信息理论的术语，渠道容量（channel capacity）不是指一个渠道能传送的符号的数量，而是指渠道所能传达的信息的能力，或者说，渠道传送信源产生的信息数量。① 一般来说，收看电视新闻的受众通过新闻导语、电视画面、新闻配音、同期声等获得新闻信息。这样的信息传送渠道对于信息的处理和表述，在一定程度上会影响到受众对信息的接收，信息传送中出现的“距离感”成为这一输送环节的共性特征。

出镜记者现场报道的出现，在增加信息渠道数量的情况下，更为重要的是提高了新闻现场这一报道空间的信息传达能力，虽然只增加了一个信息渠道，受众获得的却是 4 +1 >5 的信息量。出镜记者作为能动的信息渠道，可以灵活地调整新闻导语、电视画面、新闻配音、同期声四条信息渠道，将之前存在于四条信息渠道中毫无关系的信息在以出镜记者为中心的条件下，在一定报道思路主干协调下，经过多方位的信息排列组合，做到相互补充，相互映衬。

3. 来自有声语言的信息

新闻现场信息通过新闻画面和有声语言两个介质渠道传达出去。长久以来，新闻报道依托的有声语言是新闻配音，隐藏在电视画面背后的声音，在信息传达力度上明显让位于画面。虽然，电视新闻配音的主要任务是将片中的基本新闻事实表述清楚，一些通过画面语言难以表述的内容，必须以新闻配音的形式进行解释说明。随着电视新闻注重画面信息含量、视觉冲击力理念的渗透，在西方电视

① 沃纳·赛弗林、小詹姆斯·坦卡德：《传播理论——起源、方法与应用》，郭镇之译，华夏出版社，2004 年 1 月第三版，第 49 页。

新闻媒体中开始出现了新闻配音量减少同期声比重加大的趋势，新闻配音在传统电视新闻报道中的信息地位开始下滑。

出镜记者现场报道形式的有力武器就是“有声语言”。以往“只闻其声不见其人”的以新闻画面为载体的有声语言信息传递模式，被越来越多“又见其人更听其声”的以新闻现场为载体的有声语言信息传递模式所替代。出镜记者发自新闻现场的报道，大大增强了新闻报道中有声语言的信息比例。出镜记者只有依托有声语言才能将新闻现场的信息传达出去，“有声语言”是出镜记者现场报道的唯一武器。

与西方电视媒体先进国家相比，我国的电视新闻节目中对于新闻配音的依赖程度较高，新闻叙事主要依托新闻配音，新闻画面的叙事功能较弱。这说明我国电视新闻报道发展尚存在一定的发展空间，未出现类似新闻配音地位下滑的倾向。但是，即便是像中央电视台《新闻联播》这样高规格的新闻节目，在一期节目中新闻配音人员杂乱确是不争的事实。因此，若将提高新闻报道质量仅仅局限在报道选题、新闻画面、文稿内容上，显然所获得的提高依然是低水准的。只有将播音员的新闻配音（例如，设置专为该节目配音的播音员，建立节目专属声的理念）、出镜记者的报道能力等皆纳入其中，才会有制作出精良电视新闻节目的可能性。

4. 来自现场的有声语言信息点

电视新闻制作通常是经过前期采访、拍摄新闻画面、记者返回电视台之后进行后期编辑制作、文稿内容加上新闻配音等过程完成的。也就是说，在以往，新闻报道是分为前期拍摄和后期制作两个部分的。

出镜记者现场报道在一定程度上改变了电视新闻制作、编成程序。出镜记者报道要求记者在现场采集信息、核实信息、掌握新闻基本事实的同时，在现场就需要以出镜的形式，以有声语言为依托把信息整合后报道出来，或以录像型报道形式来完成，或以直播报道形式播出。

这样，后期编辑制作的部分工作提前到以往新闻节目制作前期来完成了。这符合新闻报道追求时效性最大化的媒体报道目的，并将着力点放在提高新闻报道中的现场含量上。散落在当事人、目击者、新闻现场的信息点，在新闻报道主题的统领下，以集合体的形式呈现，“信息群”为受众了解新闻事实提供便利，其载体是有声语言。信息点的不同组合是为了解释发生了什么以及为何会发生的问题。出镜记者现场报道的深层次作用是把观众的注意力从新闻现场引向“设法使观众感觉新闻的发生有原因”上。“发生了什么”的信息点组合与“为什么会发生”的信息点组合不同，对于出镜记者而言，在整合信息点时，面临的首要问题不是选择信息点，而是如何放弃那些看似重要，实质上与报道主旨联系得不太紧密的信息点。“放弃”比“选择”更加困难。

受众收看新闻节目时，出镜记者与受众之间的信息交流就开始了。观众通过视觉和听觉获得一个完整的事件叙述。在收看的过程中，观众借助自身的知识结构、理解能力，将那些经过电视记者筛选、整合、便于理解的信息点伴随新闻画面一起接收下来。经过整合后的信息点最大作用是帮助受众在接收信息的同时便理解了有声语言的内容含义。收看与阅读不同，阅读更多的是依赖读者的主动思考，观众收看新闻获得事实信息，单位时间信息量、速度比阅读快得多，“一听就明白，一看就知道”的收视行为对电视新闻有声语言提出了极高要求。观众在看简短的电视广告时，如果需要费尽心思地猜测该条广告所要传达的信息是什么、是否可信的话，那么这说明该广告是个败笔。同样，对于出镜记者来说，如何利用有声语言传达信息，通过记者的报道可以让观众毫不费劲地就知晓新闻的内容，这对于信息点的把握至关重要。

5. 新闻现场的有声语言信息构造能力

在话语语义学分析中，言语使用者的综合作用十分重要。这就是运用各种素材的、情景的和认知的信息，并将它们纳入整体之中。这些信息分别涉及抽象的和具体的方向，言语使用者将对它们综合调配。……在局部的和整体的一致性的建立中，仍需要其他知识，也就是需要具有动力性的和创造性的话语构造能力。话语并非简单地“具有”意义，而是使用者在某种相互作用和环境中根据前述认知过程“赋予”其意义。①

出镜记者作为新闻报道中有声语言的使用者，在新闻现场依据新闻事件采用不同的新闻素材，将采访内容与现场情景有机结合，在某一中心主题下完成以有声语言为载体的新闻报道。出镜记者采集的信息包括具体事实和抽象概述，出镜记者需要进行筛选、整合。即便是来自事件相关人员的陈述条理清晰，证据确凿的情况下，同样需要出镜记者发挥主观能动性，运用自身的有声语言，发挥信息构造能力，建构有声语言信息内容。对于出镜记者来说，重要的是“在于把深涩嶙峋的思考粹炼得平易可感，把玄奥细微的感触释放给更大的人群”②。

---

① 李幼蒸：《理论符号学导论》，中国人民大学出版社（第三版），2007 年 6 月，第 402 页。

② 余秋雨：《山居笔记》，文汇出版社，2002 年 1 月，第 4 页。

第三章
出镜记者现场报道的分类

第一节　出镜记者现场报道的分类方法

一、电视新闻节目的进化——现场报道

电视台记者在新闻事件现场直接向观众以口头形式报道正在发生的新闻事实的报道样式，称为“现场报道”。此种报道形式充分发挥了电视的媒体特性，即同时性和速报性，可将新闻事件实时传播给受众，同时营造新闻传播的现场感和临场感。

目前，在简明新闻节目或深度报道新闻节目中，开始大量采用记者出镜做现场报道的形式。在这类新闻节目中出现的“无稿播音”，通常是以“现场报道”冠名的。其中担当信息传达者角色来完成现场报道任务的人员，被习惯地称之为“出镜记者”。

由出镜记者担任完成的现场报道是现代电视新闻节目的重要表现形式，是在电视新闻行业内进一步专业化的细分。在西方电视媒体发达国家的新闻节目中，出镜记者来自各个新闻现场的报道成为节目的重要组成部分。目前，更有出镜记者出现在演播室与播音员、节目主持人、专家共同成为“演播室中的信息传达者”的节目形式。

出镜记者现场报道的形式被广泛采用的原因，主要是受到西方发达国家现代电视新闻理念的影响。过去，电视新闻节目主要是以演播室的形式出现的，播音员或节目主持人成为电视新闻节目最终的新闻传达者。但是，随着高新技术不断地被运用到电视节目制作播出传输中，特别是对重大突发新闻事件进行全程现场直播这一由 CNN 开创的现代电视新闻理念和新闻节目制作模式，对电视新闻节目制作发生了深刻的影响，尤其是由此派生出来的 Video Journalism，更是造就了一批“出镜记者”，最终使得出镜记者成为电视新闻节目不可或缺的重要组成部分。

二、出镜记者现场报道的分类

现代电视新闻节目分为“现场报道型”和“演播室型”。

出镜记者深入新闻现场采集新闻信息，来自现场的有关突发事件的报道称为“现场报道型”。

将来自新闻现场无序的新闻信息与事件的背景等相关资料加以整理、整合，则是以演播室为中心的“演播室型”多角度报道电视新闻的方式。

而有关出镜记者现场报道的分类，我们可以从新闻事件类型、现场报道表现形式、新闻叙事角度、时间切入点四方面进行细致的划分。

（一）按照新闻事件类型划分

按照新闻事件，可以把现场报道分为预见性事件现场报道、突发事件现场报道以及日常性现场报道三种类型。

1. 预见性事件现场报道

所谓预见性事件现场报道，就是对事件发生的全过程予以报道，大众新闻媒体报道与事件同步进行。通常，“预见性现场报道”方式较多地运用在大型活动的直播中，因为这类活动可以预知并事先做大量的准备工作。例如，奥运会开幕式、黛安娜王妃葬礼、香港回归、长江三峡大江截流、世界博物馆日特别报道等。目前，我国的电视新闻出镜记者现场报道主要属于这一类型。

预见性事件现场报道的优点主要体现在：

（1）充裕的前期准备时间

由于新闻事件属于预测性事件，关于事件的具体环节、流程，出镜记者在报道前可以收集、占有大量的背景信息，这样在实际报道过程中，就可以信手拈来，填补话语空白。

（2）现场报道内容依托前期新闻背景

为了使报道内容丰富、翔实，出镜记者将事前收集到的相关信息按照一定的传播目的融会到具体的语言表达中去。除了对事件进行目击式报道之外，背景信息能够以“夹层”形式出现在报道中。没有背景信息的支撑，仅仅凭借现场信息是难以完成预见性事件现场报道的。

（3）预先设置多元化信息点

预见性事件报道使得新闻媒体在新闻信息的发布上占据主动。为了突出某一报道主题，媒体可以进行精心设计、安排。在有利于媒体报道的环境中，出镜记者依托报道脚本展开多角度、多层次、多空间的信息发布。

以下是在中央电视台制作播出的特别节目《敦煌再发现》第一期节目中，出镜记者张羽在莫高窟第158号洞窟前所做的出镜报道。

我现在是在莫高窟南区的三层，那么，千百年来这里开凿了上千个佛窟，从远处看这里就像蜂窝一样密密麻麻地布满了佛窟。不过，大家可以看到，其实原来这里的崖壁并不是这样的，这是1963年修护的时候，特意选了一种色泽和材质都非常相近，很坚固的建筑材料。同样我身后的这些脚手架也是在加固顶层一个已经坍塌的洞窟。文物保护是莫高窟最重要的工作之一，对于我们来说，在直播过程中如何做好文物保护也是头等大事。所以，这次我们在制订直播方案的时候，每一个细节都跟文保专家进行了认真的推敲，同样，当我们进洞的时候，你会发现我们的器材是特别引进的器材，我们的光源都是冷光源，这样对壁画的影响最少，还有一个对您说抱歉的是，由于要保护文物，我们每一个洞停留的时间都不会太长，所以每一个洞我们都要抓紧时间去看。那么，我们将要看的第一个莫高窟是什么呢？我手里有一张莫高窟的旅游门票，大家可以看到上面是一尊安详、沉睡的大佛，这是莫高窟的涅槃洞，是我们今天参观的第一个洞，首先我们就来参观莫高窟的158洞。

为了保护敦煌莫高窟的文物，中央电视台特别制作了这一大型系列直播报道节目。张羽是在节目中第一个向观众介绍莫高窟现存文物的出镜记者。在报道中，他漫步在狭小的通道内，在介绍具体文物之前，详细地介绍了自己所在的位置，最重要的是说明了此次直播报道是为了保护文物。他将背景资料运用到报道内容中来，特别是用一张门票引出了报道主题，转场自然、顺畅。

2. 突发事件现场报道

突发事件可以分为社会性突发事件和自然性突发事件。突发事件的不可预见性为出镜记者进行现场报道增加了难度。此种现场报道的是将出镜记者的实时现场报道、录像报道、出镜记者与演播室连线等手段加以综合运用。自电视新闻直播形式运用以来，电视新闻节目对诸多新闻事件进行了实时直播，在这些事件中只有2001年发生在美国的“9·11”恐怖事件可以称得上是“突发事件”的最典型代表。对于重大突发事件的成功报道离不开“突发事件紧急报道机制”系统的支持，高质量的现场报道同样需要完善的机制运作。

突发事件现场报道具有如下显著特点：

（1）“0”准备时间

从突发事件发生到媒体进行直播报道，对于出镜记者来说，他们不比观众能提早几分钟。因为通常随着直播特别节目的播出，记者们就已经投入到报道工作中了。甚至是在毫无准备的情况下，完成临时决定的报道内容。快速反应是选拔出镜记者人才的重要标准。

（2）通过动态信息预示事态发展

预见性事件报道是依托背景事实来解说当前事态，而突发事件现场报道则截然相反，它是用当前事实预测未来事态走向。2003 年美国南加州发生了森林大火，NBC4 频道对于这一突发事件进行了直播报道。以下是该频道出镜记者 CHUNG 所做的现场报道的部分内容。

危险的是倘若火焰窜到 18 号公路的南边，也就是我站的这边，树木被点燃，这边的房屋都可能被烧毁。可以听到有飞机在上空盘旋，他们是在监控整个地区，若火势太大，他们就降落进行检查。

万一大火跨过来，给他们的时间和机会都是很小的、很小的。我现在就在这边的房子里，离高速公路只有 50～100 英尺的距离，火势若来势凶猛，就很危险，消防员正在降温，控制火情。但火势还在蔓延，火苗已窜到 70、80 英尺高了，若火烧到这边，对这边人家来说都是很不幸的。

在报道中，CHUNG 曾经两次对事态的未来发展进行了预测，分别是：

危险的是倘若火焰窜到 18 号公路的南边，也就是我站的这边，树木被点燃，这边的房屋都可能被烧毁。

万一大火跨过来，给他们的时间和机会都是很小的、很小的。我现在就在这边的房子里，离高速公路只有 50～100 英尺的距离，火势若来势凶猛，就很危险。

由此可见，在对突发事件这样的动态新闻进行报道时，出镜记者的报道重点应是从当前不断变化的动态信息中捕捉到事态发展的痕迹，并进行合理的推断、描述，由此深化新闻报道。

（3）单一报道脉络为主

深入到新闻现场一线的记者，往往处于信息真空状态。凤凰卫视著名记者闾丘露薇在《凤凰卫视闾丘露薇采访手记》中是这样描述其在喀布尔的采访经历的。“事实上在语言不通的喀布尔，如果没有翻译可以说寸步难行，因为我们没有办法和司机进行沟通，更不要说去其他的地方进行采访。由于没有电视，也听不到广播，因此我们只有通过卫星电话，才能够初步了解其他地方发生的事情，甚至是喀布尔发生的事情。而为了全面了解这个地方，除了我们到不同的地方透过镜头来看之外，我们还要做的，就是到外交部，还有记者聚集的几家酒店进行查询，尽量不遗漏任何有新闻价值的东西。”①

由此可见，越是深入到新闻报道最前沿，记者的信息收集面就越窄，报道思路也越单一。因此，为了扩充报道内容，记者通常会利用后方的编辑资源，进行信息的逆向传输。即后方编辑把收集到的一些适合该报道地点的信息告知记者，记者结合自己亲手获得的信息进行整理，而后作为出镜报道的有声语言内容。

3. 日常性现场报道

这是目前我国电视新闻节目出镜记者现场报道主要采用的形式，也称为“结果告知型日常新闻报道”。其表现形式是，在出镜记者做出简短的新闻导语之后，接着是事前拍摄完成的录像报道，即小包（或称之为罐头）。此种现场报道只是普通的录像报道的“变形”，出镜记者形同虚设，出镜记者出现在新闻现场的“形式”远远大于新闻信息传达的实质内容。

例如，2007 年 6 月 4 日中央电视台《360°》节目开始了为期一周的“环保在行动”报道周活动。出镜记者宋丽丽在该新闻的开头做了如下日常性现场报道。

这是一份中国应对气候变化国家方案，今天国家发改委在国务院新闻办公室向全世界公布了方案的内容，这个方案长达 58 页，是我国第一部应对气候变化的政策性文件，同时也是发展中国家颁布的应对气候变化的国家方案。

作为一则政策性新闻报道，该报道的重点没有立足于说明“中国应对气候变化国家方案”的具体内容是什么，该方案的出台对于当前的实际指导作用等。从出镜记者报道内容来看，其出镜报道的目的是为了强调该方案出台的政策意义。

此外，在近期中央电视台《新闻联播》中，出镜记者现场报道形式也出现了增多的趋势。我们在欣喜现场报道形式受到重视的同时，也发现导语型出镜报道成为一种“流行”样态。类似这样的出镜记者现场报道很多，实际上这不过是将新闻文稿的导语部分由原来的新闻配音改成了现在的出镜记者在新闻现场的有声语言表现形式而已。此种简易出镜形式，只是出镜报道中最简单的，但是从目前的使用情况来看，很多地方电视台的新闻制作者将此种形式当作了“万金油”。其实，这一操作模式和思维是对出镜记者现场报道本来意义的误读，也将大大影响出镜记者现场报道形式的运用。

（二）按照现场报道表现形式划分

出镜记者现场报道按照表现形式可以分为以下四种形式：

---

① 闾丘露薇：《凤凰卫视闾丘露薇采访手记》，昆仑出版社，2002 年 11 月出版，第 30 页。

1. 独立完成汇报型

这是指现场报道整个过程由出镜记者一个人利用有声语言独立来完成，在节目中无论是做目击式报道，还是事后的总结性报道，信息的传达者只有出镜记者一个人。此种报道形式主要强调出镜记者的独立性。从报道样态上来看，这是出镜记者独立完成整个报道的过程。另一方面，它体现了出镜记者独立采访取材的能力。由于出镜记者的个人出镜，使得该新闻作品具有了明显的个人化色彩。目前，此种报道形式较为普遍，信息的发布依托出镜记者本人。

通常此种报道由出镜记者做一个开场，然后是由该出镜记者编辑的图像资料，新闻配音也由其担任，新闻的最后有时也可以是出镜记者做的总结性报道。无论是录像型，还是直播型皆可以采用此种形式。

北京电视台财经频道的民生新闻节目《首都经济报道》的出镜记者张颖，在2006年岁末，以北京市政府一年来所做的59件实事为依据，从中节选了2件典型事例，以现场报道方式分别对交通卡、一卡通和蔬菜质量安全追诉系统的启用进行了报道。

从今年的5月10号之后呢，咱们北京的老百姓出门呀，可能就要多带上一件东西，看到我手上这张公交IC卡，那么，公交IC卡投入使用有一段时间了，到底老百姓对公交IC卡有什么看法呢？我们一起去了解一下。（出镜报道）

街头采访同期声

大家都知道IC卡方便，但是却不知道这是北京市政府为老百姓办的59件事实中的之一，目前持卡乘客总量已经达到400万，尽管还存在着一些问题，但是，与刚开始使用IC卡的混乱情况相比，现在刷卡上车却是在一定程度上提高了乘车效率。（图像配新闻解说）

现在咱北京的老百姓出门呀，可以用卡坐车，而在不少超市里我们发现，有些蔬菜也要持证才能上市。（出镜报道）

用苏丹红的红心蛋，吃了药的多宝鱼，食品安全依然是今年的大问题，记者在北京很多的超市发现，很多蔬菜已经率先贴上了身份证，产地在哪？流程是否科学？用货架旁的查询机一查，就一目了然。（图像配新闻解说）

超市采访同期声

而这蔬菜质量安全追诉系统也是今年的59件实事之一，据说不久还要被推行到水产品、畜禽产品等多个领域。据记者调查，今年计划完成的59件重大实事已经基本落实，政府有关部门已经开始征集确定2007年的实事名单，目前已经收到4000多条建议，集中反映在城市管理、住房、劳动及社会保障、农村问题、教育等43个具体方面，最终结果将在明年年初公布。(图像配新闻解说)

张颖在介绍两个具体事例时，采用了出镜报道。选择的出镜背景一个是在公交车站，她手中拿了一张IC公交卡，与报道中所涉及的关键问题有着直接关系。另一个出镜场景是在超市里，她亲自使用了那个“追诉系统”。整个新闻报道无论是出镜报道还是之后的新闻配音都是由其一人独立完成的，一气呵成，新闻思路清晰、顺畅。

2. 现场采访型

这种类型的现场报道的整个过程是以出镜记者采访相关人员作为信息传达手段的，出镜记者与被采访人之间的对话是出镜记者的全部报道内容。出镜记者直接面对采访对象，通过出镜记者的口头提问，采用一问一答的方式，了解新闻事实，收集信息材料。这种采访既可以是一对一采访，也可以是一对多采访；可以是静态采访，也可以是动态采访。其中，出镜记者的体验型采访的传播效果最好，将出镜记者的整个体验过程以及与当事人的互动作为报道重点。

中央电视台《东方时空》节目曾经播出了特别节目《小萌探维和》。在该节目中，主要事实信息的表现形式就是出镜记者李小萌对中国驻各地维和人员的进程式采访。

在中央电视台制作播出的特别节目《敦煌再发现》第一期节目中，出镜记者张羽在报道莫高窟第158号洞窟的时候，采用的也是现场采访型出镜报道方式。

张羽：今天，跟我一起参观的是莫高窟考古所的刘老师，您好。

刘永增：您好。

张羽：那么，我们就先进去吧！

我们一进洞就可以看到一个16米高的大佛在洞的正面。

刘永增：是的。

张羽：这个洞叫涅槃洞，观众朋友在很多地方也看过，叫“睡佛洞”或是“卧佛洞”。那么，为什么叫“涅槃”？

刘永增：当地老百姓把他叫“睡佛洞”，“涅槃”呢，是佛教徒追求的一个最基本的教义，比如说，释迦牟尼经过六年的苦修，几十年的教化生活，然后在他80岁的时候，达到了涅槃的境界，就是指人，达到了不生不灭、不死不老的境界，永恒的境界。

张羽：实际上，我们理解，释迦牟尼原来作为一个人来说，作为一个王子，人的生命的结束，涅槃对于他来说是佛中更高的一个境界。那么，我们为什么选择这样一个形象作为我们门票的主要的画面呢？

刘永增：因为这个洞窟呀，它不仅在敦煌莫高窟，在中国整个佛像造像史上，在现存的例子里面，无论是从艺术价值还是考古价值，它都具有很重要的地位，时间上是吐蕃时期开凿的，正好是我们中世纪中唐时代，公元781～848年。

张羽：1200年。

刘永增：对，1200多年以前的。

张羽：我们一看到这个像就觉得这个像感染力特别的强，因为涅槃嘛，说白了就是逝去的状态，但是我们看到释迦牟尼的眼睛是半睁半闭，嘴角还带着一些微笑？不像是死去了。

刘永增：是的，佛经上讲，这是一种永恒的境界，不生不灭，不老不死，所以说呢，给人的感觉他是涅槃了，而不是死去了。你看我手电筒所指的位置，你看这个菩萨她的眼睛给人的感觉很安详、平淡，而底下的罗汉呢，却是痛不欲生的感觉。这就是对涅槃的一个理解，一种差异。

张羽：他背后的壁画是菩萨和罗汉对佛涅槃的一个哀悼图，是这样吗？

刘永增：是这样。

张羽：菩萨的表情相对平静，而罗汉呢却是哭天抢地，如丧考妣一样。

刘永增：是这样的，菩萨在佛教中的阶位是仅次于佛的，他对佛教有很深的理解程度，他认为释迦牟尼是涅槃了。

张羽：他相对平静。我们可以看到在佛的左边这个壁画是弟子举哀图，表现的是释迦牟尼十几个弟子在佛祖涅槃时的一个状况。

刘永增：在我们的佛教石窟里，佛教寺院里经常会出现他弟子的形象，最常见的，就是我们这里头，比如说这一位两只手上举，昏睡不醒的这是大加叶，他的下边，蹲着的这个就是安南，这是他最著名的两个大弟子。

张羽：我们在看佛龛的时候，释迦牟尼两边立着的就是加叶和安南。

刘永增：他的这两个大弟子都在痛不欲生的哀悼释迦牟尼的涅槃。

张羽：我们看到他的表情很细致呀！我们看到加叶是那种痛不欲生，而安南呢！他是那种怅然若失，不知所措，茫然的样子。

刘永增：是的，他这俩里头，我们又以大加叶为上，他两手上举，在这里他也是一个中心人物。安南呢，他又聪明伶俐，一生都没有离开过释迦牟尼左右，所以说他也是一个中心人物。

张羽：佛祖一旦逝去，他有点不知所措了。

刘永增：是的。

张羽与刘永增之间的谈话构成了这一部分报道的中心内容，在他们轻松、自然的交谈过程中，观众朋友知道了这尊佛像的非凡价值。有关涅槃的解释，通俗易懂。借助栩栩如生的壁画，张羽跟观众一起知晓了其中蕴涵的教义。

3. 现场与演播室问答型

此种类型的现场报道表现形式是整个报道通过由演播室的新闻主播（主持人）与身在新闻现场的出镜记者一问一答的方式来完成的。提问方是新闻主播（主持人），回答方是出镜记者。2004 年 12 月，中央电视台新闻频道制作播出了《阿富汗总统选举特别报道节目》。在该节目开始几分钟后，播出了新华社驻阿富汗首席记者王军的现场报道。此次现场报道采用的就是新闻节目主持人与出镜记者一问一答的形式。

2007 年 4 月 10 ~ 13 日中国总理温家宝对韩国、日本进行了国事访问，其中对日本的访问备受关注。中央电视台晚间新闻节目《360°》制作播出特别报道，其现场报道形式也采用了由节目主持人水均益与出镜记者刘自力之间的问答方式。

在日本电视新闻节目中，出镜记者在新闻现场与演播室主播之间的问答型现场报道较为常见。2003 年 2 月 1 日，日本朝日电视台晚间新闻节目《新闻站》在报道美国哥伦比亚航天飞机空中解体事件时，采用了两个来自新闻现场的实时直播报道，其中采用的就是此种类型。

在两位出镜记者实时直播报道之前，节目针对哥伦比亚号航天飞机空中解体这一突发新闻事件进行了解释说明性报道。该节目分为两个部分：一部分是说明哥伦比亚号航天飞机是如何解体的；另一部分是说明它为什么会解体。在该新闻报道的最后，编导安排了以下两个出镜记者现场报道，目的是为了在新闻的最后把有关该新闻的最新信息报道出来。在主持人久米宏的提问下，两位出镜记者分别就各自所处位置的最新进展情况进行了报道。

主持人久米宏：德克萨斯州休斯顿约翰逊宇航中心的洼田记者在那里，洼田，NASA 关于事故原因是怎样进行调查的。

洼田：NASA 发言人说事故原因的切入点并没有一步一步顺利进行，只是处于局内的调查中。首先是庞大的数据分析调查，正如刚才的 VTR 那样，哥伦比亚号的温度计、油压计等各种各样的问题都要着手进行检查，人体神经的搜查数据已经输入 NASA 的电脑系统。为了察明原因，各种各样的检查如何进行还没有说。另外机体的遗骸预计工作量很大，机体遭到怎样的外力冲撞才导致分解，必须将遗骸一点一点收集起来，据 NASA 介绍说：调查从现在开始还需要几周的时间。

久米宏：残骸，碎片坠落的德克萨斯州的（纳斯苦），桐永洋记者在那。残骸、碎片的搜查在进行吧？

桐永洋：搜查人员由警察、军队以及当地的志愿者组成。由于范围太大，目前搜查的不到百分之一。这里是德克萨斯州东北部的（纳斯苦）昨天发现了三具遗体，七个人中有五个人的遗体已经找到。但是由于搜查工作难度大，残骸坠落地区的确认比较困难，进度比较慢。残骸和碎片发现了 1100 枚。搜查队为了便于搜查使用了 CBS 系统，目前第三天的搜查工作就要开始了。

久米宏：目前搜查的地域不到百分之一，至于地面受害的情况，怎么样？

桐永洋：事故发生在周六的早上，所以地面受害较小，我今天开车走了 400 多公里，到各地采访，发现有残骸。在一间小学的院子里找到了机体内部 45 片烧焦的部分残骸，大部分是里面有金属、饼干之类的东西。为了查找原因还需要一定的时间。

通过主持人与出镜记者之间的实时交流，主持人将出镜记者的报道内容以提问的形式进行条理性的分割，使得出镜记者的报道更具有针对性，同时也减轻了出镜记者的报道难度，在主持人所提出问题的范围内，完成报道任务即可。不过，此种形式存在着制约出镜记者报道行为的问题，因为出镜记者的报道必须要根据主持人的提问来进行，否则就会变成所问非所答了。

4. 现场体验说明型

现场体验说明型出镜报道是目前出镜报道模式中形式最灵活、传播效果最明显的。目前，在新闻报道现场凡是可以使用此种操作模式的选题，有经验的出镜记者大多会以亲身体验来代替以往的呆板介绍。现场体验说明型报道使出镜记者由观察型报道向参与型报道转变，记者全身心地参与，使得报道内容更加细化，说服力更强。

现场体验说明型报道作为动态出镜报道中的一种，往往要求出镜记者深入其中。此时，记者在积极体味现场的同时，更要牢记自身的报道使命，保持公正、客观的报道原则。

现场体验说明型的出镜报道与其他出镜报道不同的是，出镜记者在整个报道过程中必须完成某些规定动作和程序。可以说，出镜报道的过程就是记者边体验边讲述、边介绍的过程。这其中可以有描述、介绍、感受等多种信息传达方式，不拘一格。

在2006年4月29日播出的特别节目《高峰体验》，其报道主题是“停车”。东方卫视的出镜记者阿丁以亲身体验方式说明了在上海市区“停车难”的现状。他从工作地上海东方卫视出发，首先利用GPS系统，查找目的地“新天地”的停车场情况。以下是阿丁做的查找停车场时的报道内容。

主持人：阿丁你好。

阿丁：我在这里呢，就是上海东方卫视的一个停车场，我们这里高楼林立，这是我们的大楼，是人流最多的地方。我们刚刚增加了40个停车位，可是又是停满了。我们来上班的时候，如果晚来一会儿的话，就找不到停车位了。如果我好不容易找到一个停车位的话，我中间要出去办事，就坐地铁、公交、打的，就不敢把车挪窝儿，一挪窝儿的话，就找不到停车位了，非常非常紧张。其实，上海市中心有很多的停车场，一会儿我们用GPS导航系统查一下，就可以查到很多停车场库了。(接着用手指指着GPS的屏幕说) 在这上面打着“P”字的就是停车场，接下来呢！我们要到新天地去，我们要了解一下新天地那边的停车场情况。我们来看一下那边有几个停车场，“新天地”我们来写一下，能够满足我们的要求。(输入新天地字样)“新天地”我们打到这里了，这里有很多的停车场，我们来放大地看一下，我们这样吧！我们就到这个位置，我们出发。我们这就出发了，看看到那边需要多长时间。我就不跟你们说话了，我要开车了。

主持人：阿丁，请注意安全。

体验说明式出镜报道要求出镜记者必须在报道的同时进行身体体验，如果未能在报道时实施体验的全部（或者部分）过程就不能算是现场体验说明型的出镜报道了。同样是在这期节目中，来自深圳电视台出镜记者张燕的报道就不属于体验说明式报道的形式。她的报道任务是说明深圳繁华商业地区停车难的问题。在整个报道过程中，张燕始终站在一部汽车旁边，讲述她刚才是如何找车位难，为了直播没有办法只好把车停在了一边。以下是她的报道内容：

张燕：你好，平常要不是做这个体验式报道，平常我来这里逛街呢，我都是打车过来，因为这边停车位实在是太难找了。刚才我转了一圈都没有找到停车位，所以现在临时把车停在路边跟你介绍一下这边的情况。

我现在所在的位置是深圳最繁华的商业区华强北商业区，您可以看到我身后的是一个非常大的超市，两边全部都是餐馆和写字楼，在我的右手边就是非常著名的华强北商业街了。在这条街的两边都是商场和餐馆，车和人流量都是非常的大，可能是“五一节”快到的原因，今天这里的车流量都要比平时多一些，刚才我在旁边几个停车场转了一圈，都没有找到停车位，我现在所在的这个停车场是这里最大的一个停车场，面积大概有2000多平方米，停车位有400多个，可是我刚才转了三圈了，一个停车位都没有找到。

就在我找停车位的时候，我发现还有很多人跟我一样都怀着企盼和焦急的心情寻找停车位，有的时候呢，看到一个停车位，大家都过去抢，在这里停车仅仅靠运气还不行，还要看你的实力，看谁的驾驶技能高。

那么，据统计呢，深圳现在商业密集区停车难的现象是非常普遍的，比如说在东门商业区，还有就是在火车站附近，停车位都很难找。据深圳交警部门统计，在深圳大概有35万个停车位，但是机动车的数量已经突破了105万辆，这是一个什么概念呢，也就是说，深圳每三辆机动车才有一个停车位，那么，在华强北这样的黄金地段“一位难求”也就不足为奇了。

现在“停车难”的问题已经引起了深圳市政府高度重视，去年深圳市政府准备通过价格手段来调整停车位供求矛盾现象，深圳市机动车价格调整方案去年已经通过了市民的听政，相信今年就会出台，如果这个方案出台的话呢，深圳像华强北这样的一类地区停车费的价格在现在的基础上上涨三倍，举个例子来说吧！我家住在罗湖，如果来华强北逛街的话，我打车的费用和我停车的费用相差不大，我们也希望市民更多地通过公共交通工具，比如说公交车、地铁来到这种繁华的地方，那么，阿丘，你看我现在这个位置是一个交通要道，我不能影响这里的交通太久，这边的情况就先介绍到这里，好吗？

从张燕的报道内容来看，现场信息较少，背景信息比较多。在整个报道的过程中，张燕始终处于静止状态；在她的报道中，虽然涉及她的体验过程，但是在整个直播报道过程中，却未能通过画面表现出来。所以说，她的报道只能属于独立汇报型报道。

虽然从表现形式上，我们可以做出以上的划分，但在实际操作时，上述四种表现形式往往是交错使用的。因此，无论何种表现形式，只要有利于信息传达就应合理使用，但是切不可为了追求形式上的新鲜而忽视对信息的传达。

（三）按照新闻叙事角度划分

出镜记者现场报道与图像新闻的文本内容、新闻播音员在演播室中的新闻口播存在差异。出镜记者的身份包含了以下多重角色：参与前期新闻采访、撰写新闻记事、镜头前以记者身份口头报道等。在此过程中，记者既需要完成书面文稿的写作，又要完成有声语言的创作，在书面语的新闻叙事模式与有声语言的新闻叙事方式之间游走。

一则新闻报道包括导语、核心事实、背景以及评论。出镜记者现场报道在整个新闻叙事过程中，可以灵活地出现在任何一个环节上。正因为如此，对于出镜记者的现场报道内容提出的基本要求便是“可以直接运用到新闻报道中，成为新闻叙事中不可缺少的一部分，没有了出镜记者报道，新闻叙事就不完整”。只有这样，才可以证明出镜记者现场报道方式的使用具有必要性和合理性。

1. 新闻导语式

此种形式可以说是目前最为普遍采用的，同时也是出镜记者操作系数最为简单的形式，主要出现在日常性消息类新闻节目中。

通常的报道套路是：观众朋友们，今天是×月×日，我现在所在的地方是×××，这里正在举行的是×××活动。

虽然有些现场报道使用的不是上述的语言套路，但是，其出镜报道内容在整个新闻叙事中承担的仅仅是新闻导语的作用。

在2007年6月5日中央电视台《新闻联播》节目中，播出了关于在云南普洱地区发生6.4级地震之后，开展震后援助的新闻。出镜记者江平在新闻节目一开始做了如下新闻导语式的现场报道。

今天来自全国各地的救灾物资正在源源不断地送往云南普洱地震灾区，物资将以最快的速度发放到灾民的手中。

在出镜记者江平的身后是一批官兵正在装载救灾物资的情景。从出镜报道的典型环境来看，出镜背景具有一定的信息量。但是，我们仔细分析一下江平的报道，不难发现其出镜报道时表现出的问题具有一定的普遍性。

第一，江平的报道内容与播音员的口播内容出现了信息重复；

第二，作为出镜记者江平的现场报道中没有任何最新信息内容；

第三，出镜记者身在新闻现场的目的模糊。

同样是有关云南地震的新闻，中央电视台记者公海泉在当天的《新闻联播》中的出镜报道就显得更加合情合理。由于云南发生地震有可能影响到当地的高考工作，为此国家教育部要求云南政府启动国家教育考试紧急预案。以下是公海泉所做的现场报道。

这里是宁洱中学。宁洱县唯一一所高考考点就设在这里，今天上午在校园里搭起了几十个这样的大帐篷，根据应急预案的要求，在考试中一旦发生震情，同学们将被转移到这些帐篷里，继续考试。

公海泉的现场报道地点选在校园的大帐篷旁边，一边报道一边走到大帐篷边。作为新闻导语型现场报道，该报道中信息点较多，体现出新闻的时效性。信息点包括：唯一的高考考点、上午搭起帐篷证明预案开始实施、预案的主要作用是如何保证学生能够顺利考试。这三个信息点与云南省当前高考工作紧密相关，更是与教育部最新命令有关。

新闻导语式现场报道主要是将新闻文稿中的导语部分，以记者在新闻现场出镜报道的形式予以表现。倘若仅仅是在报道中告知受众基本的新闻要素，这显然难以引起受众的注意力。所以，即便是采用此种方式，前提条件是要增加导语中的信息含量，即出镜记者在镜头前口语表达内容的信息含量。那么，什么样的导语才能吸引观众呢？我们对以下事例进行分析。

2007 年 6 月 5 日，早间新闻节目《朝闻天下》播出了武汉市蔡甸区后官湖地区发生了由于水体污染导致 30 万斤养殖鱼死亡的事件。出镜记者在新闻的开头是这样报道的：

观众朋友们，武汉市蔡甸区的养殖场由于水体污染，造成大面积鱼类死亡，空气中弥漫着恶臭。

如果对出镜记者的报道进行修改，可以与三四天前无锡太湖发生的水污染事件做新闻内容上的链接转移。

观众朋友们，从我的身后您可以看到这个池塘漂着的都是死鱼，放眼望去令人震惊。与前几天无锡太湖发生的水污染如出一辙的是，今天在武汉市蔡甸区的养殖场同样上演了一出“满湖尽是死鱼漂”的画面。即将上市的河鲜，未能逃过污水排放这一致命打击。

增加新闻导语的信息含量，是为了给出镜记者现场报道提供“我必须在现场来说明这一新闻事件”的理由。如果仅仅是将新闻文稿中的导语部分由“配音内容”变为“出镜记者现场报道内容”，那就失去了出镜记者必须在新闻现场的意义了。

2. 事件陈述（描述）式

出镜记者大多以独立汇报形式完成对新闻事件发展过程的陈述或描述。在整个新闻报道过程中，有关新闻核心事实的报道通常采用的是图像新闻加配音的形式。倘若采用出镜记者现场报道的形式，那么，新闻核心报道就会变得更加生动、鲜活。

2006 年 4 月 29 日中央电视台新闻频道播出了特别节目《高峰体验》，介绍了杭州市为了解决停车难的问题，许多景区根据实际情况采取了不同策略。浙江台出镜记者杨春源将自己对杭州三个地点的调查过程作为出镜报道的全部内容。出镜记者以第一人称的形式将整个调查过程告诉给观众，在体验观察采访的同时完成了报道工作。

美丽的西湖，美丽的杭州，现在是四五月份，是来杭州最好的季节了，特别是赶上节假日、双休日的时候来西湖景区的人是特别的多，我的朋友说呢，到西湖景区里边是行车容易，停车难。到底怎么样呢！我现在去体验一下。（开门上车）

我现在是在去灵隐寺的路上，今天是双休日，天气又好，路上的车还真叫多，这车子走走停停，这几公里的路开了半个多钟头，总算到了。这么多的大巴车，小车也不少，您看大客车的停车场外面都在排队了，这个小车的停车场也排到了路口了。我们再往前开开看吧！这里还有一个停车场呢，“师傅，现在有没有停车位?”“有的。”看来我们还算是幸运的，还能够找到停车位。（在车内边看边报道）

逛完了灵隐寺我要朝下一个目标出发了，来杭州的朋友呢，一定要喝杭州的龙井茶，我们现在就要去一个杭州喝茶最好的地方“梅家坞”。(车内报道)

我们来到了梅家坞，车也已经顺利地停下了，大家不要认为我这是路边违章停车呀！我可是严格按照景区的规定停车，这里呢是正规的停车点。(车外报道)

采访交警

我的下一站是位于西子湖畔的太子湾公园，每逢周末一辆辆婚车排成长队也是这里的一景。(车外报道)

我们今天的运气还真是不错（边下车边报道），我们现在呢在太子湾停车场顺利地找到了一个停车位，大家也发现这个停车场也挺有特点的呀！不是有一句话叫“见缝插针”吗?这个停车场就是“见树插车”。

采访交警。

我们现在来到了杭州的黄龙体育中心，这里是浙江省最大的体育场，当双休日或是长假这里又是一个大的停车场，在这里停车是不收钱的，所以，五一节长假马上就要到了，我建议你选择在这里换成公交车进入景区。

出镜记者在整个报道中到过灵隐寺、梅家坞、太子湾等公园以及黄龙体育中心，每到一个地方，出镜记者便将观察采访到的结果报道出来，综合其四段出镜报道，内容流畅、新闻事实脉络清晰。

3. 观点总结式

出镜记者现场报道的灵活性使其可以出现在新闻叙事的许多位置，观点总结式现场报道大多出现在事件报道的中部和结尾。观点总结式主要以归纳总结、整理信息为主。中央电视台《焦点访谈》曾经播出过一期名为《治污何以致污》的节目。出镜记者王云华在报道中段有一次出镜报道：

本来是一艘治理滇池污染的工程船，然而呢，却是在清理滇池底部淤泥的过程中，人为地造成了滇池的污染，我们到这里的时候已经看不到连片的油污，连天的降雨和风力的影响，油污已经飘散掉了，但是我们还是能够闻到油污的气味。

新闻背景是有关部门接到群众举报，备受污染困扰的滇池 2006 年 11 月遭到了一次十分严重的油污染。针对此事《焦点访谈》的记者展开了调查采访工作。在目睹了污染后的池水和船只的实际污染情况之后，出镜记者王云华在节目中段以出镜形式，完成了对新闻事实信息上的阶段性总结，并为接下来的后半段的报道指明了方向。从她的报道中，可以清晰地发现其报道思路和重点。其信息整合的结果是，治污船成为污染源以及目前污染情况有所缓解等。

观点总结式的出镜报道方式主要考验的是出镜记者对新闻事实发展脉络的阶段性掌控和提炼。在归纳总结的基础上，组织好口头报道内容，使受众在信息接收时，可以明确意识到来自出镜记者的信息点，从而轻松、容易地接收新闻信息。以下是美国 NBC 电视台 4 频道在报道南加州森林火灾时，节目主持人兼出镜记者查克在其晚间新闻节目中，就当天的火灾情况所做的一个总结性报道。

很可怕的场景，这是我这辈子见过的最可怕的场景。现在我们在离 SKY 森林大约 6 英里的地方，sky forest and running spring 中间的某处。你看到我后方就是大火的前线，现在火情已经不再蔓延，另外有意思的是，现在这里没有动静、没有一丝风，回头去看之前的火势，风速大约有每小时 25 ~ 30 英里。回顾今天和消防员一起的经历，我们看到消防员一天所作的努力，主要就是点燃逆火，但并不很成功，逆火与大火不受控制地燃烧起来，烧掉了直播车，当然更大的损失是那些房子，房子损失的具体数目要等到明天从官方获得，但一路走来我看到很长一段距离内的一切都被烧了。不过看到我身后 8 英里的地方，就可以知道发生了什么，距离大湖20英里的地方，所以，那边还有很长一段距离，你看到我身后是火势的最前沿。稍后见。

查克在梳理一天的新闻关键点时，重点强调了消防部门采用逆火方案，没有成功，但是这丝毫不能抹杀消防队员的不懈努力。观点总结式的现场报道，从具体的语言表达上，会使用“回顾”“总结”“梳理”等带有明显归纳整理信息的词汇。

大多数观点总结式出镜报道会出现在新闻报道的最后。2007年6月6日西方八国首脑会议举行，日本TBS电视台在当天傍晚时段新闻节目《evening news》中就6日的会议结果进行了报道。出镜记者井本里士在新闻的最后做了出镜报道。

西方八国首脑会议此次最重要的议程是有关全球气候变暖，八个主要工业国领导人就这个议题未能达成一致意见。对于自认为是环境先进国的德国来说，这是一个艰苦的开始。

在报道中，出镜记者井本里士只说了两句话，一句是总结当天的会议结果，另一句就是总结评价此次会议的中心国德国的尴尬境遇。因为在这则新闻中披露了德国虽然号称环境先进国，但是其利用煤炭发电的现状，使其在环境问题上的号召力大打折扣。

4. 信息补充式

新闻报道离不开新闻背景。在消息类新闻报道中，通常把新闻背景作为补充信息放在整个新闻的最后，起到参照、补充的作用。解释性新闻报道中的新闻背景地位是极其重要的，因为此种形式的报道基础主要根植于新闻背景，在夹叙夹议中，在新闻背景的基础上展开报道。由此可见，如果出镜记者现场报道是出现在一般消息类的新闻报道中，则是可有可无的。倘若出现在解释说明性的新闻报道中，其具有信息补充功效的地位是无法替代的。

以下是北京电视台新闻播音员崔学蕊所做的春节期间有关鞭炮燃放的新闻。在整个新闻报道中，她一共出镜了三次。

春节放炮，但不是什么品种都可以放，今天我们就来看一看本市今年允许销售燃放的品种都有哪些。(新闻的开头)

我还特别了解了一下，今年供我们市民燃放的烟花爆竹呢，有喷花、吐珠、鞭炮七类、650种之多，不过在这里特别提醒您的是密集组合烟花和二踢脚由于威力比较大，所以呢，有一定的危险性，因此不允许个人燃放，在五环以内也是禁止销售的，需要燃放的朋友呢，必须到五环以外的地方区由专业人员燃放，还

有就是礼花弹在北京地区也是绝对被禁止销售和燃放的，近几年春节期间都发生了由于燃放礼花弹而导致的伤亡事故。(新闻的中间)

买回来烟花爆竹，燃放应该选择哪个时段、哪个场地呢？下一集我们将给您详细的介绍。(新闻的最后)

从崔学蕊的报道来看，第一次和第三次出镜时，在其有声语言中信息含量较低。而第二次的现场报道从新闻内容传达的完整性以及出镜报道所报道所述内容的必要性等两方面来看，具有一定的合理性。

在第二次出镜报道中，崔学蕊的报道重点在强调威力大的烟花爆竹品种是禁售的，同时也说明了政府对燃放还做出了具体规定。在三段出镜报道之间依靠图像新闻进行衔接，图像新闻的主要内容还是就政府规定做进一步的解释说明。作为在信息传达中最为重要的内容，以崔学蕊的出镜报道形式出现，起到了提醒和强调的作用。其出镜报道的内容对于整个新闻报道来说，也是不可缺少的。

5. 事件评论式

事件评论式现场报道与上述报道所扮演的叙事角色不同，此种形式的出镜报道是在事实信息报道完成的基础上，对新闻事实进行深层次的挖掘，从而罗列出该事件对社会生活所产生的各方面的影响和意义。新闻评论作为一种意见性信息，其主要特征就是观点鲜明，主观色彩浓厚。新闻评论式现场报道也是诸多现场报道形式中最缺少新闻事实信息的表现形式。

事件评论式现场报道的特点主要表现在：

(1) 重观点，轻信息

出镜记者所做的事件评论式报道由于受到时间上的约束，是在之前已经完成了信息报道的基础上，对新闻事件做进一步的点评。其过程可以简单地概括为“先报道信息后新闻评论”。从实际操作层面上来看，属于“即兴短评”，也可以称之为“三言两语式短评”。在评论中观点多，分析性言语多，事实信息相对较少。

电视新闻评论最难以逾越的障碍是如何将抽象的、书面的、理论的内容以直观的方式表现出来。出镜记者的评论基础是在事实性信息报道之后进行的，从信息接收的时间差上来说，受众在接受丰富的新闻资讯的同时，在新闻现场就同步接收到了记者对事件的解读和分析，此种传播模式的优势不言而喻。

(2) 评论短小化

纸面媒体的新闻评论已经出现了短小化的倾向，通常一篇新闻评论不会超过

1500字左右。在其影响下，电视新闻评论一改以往的操作习惯，摒弃了画面与解说两张皮的新闻述评路数，如今更是渐渐弱化了主持人单枪匹马的长篇评论样态。从缩短演播室主持人的评论篇幅到出镜记者开始大胆涉足新闻评论领域，当前的电视新闻评论正在摆脱纸面、广播新闻评论的影响，积极探索自有的创作模式。由此看来，出镜记者的事件评论式报道确实是一种使电视新闻评论短小化的崭新模式。

出镜记者对于事件发表评论大多会安排在报道的最后，几十个字或百字左右。由于篇幅的限制，评论的切入点越小越好。这样可以抓住事件核心，因事而论，同时还可以基于新闻事实展开论述，独辟蹊径、发人深省。

（四）按照时间切入点划分

从时间切入点上看，出镜记者对新闻事件报道只存在两种情况，即与新闻事件同步发生的目击式报道和在新闻事件发生之后的回顾式报道。在这两种报道方式中，目击式报道的操作难度系数最大，回顾式报道相对而言较为容易一些；但是，对于突发事件的回顾式报道，有时会受到播出时间的限制，对于出镜记者来说也较难操作。在预见性新闻事件的报道中，出镜记者的目击式报道较为多见，而突发新闻事件的目击式报道可谓寥寥无几。大多数的出镜记者现场报道属于回顾式报道，在新闻事件发生之后进行报道。

1. 目击式报道

目击式报道是指出镜记者在新闻现场，在镜头前将新闻事件发生的阶段性过程实时报道出来；出镜记者的报道与新闻事件发展是同步进行的，出镜记者的现场报道伴随着新闻事件的发展。

目击式报道分为预见性事件的目击式报道和突发性新闻事件的目击式报道。目击式报道既可以采用静态报道也可以采用动态报道形式。通常，目击式报道的动态报道形式效果比较好。

预见性事件的目击式报道，在目击式报道中最为常见。预见性事件的特性使得出镜记者在事件发生的当时可以身在现场，亲眼目睹事件的发生、发展过程，并通过摄像机镜头将自己亲眼观察的一切，以合理的逻辑演绎告知给观众，以亲历者的第一人称口吻进行同步报道。在大事件发生之时，观众借助电视画面，借助现场记者的“双眼”，不仅仅可以看到事件发生的过程，更可以通过出镜记者这个在现场的“眼线”所做的有声语言报道，了解到画面以外的信息。

在2007年6月9日中央电视台科技频道制作播出的《中国记忆——6·09

中国文化遗产日》大型电视直播节目中，安排了多场有关考古挖掘工作的直播。其中，出镜记者在陕西韩城考古现场的现场报道属于预见性事件的目击式报道。

出镜记者：李蕾

考古队长：孙炳军

李蕾：我现在正要带大家去看宝贝呢，你看这个坡，实在是太陡了。我身边的这位的呢，就是陕西省韩城考古研究院的考古队队长孙炳军。你看通往这个宝藏的路真是崎岖，我们能看到什么样的宝贝呀？

孙炳军：我们这两个月发现出土了大量的东西，你很快就能看到了。

李蕾：这条路有多长呀？

孙炳军：这条路总长22米，相当于标准游泳池的长度。

李蕾：哎呀！大家跟我们的镜头看一下，这个墓里的东西太多了，我真没想到会出土这么多的东西，颜色真丰富，你看这个是绿颜色，是青铜器吗？

孙炳军：是青铜器。

李蕾：哎呀！这里面出了这么多的青铜器呀？我们首先看到的这个，圆的，像个环似的，这么规矩地放在这，队长给我们讲一讲。

孙炳军：这个环呀，咱们就叫它棺环，就是棺上的装饰，另外还有一个功能就是下葬的时候，有提棺的作用，就是承重的作用。另外这个环的外边是外棺，环里边是内棺，这个墓主人使用的是两层棺。

李蕾：我们可是第一次走进这样的地方，这个墓从来没有被破坏过，两千多年前它是怎样被埋起来的，今天就在我们的见证下，怎样的原封不动的打开。我们仔细看一下这个颜色，有一点白白的，这是什么颜色？

孙炳军：这个白颜色其实就是裹板的颜色，也就是朽木的颜色。

李蕾：什么是裹板？

孙炳军：就是在墓的周围砌的一层木头，这么一个构造，实际上，这个墓里头是一墓两棺。

李蕾：实际上就是说，墓主人沉睡在这，有一个棺材，外边还有一个棺材，最外边还有一个木头房子，这一层一层的包裹是为什么呢？

孙炳军：三重主要是为了说明墓主人生前的等级，他就是一个诸侯级。

李蕾：让我再往下看一眼。

孙炳军：小心，坡很陡。

李蕾：这儿的工作人员正在清理这个绿颜色的，这全都是青铜器吗？

孙炳军：对，咱们这几天一共发现了六件青铜器。你看这件边盘，这是锅，盛装食物的，那个是个壶，那个是个鼎。

李蕾：我们说一言九鼎，就是这个鼎吗？

孙炳军：是这么回事。

……

预见性目击式报道由于事前就报道内容可以进行设计安排，所以，内容比较完整，信息传达顺畅，可以利用实物说明问题。在出镜记者李蕾的带领下，电视机前的观众可以将视野扩展到两千多年前的古墓中，随着考古队员的细致挖掘，观众目击了文物的出土，李蕾的目击视线正是观众的目击视线的前提。大家一同触摸到历史，感受到文化的传承。

目击式报道作为出镜报道中新闻现场信息传播效果最明显的形式越来越受到追捧。特别是突发事件的目击式报道，可以说已成为出镜记者现场报道中的“极品”。不过，做好突发事件的目击式报道对于出镜记者的业务能力也提出了更高要求。那些经验丰富、观察能力强、语言组织快、思路清晰的出镜记者成为最佳人选。

以下是美国 NBC 电视台 4 频道在报道南加州森林火灾时，出镜记者 CHUNG 所作的目击式现场报道。

若在家里的露台看到这样的场景你一定觉得很恐怖，但我要告诉你这是个好消息，火焰是由消防员故意点燃的逆火，在 18 号公路南边点燃的，希望可以用逆火与那边窜上的火汇合，以便控制火势的肆意蔓延。可以看到火苗蹿上高空五六十码之高，危险的是倘若火焰窜到 18 号公路的南边，也就是我站的这边，树木被点燃，这边的房屋都可能被烧毁，可以听到有飞机在上空盘旋，他们是在监控整个地区，若火势太大，他们就降落进行检查，看到我头发上的白色东西了吗？它可以灭火的，是飞机散播的，现在看到工作人员，正严阵以待，确保火情在控制之下，万一大火跨过来，给他们的时间和机会都是很小的、很小的。我现在就在这边的房子里，离高速公路只有 50～100 英尺的距离，火势若来势凶猛，就很危险，消防员在努力降温，控制火情。但火势还在蔓延，火苗已窜到70、80 英尺高了，若火烧到这边，对这边人家来说都是很不幸的。

在这则报道中，出镜记者 CHUNG 一边观察火灾现场，一边将火势现状在镜头前报道出来。随着她视野的转换，观众可以知道不同位置的火情危险程度。无论是整体上的景观概况，还是个别细微之处，都未能逃过她探针般的眼睛。

目击式报道对于出镜记者来说，可谓是天赐良缘。新闻现场的瞬息万变势必增加报道难度，新闻现场的空间转移与信息内容的紧密衔接十分重要。

2. 回顾式报道

回顾式报道是指出镜记者在新闻事件发生之后，深入新闻现场，依据自己的细致观察和前期采访，在镜头前将新闻事实信息传达给受众的报道形式。目前，电视新闻的出镜报道主要是回顾式报道，即新闻发生后出镜记者所做的报道。

在此需要明确的是，类似于车祸、火灾这样的新闻现场，出镜记者通常是在事件发生之后，依据遗留在新闻现场的事故痕迹组织现场报道，出镜记者以第一人称的口吻报道自己的耳闻目睹及内心所想，这虽然也是在做“目击式报道”，但是，这属于回顾式报道中的目击式报道。作为是否为目击式报道的判断标准，就是看出镜记者的报道与新闻事件的发展是否处于同步状态，只要不是同步进行的，理论上还是应当划归为回顾式报道。

2007 年 6 月 7 日，日本 TBS 电视台午间 12 时档的新闻节目头条，是关于一起交通事故的报道。事故发生在早上 7 点，出镜记者清水拓二的现场报道是在当地时间上午 11 时左右拍摄的。

（字幕）

地点：千叶县市川市

时间：上午 11 点半左右

（出镜报道）这里是发生交通事故的路口，由于受到汽车的撞击，在现场你可以看到留在石块上的痕迹以及汽车的残片。（之后加上罐头）

采访　目击者 A

采访　目击者 B

（图像配清水拓二的解说）一辆机动车在右转时与一辆摩托车相撞，导致在路边等交通信号的三个骑自行车人和两个路人被撞伤，该事故导致七个人入院，其中二人重伤。肇事车辆的司机是一位 25 岁的公司职员。

（出镜报道）警察就事故原因展开进一步的调查。

这是最为典型的回顾式报道。事件发生在早上 7 点钟，出镜记者的现场报道是在上午 11 点半制作的，尽管出镜记者清水拓二在事故现场看到一些痕迹，但是，那是新闻事件发生后的“目击式报道”。

新闻事件发生后，时间、人物、事件、结果都会发生变化，不变的只有新闻事件的发生地，这也是电视新闻制作者唯一可以捕捉到的有关新闻事件的“有形”资源了。利用新闻现场，以新闻现场为出镜背景，出镜记者利用有声语言完成了对新闻事件的叙述。

第二节　记者出镜报道法则

一则优秀的现场报道依赖于出镜记者自身的新闻报道能力，那些隐藏在报道行为之中的“软性元素”甚至直接决定着报道的成败。以下我们剥离那些硬性指标，寻找那些左右报道质量的“软性元素”。作为出镜报道的技巧性原则，这些精练的总结侧重于记者的报道细节。

一、清楚明确地说出所在位置

在出镜报道时，明确地说出记者所处位置的目的是为了证明“我在新闻现场”。“位置”为出镜记者必须报道提供了理由，“位置”说明了出镜记者的报道必要性，“位置”是出镜记者的报道者身份“存在”的外在表现。这与演播室播报新闻不同，对于电视新闻播音员、节目主持人来说，他们出现在演播室里就已经清楚地表明了自己的报道位置。

记者在新闻现场从事出镜报道，清楚的地理“位置”成为新闻现场的暗示。在此需要说明的是，有关“位置”必须注意以下两点，第一是要说出地理位置；第二是要具体说明地理位置。也就是说，“位置”不仅仅要说出来，还要说得具体。

1. 说出地理位置

目前，有些出镜记者对于出镜背景，即典型环境的使用缺乏构图意识，这使得观众由看到的画面难以判断出镜记者的所在地理位置，新闻现场的真实感被画面的“无信息”消耗掉了。记者在镜头前说了一大堆，观众还没明白他是在哪里。“位置”是出镜记者在新闻报道中履行职责的基石，没有“位置”的支撑，出镜记者就失去了存在的意义。

出镜记者在新闻现场既可以报道信息又可以就热门话题发表评论。信息报道对于“位置”的依赖程度高于后者，但是，选择与话题吻合的典型背景，对于发表评论的出镜报道同样适用。否则，早期中国电视新闻评论节目画面与解说相脱节的现象会在出镜记者现场评论中重现。

2. 具体说明地理位置

2004 年 7 月 10 日，北京市遭遇了突如其来的暴雨袭击，城市功能在倾盆大雨的冲刷下瘫痪了，北京被雨水浸泡着、僵硬了。中央电视台晚间21点播出的新闻节目《今天》在节目开头有两位记者的电话连线报道。其中，一位记者在报道中透露了自己所在的位置，“我现在所在的位置是长安街”。众所周知，北京市的长安街从建国门到复兴门共计五公里之长。稍具常识的人都知道“隔街不下雨”的自然现象，更别说长达五公里的长安街当日雨量分配会有所不同。该事件仅仅是北京市的降水问题，所以，在新闻报道中记者对于“位置”的介绍应该更加具体、细致，否则新闻信息失实的可能性会大大增加。

二、出镜背景（典型环境）的选择

出镜记者随行报道行为必须依托演播室之外的现场背景。如果说“位置”的重要性直接关系到出镜记者为什么要身在新闻现场的话，那么，出镜背景便是“位置”的有形证明。

出镜背景是记者在现场活动的画面标识，信息含量丰富的新闻背景现场会起到衬托、强化的作用，更为重要的是可以向观众展示实时变化的现场画面，使背景成为传达“映像信息”的载体。根据出镜记者的报道，出镜背景可以是固定画面，通常使用在静态报道中。而动态报道要求出镜记者在现场要有一定的活动区域空间，出镜背景由单一画面转变为多元画面了。

出镜活动区域的选择，对于出镜记者提出的要求是必须事前“走场”。“走场”是出镜记者顺利完成报道任务的有力保证，哪一个点说什么，多长时间，在直播前都要做到心中有数。在2007年5月29日日本NHK电视台早间新闻节目《您好日本》中，播出了出镜记者西东大的现场报道。在一个只有几米长的药品货架前，在三分钟的报道中，他在狭小的空间中来回走动，分别选取了四个小景别，其中三个景别是蕴涵着报道目的的。

除了走场，出镜记者还要注意具体细节的演示，确定出镜现场区域的整体展示过程。例如，出现在水灾现场，除了有声语言传达信息外，一望无际的泽国景象，其无声的表现力更可以映衬出灾情的严重性；同样，火灾现场也可以通过画面表现“水火无情”的事实。

三、多样的出镜形式

目前，在电视新闻中经常看到的出镜记者现场报道大多采用了出镜记者中景取景方式，镜头语言单一、老套。变化多样的拍摄手法很少出现在出镜报道节目中。出现这种局面的原因除了新闻理念滞后外，还反映出没有创新新闻报道手段的意识。

仰拍、俯拍等多种镜头表现形式，在美国、日本的电视新闻节目中经常出现。美国 NBC 电视台早间新闻节目在报道题为 Call of the wild—“Croc Hunter's” Death By Stingray 的新闻时，出镜记者 ROT MOTT 的报道是在水族馆里开始的，他身穿潜水衣，在水中漂浮着，画面以俯拍镜头为主。

出镜记者以何种形式“镶嵌”在画面中是值得探讨的问题。千篇一律的出镜形式势必带来审美疲劳，而鲜活、生动的出镜形式无疑会在第一时间吸引观众的注意力。虽然出镜记者的核心任务是在新闻现场传达新闻信息，然而，多样的出镜形式不仅丰富了受众视觉环境，同时为多点面信息的报道提供画面支持。

2005 年 3 月 20 日在日本九州北部福冈县发生了 7 级地震，在日本 TBS 的各档新闻节目中均有关于此次地震的报道，他们主要是以多地点、多场景的出镜记者现场报道形式来完成的。虽然，报道向受灾情况、救援措施等内容倾斜，但是，来自各个新闻现场的出镜报道，其形式的多样化使得整个新闻报道层次清晰、信息丰富；其中，大量非常规性的出镜报道成为节目亮点。形式包括有静态报道、直升机航拍报道、俯拍出镜、动态出镜报道等。

四、调动其他感官机能，弥补和丰富有声语言传达信息

出镜记者现场报道可以利用的有力武器只有有声语言和新闻画面，观众通过听觉和视觉系统接收记者传达的信息。但是，新闻现场给予记者的事实性信息大大超过了画面和有声语言这二者相加可以表现的范畴。出镜记者需要利用自身其他感官机能细细体味现场，利用身体其他器官获知的信息丰富有声语言的信息量，使得现场信息从平淡无味变得色、香、味俱全。

出镜记者在现场利用自身的触觉、嗅觉、味觉将现场信息予以细化，将其他感官信息与新闻画面、有声语言三者相结合。面对现场、实物，出镜记者可以用摸、问、敲打、闻、尝等方法，来弥补声画手段在传播新闻信息上的先天不足，使观众通过出镜记者的感官体验，感受到新闻的现场感的逼真效果。在 2004 年 3 月 20 日日本九州北部福冈县地震新闻节目中，有一位记者所在的新闻现场由于地震导致地面出现了巨大裂缝；这位记者对裂缝状况作了比较详细的描述，还特意蹲下来，用手触摸了一下裂缝中的泥土。在报道中他说：“裂缝下的土摸上去，明显要湿润一些，说明这条裂缝形成时间还比较短。”通过他的描述，观众可以清楚地了解到此次地震的强度。

2007 年 6 月是中国的环保月，中央电视台各档新闻节目都大量报道了环境污

染问题。特别是无锡太湖出现的蓝藻现象在全国几个污染严重的水域都普遍出现了，在许多新闻报道中都采用了出镜记者现场报道的形式。当他们出现在一些河流的上游排污口时，使用最多的形容词就是“这里可以说是臭气熏天，很远就可以闻到刺鼻的气味”。出镜记者的表情，加上画面呈现的是泛着白沫的工业污水，电视机前的观众立刻感受到环境污染问题的严重。

五、与演播室播音员、节目主持人的交流

一次成功的现场报道，不仅仅需要出镜记者做好在新闻现场的诸多准备工作，还需要出镜记者来推进现场报道进程，与在演播室中有可能不断提出各种问题的播音员、节目主持人进行实时交流。

事实上，出镜记者与播音员、节目主持人的默契配合往往直接影响到现场报道的传播效果。2004 年阿富汗总统选举，中央电视台为此制作播出了特别报道节目。新华社驻喀布尔首席记者王军在此次特别报道中担任了出镜记者一职，他与郎永淳互相插话，所问非所答的“实时对话”，直接影响了受众对新闻信息的接收，导致该节目在初始时处于生涩状态。

在重大事件发生时，电视台为了能够在第一时间报道事件，往往采用资源共享的方法，新华社记者王军担任央视特别报道节目的出镜记者就是一例。一个文字记者的优势在于书面语言表达，而对于出镜记者来说，强调和要求其首先应做到的是要利用有声语言来完成新闻报道。王军在节目中与朗永淳的错位除了事前沟通欠缺外，还暴露出电视台在有关新闻信息传达者的人员配备、报道能力等方面缺少规范。

各个电视台在处理出镜记者与新闻播音员、主持人实时交流技巧方面特色不同。凤凰卫视通常使用的手法是呼唤伙伴的名字，以表示自己这句话已经说完。这样处理首先避免了抢话现象，同时也会给受众以有条不紊的感觉。在日本电视新闻节目中现场报道处于经常化的状态，当出镜记者完成自己的现场报道时，为了告知演播室里的节目主持人，其惯用的手法是：“以上是 × ×来自 × ×的直播报道。”

六、 出镜记者的仪态

从事现场报道的出镜记者，需要注意在摄像机镜头前的职业形象。一般来说，电视记者由于在工作中体力消耗较大，同时为了工作便利，很多记者在衣着打扮上较为生活化。不过，这种穿着影响了出镜记者镜头前的形象。对于那些没有接受过专业训练的记者来说，如何在镜头前表现自己实在是件困难的事情。对

于那些经过专业培训的从业者来说，尚且需要时日不断调整镜头前的感觉，更何况是那些毫无经验的初试者了。

出镜记者的仪态，既涵盖镜头感，又包括服饰、神情、眼神等软性元素。不同的新闻现场，出镜记者的仪态需要与所报道的新闻事件的环境相吻合。在时政新闻报道时，需要出镜记者身着正装，表情自然，语言表达上注意体现出大气。在灾害新闻报道时，出镜记者则不能穿得太正式，甚至一些特殊装备，例如救生衣、口罩、手套等也要武装上，这不仅可渲染现场气氛，同时还可保证报道过程中的安全，这也是非常重要的。

目前，除了传统意义上的新闻节目之外，娱乐新闻节目也开始大量使用出镜记者现场报道的形式，例如一些颁奖晚会等。与那些出现在常态新闻现场截然不同的是，娱乐新闻现场的出镜记者由于报道题材的原因，使得报道本身更加倾向于娱乐化。为了与周遭环境相协调，有时会要求出镜记者穿礼服，以满足场景的需要。

在此需要提醒的是，新闻现场具有不可预见性，往往会出现一些意想不到的事情。例如在2005年3月20日北京奥林匹克中心举办的第五届百事音乐风云榜颁奖盛典上，为了吸引观众收看，《娱乐现场》派出大批记者分别在重要“关口”进行现场报道。各地的机场、盛典举办地成为这些出镜记者报道的重点。在首都机场，一位前来接机的记者在做报道时，语无伦次的语言、邋遢不洁的服装、蓬散炸乱的发型实在让人无法接受。2004年阿富汗总统选举，中央电视台在特别节目中设置了现场报道的环节，新华社驻喀布尔首席记者王军在近十多分钟的报道中，一直是手插在口袋里，一副漫不经心的样子，大大影响了观众对于内容的接收。

第四章
出镜记者现场报道的传播方式

电视新闻现场报道主要运用在消息类新闻节目、深度报道以及大型直播特别节目中。本章有关出镜记者现场报道的传播方式，主要是指在常态新闻节目的消息类新闻中所采用的现场报道。常态新闻节目目前以演播室直播为主，出镜记者现场报道可以分为录像型现场报道和直播型现场报道。

录像型现场报道难度系数较小，新闻选题自由灵活，它成为目前电视新闻报道中使用频率最高的报道形式。直播型现场报道时效性强，传播效果显著，操作难度系数相对较大，所以，直播型现场报道常态化是诸多电视节目的发展目标。录像型现场报道与直播型现场报道这两种传播方式各有利弊，新闻话题侧重点也各有不同。

第一节 录像型现场报道

一、何谓录像型现场报道

消息类新闻节目以图像新闻为主，图像新闻是采用电影摄影或电子摄录（ENG）方式在新闻事件现场摄录下图像和声音，并结合新闻文字稿对事实进行报道。图像新闻以生动的形象画面为主要表现手段，它是电视新闻中运用较早，也是迄今最常用的报道方式。[①] 目前，各个电视台的新闻节目以消息类新闻为主体报道形式，其中图像新闻占绝大多数。中央电视台的《新闻联播》《晚间新闻》以及各个地方台联播体的新闻节目和民生新闻节目均属于这一类型。

录像型现场报道以图像新闻为载体，分为前期拍摄和后期编辑两个制作环节。录像型现场报道大多出现在常态新闻节目中，作为图像新闻的一种表现形式，成为目前新闻报道的主流样式。在电子摄录（ENG）技术支持下，出镜记者在镜头前对新闻现场发生的情况予以描述或评价，并配以生动的形象画面和个性

① 叶子：《电视新闻：与事件同步》，北京师范大学出版社，2007年1月，第129页。

化的同期声，以图像新闻形式出现在新闻节目中。

与口播新闻相比，图像新闻更加注重画面的表现力，因而录像型现场报道形式有力地彰显出了电视媒体的优势，一扫以往电影新闻模式的诸多弊端。图像新闻使用录像型现场报道的好处主要表现在：

（一）有效地避免了声音和画面两张皮的现象

图像新闻是将解说文字与新闻画面相结合进行信息传播的电视新闻报道形式，最容易出现的问题是声画两张皮的现象。在初期的图像新闻中，声音和画面犹如两条平行线，各成体系。离开画面，解说文字自成一体，新闻事实清楚，内容完整，甚至可以作为纸面媒体的新闻文稿使用。直到目前，一些电视新闻记者在制作新闻片时，依然采用的是先写出完整的新闻文稿，然后进行配音，继而在文稿配音内容基础上选用与文稿相对应的新闻画面的编辑方法。新闻文稿主导地位与电视新闻画面的被动使用形成鲜明对比，与文稿配合使用的电视新闻画面反而变得可有可无了，这样电视新闻画面就完全丧失了其在电视新闻报道中的应有地位。严格来讲，这样的新闻不能称为电视新闻。

在图像新闻中，依据新闻事件恰当地选用录像型现场报道形式，可以使声音和画面同步记录某一新闻事实的发展过程，在两者的共同作用下，完成对新闻事实的报道。离开了画面，有声语言指向性功能将会丧失；而离开了有声语言，新闻画面也将变得难以理解。图像新闻是否采用录像型现场报道传播方式，完全取决于该新闻事件本身，切忌为了出镜而出镜。

（二）新闻现场感的增强

过去，图像新闻深受电影新闻报道的影响。我国电视新闻中的图像新闻直到20世纪80年代初才陆续引进ENG技术用以取代电影摄像机。进入90年代后图像新闻才真正摆脱了电影新闻模式的羁绊，电视的媒体特性在电视新闻报道领域中才得以大放光彩。

图像新闻较之电影新闻而言，时效性是其优势。长期以来，如何将逼真的新闻现场生动地传达给观众，使他们最大化地感受新闻现场，成为图像新闻报道追求的目标。录像型现场报道方式的诞生，及时地弥补了图像新闻在表现现场上的乏力态势。与出镜记者同时出现在观众面前的是栩栩如生的现场画面，伴随出镜记者兴奋的有声语言的是真实可信的同期声音效。

在图像新闻中，有的采用文字解说配新闻画面形式，有的则采用录像型现场报道形式。虽然它们都是在新闻现场拍摄的，但录像型现场报道在强化现场感的力度方面明显优越于传统的文字解说配画面的形式，它可让观众产生现场感，这一方面得益于记者将新闻发生的时间、地点、现场情景等事实要素呈现给观众，对观众施以即时视听的作用；另一方面也是由于出镜记者现身于新闻现场，有意识地将观众“引入”现场中，使观众在记者的诱导下即时产生身临其境的感觉。

二、 录像型现场报道的特点

录像型现场报道作为常态图像新闻的主流表现形式，无论从操作难度上看，还是从表现形式的立场出发，皆具有一定的推广性。特别是对于那些刚刚从事现场报道的新人来说，录像型现场报道可谓是最佳的锻炼方法。

录像型现场报道具有如下特点：

（一）新闻时效性较弱

与直播型现场报道比较，录像型现场报道的新闻时效性较弱。由于录像型现场报道与新闻事件的发生并非同步进行，所以大多数录像型现场报道属于结果性、定论性报道，即在新闻事件发生之后，出镜记者在清楚地掌握新闻事件基本事实的基础上而做的现场报道。录像型现场报道新闻叙事相对完整，通常是一件完整的事实为一条新闻。

2007 年 8 月 8 日，是北京举办 29 届奥运会倒计时一周年的日子。在 8 月 6 日这一天的新闻节目中，电视媒体报道了全国各地举行各种活动迎接奥运会倒计时一周年的新闻。中央电视台国际频道晚间新闻节目《中国新闻》也制作播出了几条相关新闻。其中，有两条新闻采用的是录像型现场报道的形式。一条是《罗格：青少年代表奥林匹克精神的未来》，另一条是《台湾体育健将积极备战争取 2008 奥运资格》。从新闻报道的题目不难看出，此类新闻选题较为适合做录像型现场报道。因为这两条新闻报道的重点都不在于新闻发生的时间，而是该事件背后的意义。两条新闻的时效性与新闻事实发生的意义相比，新闻意义大于时效性。

《罗格：青少年代表奥林匹克精神的未来》

（解说配画面）

国际奥委会主席罗格再次来到北京，6 日下午，他出现在北京四中的校园里。罗格说，他为中国广大青少年能够接受卓越、友好和相互尊重的奥林匹克价值观而感到骄傲。6 日下午，国际奥委会主席罗格走进北京四中自办的奥林匹克教育展室，虽说展室很小，但罗格的笑容告诉大家，他对这样的展览相当满意。同学们表演的中国武术，罗格也看得十分专注。国际奥委会主席罗格：你们将成为传播体育精神的使者，我们需要依靠你们，在今天、明天和未来，用你们的决心和恒心，把体育的精神更加发扬光大。从前年开始，中国教育部和北京奥组委在中国各地启动奥林匹克教育计划，命名了556所示范学校，罗格对此表示祝贺。他说，体育运动就像一个课堂，人们从中学会了团结、友谊、和平相处和相互尊重，这将是2008年奥运会重要的文化遗产。

出镜记者章林：（地点：北京四中校门口）国际奥委会主席罗格是6日早晨到达北京的。8日晚上，他将出席在天安门广场举行的2008年奥运会倒计时一周年的庆祝活动，并当场分发邀请函，邀请世界各地的运动员参加2008年8月8日在北京举办的第29届奥林匹克运动会。

录像型现场报道还应用在那些发生了几个小时的图像新闻中，例如交通事故、火灾等社会新闻报道。采用录像型现场报道形式，信息量大，新闻现场感强。以下是在北京电视台晚间新闻节目《直播北京》中播出的录像型现场报道。

《清河桥昨断裂　今晚仍未恢复》

主播胡蝶：（口播新闻导语）昨天傍晚清河桥上也发生了意外，桥堤两块水泥板中间的伸缩缝的钢板翘了起来，透过缝隙都可以看到桥下的车流，因此八达岭高速出现了大堵车，抢修队连夜抢修，目前道路已经恢复正常。

出镜记者阎丰涛：观众朋友，现在是晚上六点钟，我现在所处的位置是八达岭高速路的清河桥上，那么大家在我旁边看到，身边都是呼啸而过的车辆，经过此处都发出轰隆隆的声响，我在这儿也是比较的危险，所幸整个路段都没有受到什么影响，交通非常的顺畅，我的脚下，大家仔细看，我脚下所踩的钢板底下正是昨天下午四点钟发生翘起的伸缩缝（位置）。

（解说配画面）

当时，缝里的伸缩板发生翘起后，形成了长约4米、宽1米的缝，从缝下可以看到桥下川流不息的车辆，相关人员封闭了八达岭高速出京方向右侧车道并进行抢修，受此影响昨天晚高峰直到零点相关路段交通都拥堵不堪。今天零点前后，抢修人员将钢板铺在伸缩缝处，用铆钉将其牢牢地钉住，桥梁上恢复了通车。

出镜记者阎丰涛：而且根据最新了解的情况，如果要对这个受损的伸缩处进行完全的修复，有关人员表示说还要进行一段时间，所以我们在此提醒广大的司机朋友，当您行使到此路段的时候，要减速慢行，以保证您行车安全。以上报道是由阎丰涛、张鹏雷为您发回的。

（二）新闻选题多样化

录像型现场报道虽然在新闻时效性上落后于直播型现场报道，但其丰富的新闻选题成为此类现场报道形式的绝对优势。由于直播型现场报道对于新闻事件本身要求较为严格，相对而言录像型现场报道的选题范围则比较宽泛、灵活。

日本 NHK 电视台晚间新闻节目《watch news 9》新闻头条曾播出过有关儿童安全的新闻。

(解说配画面)

在日常生活中，有这样的地方对于儿童来说存在极大的危险。今年 3 月，一个 2 岁大的女孩把手指放在了碎纸机的入纸口处，结果十个指头中有九个手指被切断。

采访急救人员：当我们到达现场的时候，一位看似祖父模样的男性在玄关处抱着一个 2 岁大的女孩，两只手一共有九个手指被切伤，伤势很严重。

出镜记者野津原有三（NHK 静冈支局记者）：这就是发生事故的碎纸机，这个入纸口宽是 8 毫米，身为男性的我，手指是难以伸进入纸口的，但是对小孩来说，这样的宽度是可以把手指伸进去的，十分危险。

(解说配画面)

该碎纸机作为办公用品，每次可以粉碎十张纸，所以入纸口的宽度较大。

采访产品厂商：实在是没有想到 2 岁大的小朋友进入办公室，以至于发生这样的事故。身为厂商是我们考虑不周。

(解说配画面)

但是，这样的事情同样也发生在其他产品上，上个月一位 2 岁的男童，两根手指也被切断了。

街头（地点）

采访 A 家长：真是可怕呀！难以想象孩子的手指会被切断。

采访 B 家长：我们家里就有一台碎纸机，回家以后一定要好好看管。

出镜记者崛润：（地点　东京江东区　展会）

怎样做才能避免儿童的安全事故不再发生，最新的应对措施已经出台。这里是东京江东区，今天开始的儿童用品设计展览会，是家用电器制品以儿童安全为中心的展会。以儿童安全为主题的设计品种繁多，大型厂商共计 30 余家。

这是小朋友用的 pen，来看看这个笔帽。小朋友经常会把笔帽放到嘴里，吸进肺管的情况时有发生。这个笔帽在设计上注意到了这一点，笔帽上有很多通气孔，一旦被吸进肺部也不会影响呼吸。

这是洗脸台，为了避免小朋友被撞伤，洗脸台的边缘被设计成流线型，棱角部分都被设计成圆形。

厂商们根据儿童的生理特点进行产品设计，儿童的身高、手指的宽度等都被考虑进去。一个2岁大的女孩，她的手指宽度近7毫米，倘若商品比这个宽，危险性就存在了。

采访儿童设计协会：小野裕嗣事务长

对于生产厂商来说，设计产品时都是以成年人的标准来考虑的，儿童事故频繁发生的原因，是因为产品设计几乎没有针对儿童制造的。所以，这次展会的目的是希望生产厂商站在儿童角度来考虑产品的设计。

一个2岁大的女孩被碎纸机切断手指的突发事件与儿童用品设计展览会构成新闻节目的主要内容；由当日新闻引申到儿童安全防范，对新闻事件进行了深度挖掘。其中两段现场报道皆采用的是录像型现场报道形式。一则是以发生事故的同类型碎纸机为报道重点，另一则是以在展览会上展出的商品为报道重点。在同一条新闻中，依据报道目的，录像型现场报道可以选用不同新闻现场作为背景，游刃有余地取舍新闻现场。

2007年8月8日是北京举办29届奥运会倒计时一周年的日子。当天，多家电视媒体进行了全天候特别报道。对于像北京电视台财经频道《首都经济报道》这样的常态消息类民生新闻节目来说，某些重要活动的直播是无法操作的，但是，有关奥运的新闻选题同样可以别出心裁。以下是在2007年8月8日《首都经济报道》节目中，出镜记者张颖所做的录像型现场报道。

观众朋友们大家好，我现在是在首都机场的31号停机坪。您现在看到停在不远处的这架机身上喷绘了福娃的飞机就是国航的“奥运吉祥号”。相信今天全国各地都在以不同的方式庆祝奥运倒计时进入一周年，我们也要以特殊的方式来迎接这个时刻。那就是，带您一块儿去体验“奥运吉祥号”。

《首都经济报道》作为常态新闻节目，同步直播报道不是节目追求的目标。其现场报道主打的是录像型现场报道形式，新闻选题花样繁多。《触摸北京》《老社区，新绿色》两个板块都采用了出镜记者现场报道形式，出镜记者王娟和张颖依据题材，分别采取不同的出镜方式，给观众留下了深刻印象。

第二节　直播型现场报道

一、直播型现场报道与直播日常化

（一）什么是直播型现场报道

在消息类新闻节目中，直播型现场报道是指在节目播出时出镜记者来自新闻现场的LIVE报道。

在消息类新闻节目中，直播型现场报道大致可分为三种类型：

1. 与新闻事件同步发生的直播型报道；

2. 新近发生了的新闻事件的最新报道；

3. 以实时直播形式所做的主题性现场报道。

与新闻事件同步发生的直播型报道，主要以主题先行的大型活动特别报道为主，在对突发事件进行报道时使用此类形式较少，而一旦使用，其媒体影响力不可估量。例如对台风、森林火灾的同步报道，仅凭视觉冲击力就可瞬间提升电视的媒体影响力。

对新近发生的新闻事件的最新报道，是直播型现场报道的主要形式。刚刚发生的车祸、爆炸、火灾等事故现场，散落在地的零部件、烟雾缭绕的过火景象，无疑会使出镜记者的直播报道最具临场感。

以实时直播形式所做的主题性现场报道，主要是指经过事前策划，以直播形式进行报道的活动或新闻事件。日本NHK制作的早间新闻节目《您好日本》，其直播型现场报道是节目的一大亮点，"早间新闻现场主义"理念在该节目中表现得淋漓尽致。节目中的直播型现场报道大多是主题性报道，晨练，清晨的公园，繁忙的早市，在"早间"这一时刻，人们的生存状态成为直播的关键词。以下是在《您好日本》中介绍的有关北海道函馆惠山杜鹃花公园杜鹃花盛开时的现场直播报道。

演播室：筒井！（画面出现杜鹃花）真是太美了。

出镜记者筒井亮太郎：是不是很美呀！您现在看到的是深粉色的蝦夷山杜鹃花，小小的花蕾上可以开出两朵花，这里是北海道函馆的惠山杜鹃花公园。

（清晨的鸟鸣声）现在公园里的杜鹃花正好是全部盛开，今天早上的函馆天气晴朗，可以看到远处的大海。

（演播室女主播：看到了。）

公园内有两万株杜鹃花，蝦夷山杜鹃花的最大特点就是"大"，与我的身高比较来说，杜鹃花的高度要高我几倍，大概有三米以上。

（演播室男主播：真大呀！）

如果在近处看，好像是一堵杜鹃花墙一样。

蝦夷山杜鹃花像这样盛开实在是难得一见，与一般的杜鹃花相比，蝦夷山杜鹃花的个头更大，花更多。当地人把这儿的杜鹃花称为"蝦夷山杜鹃花"。（清

晨的鸟鸣声）

公园中的惠山是一座活火山，因此土壤中富含丰富的二氧化碳，正是这种二氧化碳使得蝦夷山杜鹃花高大，花朵多。在惠山的庇佑下，蝦夷山杜鹃花生长着，这一周的观赏期是最好的。

在清晨阳光沐浴下，山上的杜鹃花争相开放，伴着小鸟清脆的鸣叫，一幅“晨间山野图”展现在观众面前。宁静、灿烂的气息，透过电视画面浸透着每一位观众的心扉。

（二）电视新闻直播日常化与出镜记者

自现场直播这一实时、同步、零时差的新闻报道方式诞生之后，受众可以在第一时间获得新闻事件的最新动态，见证新闻事件发生发展的全过程。可以说，现场直播颠覆了新闻报道的传统固定模式，缩短了新闻报道与新闻事件之间的时差。[①] 我国的电视新闻直播报道自1997年开始以来，至今已有十年的历史。在经历了重大事件直播、演播室直播、民生新闻直播等发展阶段后，目前正在向公共突发事件快速反应直播和消息类新闻节目现场报道常态化阶段转变，并在积极建立与实施电视新闻直播日常化机制。

在美国、日本等电视新闻发达国家，在消息类新闻节目中直播型现场报道方式被广泛地使用着。同时，消息类新闻节目常态化直播也离不开出镜记者现场直播报道，因为唯有出镜记者现场直播报道才能保证实现直播常态化。

（三）消息类新闻节目直播型现场报道的兴起

目前，消息类新闻节目采用现场实时直播报道形式在国内渐成趋势。北京电视台于2007年1月1日对旗下的新闻节目进行了改版，原《晚间新闻报道》改为《直播北京》。节目利用SNG直播车进行实时传播的技术条件实现了对新闻事件的现场直播报道，从而提升了北京电视台对突发事件的快速报道能力。

与以往的电视新闻“演播室直播”发展阶段不同的是，目前电视新闻报道正朝向现场报道日常化、常态化方向迈进。“新闻用现场，报道用直播”成为电视新闻从业人员的普遍共识。火爆于各地方电视台的民生新闻节目，几年间清晰地描绘出城市新闻报道的“众生相”。

（四）民生新闻与现场直播报道

我国目前的电视新闻报道大体分为联播体新闻和民生体新闻两大类。联播体

---

① 叶子：《电视新闻：与事件同步》，北京师范大学出版社，2007年1月，第402页。

新闻的特殊性使得该领域的新闻报道一时难以突破；相反，民生新闻从报道内容上的先天优势到节目主持人语态的亲切自然，以及对城市突发事件的快速反应意识的激发，这些都使得民生新闻的报道模式迅速由传统的图像新闻向现代电视新闻制作模式进行转变。在经历了直播型现场报道模式的小心翼翼的探索之后，后民生新闻时代正发力于由简单的模式向直播型报道与录播型报道相结合的方向发展。

民生新闻对中国电视新闻的贡献，可概括为：一是将电视新闻语体由“中新体”转变为“地方体”；二是将现场直播报道形式引入常态新闻节目中，使对突发事件的直播报道处于萌发阶段；三是出镜记者成为电视新闻节目的新宠。

二、直播型现场报道提高了电视新闻媒体的竞争力

“大事发生时看凤凰”是凤凰卫视在建台初期利用电视新闻塑造的媒体形象。“大事”时的快速灵活反应，在极短的“热点事件关注期”的时差内，凤凰卫视成功地树立起电视新闻媒体的地位。利用新闻报道提升媒体地位可谓是众所周知的灵丹妙药，“9·11”事件的报道成就了凤凰卫视，伊拉克战争报道成就了央视新闻频道。曾几何时，对大型活动的直播一度成为电视新闻媒体初期的竞争点；不过，随着各主要电视台直播经验的增加，直播制作模式的平均化，这一竞争点逐渐淡出了专业人士的视野。近年来，民生新闻日渐火爆，柴米油盐的平民生活成为新闻报道的重点。但是，终日的白菜、土豆的报道内容使得民生新闻难以提高报道水准。

我国内地电视新闻报道竞争最为激烈的省份当属江苏省。在省会城市南京市，由于新闻节目多，新闻资源有限，出现了“同城竞题”的现象。由于对民生新闻内容理解存有偏差，出现了“城管新闻”“小报新闻”等“新兴造词”。不过，那些与普通市民生活息息相关的公共新闻的报道缺失，也为日后电视新闻媒体的竞争留出了空地。

直播型现场报道形式如今成为电视新闻从业人员极力追求的目标。判断一家电视新闻媒体的报道能力，最明确的衡量标准就是看其在常态新闻节目中直播型现场报道的利用次数以及难度。对于受众面较小、内容单一的民生新闻节目来说，依靠新闻报道形式达到事半功倍的媒体影响力，称得上是明智之举。拥有丰富地缘资源的地方电视台，在报道模式上的突破，特别是将直播型现场报道引入其中，以报道形式为半径，深化新闻报道，增加电视的媒体竞争力。

三、直播型现场报道的特点

直播型现场报道是电视新闻中最能充分体现电视媒体优势的报道形式。与以往电视新闻播报方式相比，直播型现场报道具有如下显著特点：

（一）时效性是直播型现场报道的最大卖点

时效性是电视新闻报道的生命。直播不可逆转地增加了公众对电视的兴趣，直播瞬间的传播强势改变了电视媒体的生存环境。“现场直播以纪实的手法边摄录现场情景、边同步播出，记者的报道、电视台的播出和观众的接收都是在同一时间里进行的。它使电视新闻真正实现了报道、播出与收看的同步进行，达到了时效性的极致。”① 时效性可以说是电视直播的代名词。

将直播现场淋漓尽致地展现在观众面前的最好方式莫过于直播型现场报道。直播型现场报道是电视新闻报道实现零时差、同步播出的最有效形式。对重大事件的直播报道凸显的是电视新闻媒体报道的“硬实力”，对日常生活中突发事件的直播，衡量的是电视新闻媒体报道的“软实力”。我国的电视新闻报道自1997年以来一直热衷于重大活动的特别报道，对于常态新闻节目中的现场直播报道理念的普及与实施进展缓慢。随着中央电视台新闻频道播出平台的建立以及各个地方电视台民生新闻节目频道的组建，直播型现场报道越来越成为常态新闻节目中不可或缺的部分。新闻发生之时，就是观众收看报道之际，出镜记者身在新闻现场的目击式报道成为直播型现场报道的派生词汇。

（二）现场感是直播型现场报道的最强音符

电视新闻报道追求时效性的目的是为了将最具现场感的画面同步传达给观众。怎样才能令身处电视机前的观众体会到新闻现场的气氛，获得高质量的新闻现场感呢？电影为了获得逼真的现场效果，可以借助后期技术处理。电视新闻报道则必须依赖新闻现场。现场感的获得途径包括：

1. 新闻画面的视觉冲击力

当纽约世贸大厦遭到撞击倒塌的情景出现在电视直播LIVE画面上时，这个比好莱坞大片特效制作更为真实的场景瞬间震惊了整个世界。现实生活中真实场景的记录对于观众的震撼远远超过电影特效的人为制造，从新闻画面中获得现场感对于摄影记者来说难度极大。

美国NBC电视台摄影记者李若在第五届中美电视新闻深度报道、现场直播

① 叶子：《电视新闻：与事件同步》，北京师范大学出版社，2007年1月，第403页。

报道讲习班上讲述自己报道经验时说，对于摄影记者来说，摄像机就是他的生命，无论条件多么恶劣，将现场画面完整地拍摄下来是摄影记者义不容辞的责任。他在报道一次森林火灾时险些遭遇不测，即便是在最危险的时刻，他的摄像机还是处于工作状态。电视台在做回顾报道时，将他当时所拍摄的画面剪辑播出，透过画面可以判断出现场当时的危险程度。

2. 现场同期声的穿透力

一则现场报道缺少了现场同期声就不能称之为合格的现场报道。“同期声是指记者在现场采访的语言及现场的人物语言的效果音。今天的电视新闻强调现场的纪实手法，同期声是再现现场所不可缺少的。”① 除了人物语言之外，现场的背景声、效果声同样起到烘托现场气氛的作用，是获得现场感的又一途径。

注重现场同期声是目前日本电视新闻报道的显著特征。近年来，日本晚间电视新闻节目出现了新闻配音量日益减少的现象，信息传达不再仅仅依靠解说，而是朝着提升同期声和画面信息量方向发展。在直播型现场报道中，通常以人物采访同期声为主，在插播的小片中大量使用各类同期声，例如地震时的公共广播、走在玻璃碎片上的声音、地震发生之时物体散落的声音等。电视新闻节目重视利用现场同期声的行动表明，电视新闻媒体以往以硬性的画面取胜的制作理念已经一去不复返了。在众多媒体竞争的情势下，拓展媒体潜质，改变媒体本质是赢得生存的根本。

3. 出镜记者的感染力

直播型现场报道对于出镜记者业务能力的要求极高。细心的观众会发现，凡是重要直播活动的出镜记者岗位，安排的大多是经验丰富的老记者和主持人。出镜记者在镜头前的表现直接影响到观众的收视情绪。中央电视台 2004 年 10 月对阿富汗总统选举进行了特别报道。新华社记者王军作为出镜记者对选举情况进行了长达近 10 分钟的现场直播报道。文字记者出身的王军在电视新闻直播报道中明显地暴露出劣势，例行公事的报道使得整个直播显得冗长、沉闷。其中最大原因莫过于出镜记者镜头前的懈怠表现。

中央电视台《奥运来了》的首席记者王小节，随着节目的播出成为出镜记者行列中冉冉升起的新星。她靓丽的外形，令人眼前一亮，在镜头前积极、健

① 叶子：《电视新闻：与事件同步》，北京师范大学出版社，2007 年 1 月，第 133 页。

康、自然的表现，与奥运精神恰好吻合。每当她出现在新闻现场，兴奋的眼神、富有节奏的语言、俏皮的表情、自然的感叹，留给观众深刻的印象。在2007年8月8日中央电视台新闻频道播出的奥运会倒计时一周年特别节目里，几乎所有的短片都是由王小节担任出镜记者。从奥运场馆建设体现的科技含量到奥运食品的大扫描，只要跟奥运有关的新闻现场都留下了她的身影。看到王小节，观众就知道这个节目跟奥运有关联。中央电视台通过奥运节目对王小节出镜记者形象的打造，为出镜记者人才培养提供了可资借鉴的成功案例。

先于观众出现在新闻现场的出镜记者，只有将现场的鲜活气氛恰当、准确、完整地通过镜头传达给观众，才有可能使电视机前的观众获得现场感。出镜记者尚未进入实质性报道阶段之前的语气、表情、声调等外在表现已经给观众一定的暗示作用，观众在解读出镜记者的状态时，自然会形成一定收视期待。所以说，对于出镜记者来说，当摄像机镜头对准自己时，当现场画面出现在电视中时，现场报道就已经开始了，这好比像京剧演员的亮相一样，观众未闻其声，却早已陶醉其中了。

4. “一次过”考验出镜记者的直播能力

与录像型现场报道不同的是，直播型现场报道对于出镜记者的报道能力的考验来得更加直接干脆。直播要求出镜记者在新闻现场所做的报道必须一气呵成。

同时性、速报性作为电视新闻直播的基本特征，既是电视媒体优势所在又对电视新闻从业人员提出了客观要求。直播这一播出形式给出镜记者所带来的工作压力是显而易见的。

直播型现场报道在语言组织、信息掌控、镜头前表现等方面对出镜记者的业务能力是一个严峻的考验。

语言组织：直播报道时，要求出镜记者语言表达流畅、自然，用词准确、恰当，符合现场情景要求，逻辑严谨、思路清晰。

信息掌控：出镜记者需将直播现场内的最新信息及时、有序、准确、完整地传达给观众。掌握关键信息点、采访到重要相关人物、了解事件发展脉络，在有声语言的报道中，力争做到信息含量高，内容丰富。

镜头前表现：对于参加直播型出镜报道的记者来说，最难以控制的环节就是如何做到镜头前的表达自如。即便在直播前已经做好了充分心理准备，一旦开始直播心里还是十分担心自己在镜头前的表现的。直播带来的紧张情绪如何消除，直播时发现自己说错话时如何补救，现场出现意外情况如何做到随机应变。这一系列问题不仅困扰着出镜记者，同时也间接影响着其在镜头前的表现。

直播时的一气呵成报道，考察的是出镜记者的综合业务能力。如果简单地认为只要口若悬河、滔滔不绝地说出来就是成功的直播型现场报道，那么，抱有此种观点的出镜记者肯定会令观众厌烦，因为观众会认为这是一个爱自我表现的记者。适时适度，掌握准确的语气、节奏，自然、大方的镜头前表现才是一名合格的出镜记者所应具备的专业素质。

第三节　静态报道与动态报道

出镜记者在做现场报道时，若将其出镜的形式按照记者传达信息时的体态语来划分的话，可以分为静态报道和动态报道。

现在多数现场报道以静态报道为主，动态报道需要依据新闻事件的特点而有选择地使用。静态报道主要出现在消息类新闻节目中，动态报道出现在特别报道中较为多见，消息类节目中动态报道虽然也有涉及，但受到新闻事件以及播出时间的限制，实际操作可能性较低。无论是静态报道还是动态报道，皆可以使用录像型现场报道或是直播型现场报道。

一、静态报道

（一）定义

静态报道是指出镜记者报道时，以静态身姿出现在电视画面中，以固定姿态面对摄像机镜头，报道重点是记者的有声语言内容，报道内容与出镜背景之间不存在相互说明的逻辑关系。

静态报道的通常模式是：

1. 记者出镜，说明在何时何地发生了何事；
2. 接播记者事先采集的视频资料（俗称罐头或小包）；
3. 记者出镜，对新闻事件发表总结、评论。

此种样态的现场报道是将出镜记者作为新闻事件的“目击者”，这样的“目击”实际上是记者先于受众晚于真正的事件目击者。此时的出镜记者事实上是一个“转述者”，是一个将目击者、相关人物对事件发表的意见及其他各路信息在新闻现场进行整合再转述给受众的角色。通过向受众讲述事件的经过，表述现场的环境，辅以事先拍摄到的电视画面，就能营造出新闻现场的气氛。

（二）静态报道的特点

1. 身姿固定，真实可信

出镜记者做现场报道主要采用的是静态报道，出镜记者选择最具有典型意义的现场背景作为出镜背景，在恰当的现场位置向电视机前的观众报道此时此刻现场所发生的一切。电视新闻报道中的静态报道以中景站姿为主，给观众以真实、可信的感觉。

2. 出镜背景多元化，动态背景优势多

静态报道出镜记者以固定站姿出现，倘若出镜背景同样选择静止背景，从观众信息接收角度来看，画面的可视性将大打折扣。

2007 年 8 月 8 日是内蒙古自治区成立 60 周年的日子，为了庆祝这一重要时刻的到来，各地纷纷举行庆祝活动。中央电视台新闻频道在 2007 年 8 月 8 日播出了特别报道节目，其中有一则现场报道的背景是赛马会，出镜记者身穿民族服装，站在跑马场的白色栏杆旁，正当她做现场报道时，她身后的骏马呼啸而过。伴随着她略显兴奋的表情，热闹的现场气氛通过她的出镜背景瞬间感染了观众。

美国 NBC 电视台在报道森林火灾时，其王牌新闻节目主持人在火灾现场做报道时倚着半截树干。观众可以看到他身后，远处山上的大火还在燃烧。听到主持人的报道，看到背后正在燃烧的大火，观众对于此次大火的残酷性可谓一目了然。而这一传播目的的成功实现，离不开记者出镜背景中蕴含的画面信息。

时政新闻的现场报道大多会选择某建筑物、某标语板作为出镜背景，这是由新闻事件性质决定的。所以说，动态背景的选择需要与新闻事件自身特点相结合。

3. 静态身姿与出镜形式的有机结合

静态身姿除了站姿之外，还可选择其他静态身姿。出镜记者根据不同出镜背景，选择使用样态各异的静态姿势，使得看来呆板的出镜姿态，更具可视性。

静态身姿与出镜形式之间的巧妙结合，进一步增强了出镜报道画面的可视性。两者之间如何组合搭配，需要出镜记者结合新闻现场实际情况而定。有的出镜记者为了表现背景建筑的宏伟，采用站姿仰拍的组合方式；有的出镜记者为了突出背景全貌，采用坐姿俯拍的组合方式。虽然静态报道从画面的可视性上不如动态报道那样鲜活生动，但是，稳重、多角度的取景方式却是其优势所在。

4. 便利、易操作的出镜形式

静态报道是现场报道中使用频率最高的形式，这说明该形式对于出镜记者来说极具操作性和便利性。与动态报道相比，选择使用静态报道的出镜记者只需要把前期准备重点放在报道内容上即可，而无须考虑报道内容与出镜背景之间相互证明的逻辑关系。出镜背景目的较为单纯，只需证明出镜记者所在的地理位置即可。

对于一些突发事件的报道，出镜记者的首要任务是将最新情况传达给观众，以新闻现场作为出镜背景，快速、及时地将信息报道出去。采用静态报道形式，一方面可以增强现场感，另一方面也便于记者快速组织现场报道内容。

二、动态报道

（一）定义

动态报道是指出镜记者在做现场报道时以动态身姿出现，在传达新闻事实信息时，带领受众以“运动”的镜头、丰富的肢体语言表现、多样的“动态身姿”所做的体验式出镜报道。此种动态报道与静态报道相比较，其优势是将电视媒体的现场感、临场感发挥到了极致。观众在出镜记者的“带领”下，深入新闻现场，从特征明显的现场痕迹开始，在记者的引领下，观众的参与意识被唤起，新闻“参与感”在短时间内被激发出来。与静态报道所营造的讲述氛围截然不同的是，动态报道的优势在于展现新闻现场的实物信息和空间信息。

动态报道中的出镜记者犹如一位“导游”，他以运动的状态出现在报道中，在报道的同时营造出“神秘”的现场感，在他边走边解说的过程中，设计一个又一个的“神秘包袱”；在类似于自问自答的报道中，不断地提出质疑，又巧妙地予以解答，从而有效地激发观众急欲知晓真相的收视心理。所以说，动态报道方式比静态报道更具有现场感。

以下是中央电视台国际频道出镜记者孙宝印在报道“神舟”六号时所做的动态出镜报道。

出镜记者：孙宝印

（配音：孙宝印）站在发射塔架上，可以看到这正对着的是总装厂房和指挥大厅，再往四周看就是戈壁了。

（出镜地点：发射架下和导流槽外侧）

您看到的就是载人飞船专用的发射架，从“神一”到“神六”都使用的是这个发射架。在这个发射架的旁边可以看到有一个大圆洞。（走到大圆洞边，边走边说。)

这个大圆洞叫导流槽，导流槽正对的就是总装厂房。(手指指示具体位置)

发射之前从总装厂房垂直地将整个的箭体运过来，1.5公里运过来之后呢，正好卡在这个导流槽的上面，那么，这个导流槽的主要作用就是排焰的功能。因为点火的时候会产生大量的高温的火焰，为了防止火焰对箭体产生影响，那么就需要将它向两侧迅速地排焰，同时为了降温有一圈高压水的喷嘴，在发射之前六秒会向外喷出大量的高压水，使得这一带产生比较强的降温的作用。降温排焰，保证整个发射过程安全。(使用肢体辅助动作，以辅助说明高压水的重要性。)

(配音：孙宝印)

发射塔是钢结构的固定塔，由塔身、回降台、升降台、吊车等部分组成。发射塔成为航天员离开大地的地方。

(出镜地点：发射架下一层电梯间外、电梯内部)

(边说边走到电梯间内) 举行完出征仪式以后，两位宇航员就会乘车来到发射架，会顺着这条道走到电梯间，这个电梯是航天员进入发射架专用的电梯，是一个防爆电梯，需要人工操作。整个发射架是107米高，它会从一层上到九层，这个电梯是一秒钟走一米，到九层之间大概是不到一分钟的时间。航天员应该是这种状态，坐在这里（顺势坐下继续报道)。

(配音：孙宝印)

这段不到一分钟的时间，恐怕也是所有关注“神六”的人们屏住呼吸，急切等待的时间。

(出镜地点：发射架下九层电梯间外至登上飞船之间的通道)

两名航天员从一楼到九楼会从这个门里出来，沿着我现在的方向往前走，走到这儿就可以看见，火箭就安放在这个位置，然后他们继续往前走，会走进一个封闭这样的通道，这个通道也就是一米多宽，特别是走到这个小拐弯的时候，我估计穿上航天服刚好可以通过，这个是铁皮的地面，听上去只有我的脚步声和心跳声，我相信到时候宇航员也会听到自己很沉重的脚步声音，看到中间的圆洞，这就是为火箭预留的位置，到时候航天员会走到这个角度，这个位置正对着舱门，他们会从这里边钻进去。

(配音：孙宝印)

此时的飞船只等倒计时候的一发升空了。

“神舟”六号发射升空，作为普通的电视观众最希望了解的是发射内幕，也就是说有关发射过程的各个未知环节的详细报道。出镜记者孙宝印此次的报道内容包括介绍导流槽、专用电梯、必经甬道等一系列场景，这些场景之间存在着一定的逻辑关系，环环相扣。报道中所涉及的各个地点皆富含丰富的信息，需要出镜记者在每一个报道环节上都做出具体的肢体和语言说明。离开了现场实物、现场具体情景，出镜记者的报道就会变得不知所云。航天员在电梯里的模样，登上飞船时经过怎样的神秘甬道，一切谜底都需要出镜记者的现场演示。在这个报道中，出镜记者孙宝印的肢体动作包括走、坐、手势说明等，报道路线清楚、重点突出。

出镜记者孙宝印的动态报道由于涉及场景多，报道内容复杂，大多只在特别报道时才会使用。对于那些常态新闻节目来说，动态报道的设计相对而言较为短小。以下是曾在中央电视台《焦点访谈》节目播出的《治污还是致污》中，出镜记者在报道治污船的污染原因时，使用肢体动作幅度较小的动态报道。

我们来到这艘船上呢，还能够看到大量的油水混合物在这儿（蹲下伸手去拿一个铁盆），现在这个油水已经比以前的颜色浅多了，但是仍然还有很多这样混浊的油水（记者用一个铁盆舀了一些）然后他们就是通过这个水泵，这里有一个小水泵，就是把这个混浊的油水接通这样一个管道，然后通过船舷这个窗户直接伸到了这个滇池的水面上，油污水就排到了滇池里面。（起身，用手指指明方向。）

通过出镜记者的现场演示，观众立刻会明白治污船是如何成为滇池污染源的。倘若采用画面配解说词的方式，观众势必难以理解其中的“致污”原因和过程。这一短小的动态报道在狭小的船体中进行，报道脉络清晰，说服力强。

（二）动态报道的特点

1. 出镜记者深度挖掘新闻空间

在动态报道中出镜记者对新闻空间的利用程度较之静态报道要高出许多。出镜记者依据报道主题，合理利用新闻现场的空间条件，将报道内容与新闻现场紧密结合，力求每一关键信息点的报道都可以利用新闻现场的场景或实物，利用现场报道的空间转移营造出三维效果的“立体信息空间”。

（1）新闻现场空间的有效使用

空间转移报道是动态报道中最常用的一种，出镜记者通过转换不同的现场空间，将不同场景的新闻空间信息有机地结合，在报道主题的统领下，或依据前因后果的逻辑顺序，或依据事件发生发展的时间顺序，将新闻空间进行合理安排。

在上文列举的出镜记者孙宝印的“神舟”六号动态报道中，其报道内容共分为两个层次：一是发射架下的导流槽的工作流程；二是有关航天员等通过发射架的路线及工作流程。在整个报道中，他经过的空间有发射架下的导流槽、发射架下的电梯间外、电梯间内部、九层的电梯间外、通道、发射架内部的登机口平台。在每一个新闻空间，出镜记者孙宝印的报道内容均围绕该空间而展开。

有声语言信息依据新闻空间来组织架构，报道内容的文稿创作依据来源于新闻空间，为了说明新闻空间，既可以采用先描述空间后整体评价的模式，还可以采用夹叙夹议的模式。在介绍导流槽时，孙宝印采取的就是夹叙夹议的手法。

发射之前从总装厂房垂直地将整个的箭体运过来，1.5 公里运过来之后呢，正好卡在这个导流槽的上面，那么，这个导流槽的主要作用就是排焰的功能（有时可以采用夹叙夹议的报道手法）。因为点火的时候会产生大量的高温的火焰，为了防止火焰对箭体产生影响，那么就需要将它向两侧迅速地排焰，同时为了降温有一圈高压水的喷嘴，在发射之前六秒会向外喷出大量的高压水，使得这一带产生比较强的降温的作用。降温排焰，保证整个发射过程安全。

新闻空间成为有声语言信息的实用载体，动态报道突出特点就是利用新闻空间展开报道。

中央电视台《东方时空》在报道“神舟”六号时曾经制作播出了特别节目《两岸看神舟》，在介绍航天员居住过的“问天阁”时，出镜记者王跃军的动态报道极具可视性。

出镜记者　王跃军

（出镜地点：问天阁建筑物前）

这里就是“问天阁”，是航天员出征前几天生活，包括进行身体锻炼、工作的场所。

对于我们来讲，这里一定是非常非常的神秘，（边说边走进问天阁）接下来带我们大家一起进来看一下。

（出镜地点：问天阁门厅）

第一个门厅，我们看到呢，是一个检疫室，这个地方主要是针对一些外来人员可能带来一些病菌，在这里面要进行消毒处理，从而避免传染。

（出镜地点：问天阁大厅）

我们再往里走看一下，这儿呢是它的一个大厅，大厅可以会见很多很多的客人，大厅的对面我看到这一幅字画《飞天》，可以说这幅画放在这里是寓意深刻。

（出镜地点：问天阁内走廊）

通过这个走廊呢，我们可以去航天员居住的房间去看一看。那个地方究竟是一个什么样子呢！它是在二楼，我们现在上去。

（出镜地点：问天阁航天员房间外）

在这个二楼，我们看到了航天员居住的房间，这个房间就是目前正在遨游太空的费俊龙和聂海胜居住的。我们进来看一下里面的环境。

（出镜地点：问天阁内航天员房间）

先是一个这样的小厅，这个有点像居家过日子这样的一个大的会客厅。费俊龙呢就住在这个房间，我们进来看一下，是个什么样子呢。走进来一看呢，这样的格局跟我们通常住的宾馆很相像，而且这个房间的面积比较小。据说，设计这样小的面积是为了使航天员适应小环境的生活。还有一个非常有意思的，我们来看一下。在费俊龙居住的房间的这个门后有这样的一个签名，据说，每一个参加飞行的航天员在离开这个地方的时候都要签上自己的名字，"神舟飞行乘组　航天员　费俊龙 2005 年 10 月 12 日凌晨"。

（出镜地点：问天阁内走廊）

费俊龙、聂海胜在出发之前就是在这样一系列房间进行了体检，然后进入这边的房间进行飞行前的准备，包括换上宇航服，然后通过里面的通道，到前面的这个会客大厅。

（出镜地点：问天阁会客大厅）

这个就是会见大厅，包括记者见面会也是在这里进行的。在这个地方他们受到了中央领导的接见，当时就在这个里边，我们看到这有一个玻璃把它隔开了，他们就是从那个门出去，在外边举行的欢送仪式，然后是乘车来到发射塔下。

（出镜地点：发射塔架）

这里就是"神舟"六号的发射塔架，我有幸能够站在这个上面。这个塔架有 100 多米高，完全是钢结构的，当时是"长征"二号火箭托载着"神舟"六号，就是这边，是被发射塔架的两翼包裹着，固定在这里，就是固定在这个发射平台上，火箭升空之后呢，由于燃料燃烧，大家可以看到，留下了漆黑的印记。另外我们在电视画面上可以看到火箭发射时，火焰是向两侧喷出的，就是由下面的两个导流槽顺势喷出的，不至于它喷出的火焰覆盖更大的范围。

（出镜地点：发射塔架四层电梯间外）

在六点零八分的时候呢，聂海胜和费俊龙就来到这个发射塔下的一层，乘防爆电梯，也就是这样的防爆电梯，现在呢，这个电梯已经关闭了，他们乘坐这个电梯达到跟飞船相平行的平台，然后进入这个船舱当中，那么在九点钟的时候，随着这个“神舟”六号一起发射升空，目前他们正在遨游太空。

仅从文字稿件内容上来看，我们会发现有多处报道内容指向性并不明确，“这个”“这边”等具体情景下的词汇使用颇多。事实上，对王跃军的报道，观众既看明白了，也听清楚了，原因就在于整个报道是在具体新闻空间里展开的，是在出镜记者亲身演示说明下制作完成的。在具体的情景下，记者的报道无须像纸面新闻那样严谨规整，出镜记者的报道借助新闻背景变得有据可查，真实可信。

王跃军此次的报道战线较长，出镜地点包括：问天阁建筑物前、问天阁内部的门厅、大厅、走廊、航天员房间内外、会客大厅、发射塔的第四层，共计出镜背景七处之多，整个报道以现场描述为主。随着出镜记者王跃军的空间转移，观众跟随他来到问天阁这一神秘建筑物中最值得关注的房间，特别是费俊龙在门后的留言，给人印象深刻，如果记者未能深入新闻现场，这一重要信息点是很难被广大观众知晓的。观众通过电视画面，在出镜记者的带领下，揭开新闻现场一层又一层的面纱，在不同的新闻空间畅游，寻找新闻背后的新闻。

（2）新闻现场实物的巧妙利用

中央电视台《东方时空》在报道“神舟”六号时，特别设置了《两岸名嘴航天大体验》板块，深入航天城体验的央视节目主持人白岩松与台湾东森电视台主持人卢秀芳成为节目的主角。

（配音）

吃饭、喝水，对于生活在地球上的人来说是再简单不过的事儿了。但是，到了太空失重的环境下，这原本简单的吃吃喝喝也就复杂了。今天，岩松、秀芳就要学学在太空中怎么吃饭、喝水。

（出镜地点：实验室）

白岩松：吃喝拉撒睡，我们要关注吃喝这两个字。

卢秀芳：今天来吃的是太空大餐了。

白岩松：这就是餐桌了，让专家给咱们介绍。吃饭需要这么多硬朗朗的设备吗？

（配音）

在飞船中与吃饭有关的设备主要包括：食品加热装置、特殊的餐具以及残渣收集器的设备。

（出镜地点：实验室，实物：加热装置）

专家朱景涛：这就是食品加热装置，这个白色的叫加热器，那个是控制器。

白岩松：比如说先要把饭热一下，应该放在哪？

专家朱景涛：这个前面有按钮开关，按下去之后它就可以开盖。

卢秀芳：看起来像烤面包机啊！

专家朱景涛：四个凹槽就是这样来安装的，翻过来这样放。

白岩松：是有槽的，这是严丝合缝的。

专家朱景涛：平常都需要训练的。就这样一盖，一拴上。

卢秀芳：一打开就是一顿午餐或是一顿晚餐了。

（配音）

目前，可以向航天员提供的航天食品已经有几十种之多了。我们平时的一些家常菜，如宫保鸡丁、鱼香肉丝、麻婆豆腐，等等，航天员到了太空也能吃到。而且，这些中式菜品的味道也是相当的地道，不过，为了减轻废物收集系统的负担，那些有骨头的比如带鱼等食物就被免去了。能上天的都是一个重量轻，体积小，还有丰富营养和充足热量的食物。当然，有了食谱还不够，岩松和秀芳还要好好学习在太空吃饭的真本事。

（出镜地点：实验室，实物：餐具）

白岩松：像我们吃饭，平常要备盘子备碗，在天上拿这个吃，还是另有一套比较礼仪的餐具。

专家朱景涛：在太空吃饭肯定是需要一些工具。否则的话他不好操作。因为失重的状态下，不像地面上放在桌上没问题。那么我们在天上就需要一个餐盘。

（配音）

吃饭用托盘说起来这不是什么新鲜事，可是这餐盘也有学问。这餐盘要牢牢地绑在自己的腿上，放餐具的位置有一块儿小小的吸铁石，这样勺子、叉子就不会满天飞了。

（出镜地点：实验室，实物：餐具）

卢秀芳：现在我要享用太空大餐了。（腿上绑上餐具，餐具上放着食品。）今天我要吃的是什锦炒饭，配上熏鱼和蘑菇。还有一个很好喝的饮料。当然太空当中有太空礼仪，简单的太空礼仪，不是随便吃的，这里还有很漂亮的汤匙，还有叉子、小剪刀。

白岩松：怎么没有筷子呢？我发现食品全是中餐，但是餐具是西餐的。

专家朱景涛：筷子在太空使用起来，可能风险还是比较大一点。万一夹不住会飘起来。

白岩松：啊！

专家朱景涛：勺子为什么可以用呢，因为食品都是湿的食品，带有一点黏性，就可以粘在上面不会飘起来，筷子使用不当食品就容易浮起来。

（配音）

在太空吃饭讲究的是一口吃，吃饭的时候，手紧紧地抓住食品袋，把食品逐块挤到嘴里。即便用勺子吃的话，也要把食物送到嘴里以后，闭紧嘴唇，慢慢地嚼，不然的话，这一张嘴，到嘴里的食物还是会飞走的。没填饱肚子是小事，要是这食物四处飘浮，影响到仪表仪器的正常工作，那麻烦可就大了。掌握了这太空的吃饭法，岩松给秀芳还带来了小惊喜。

（出镜地点：航天城，实物：太空冰激凌）

白岩松：先来这个吧！

卢秀芳：刚好肚子饿了。

白岩松：你看，太空食品。饿了我先不管，我觉得女同胞一定爱吃冰激凌。

卢秀芳：干吃冰激凌。我来试试看。

（配音）

岩松请秀芳品尝的是太空冰激凌，拿在手里就没有普通冰激凌的冰凉，那么这太空冰激凌的口味又是怎么样呢？

白岩松：而且还是黑白双色的。上面是巧克力味，下面是香草味的。

卢秀芳：我第一次吃到有声音的冰激凌，咬下去咔嚓咔嚓的。

白岩松：我是第一次吃到很温暖的冰激凌。

白岩松和卢秀芳以主持人的身份出现在实验室，他们此次出镜报道的内容是航天员在太空如何加热食品、吃饭，如何使用餐具。报道内容与新闻实物关系紧密，倘若仅仅采用画面加解说的形式进行说明的话，那显然不如主持人亲自体验来得生动。主持人通过采访专家、亲自操作完成了整个报道工作，他们对这些航天食品相关设备的兴趣正是代表了观众的朴素心理。那些看上去神秘的格格框框到底是怎么样来使食品加热的，通过专家利用实物演示，主持人的亲自上阵操作，使得看上去十分复杂的加热过程变得简单易行了。

对于普通观众来说，最感兴趣的莫过于航天员作为“人”在太空中是如何生活的。中国人吃饭的餐具是筷子，在太空用筷子怎么吃饭呢？通过专家的讲解，发现太空用餐“食品全是中餐，但是餐具是西式”。

仅仅介绍太空食品，未免缺少说服力。白岩松和卢秀芳以吃太空冰激凌作为出镜报道的收尾亮点。报道以两个人的味觉体验为悬念，吸引观众的注意力。在一般人的眼里，在太空上能吃上饭就不错了，怎么还会有类似于冰激凌这样如此贴心、人性化的甜品供应呢？“太空冰激凌”作为报道的关键实物，通过电视画面，观众可以直观地看到冰激凌的“庐山真面目”。经过主持人的品尝、评价，细致描述口感，观众结合自身生活经验可以联想到这太空冰激凌是个什么味道。所以，太空冰激凌这一报道实物的使用，有力地说明了太空食品的特点。

2. 报道场景的多点设置与事前踩点

动态报道是否具有可视性与场景设置的多寡息息相关。在常态新闻节目中，新闻现场的空间范围较小，倘若使用动态报道形式的话，其新闻空间的利用率会很低。但一些重大特别报道中涉及的新闻场景较多，这为制作动态报道提供了丰富的场景资源。

像“神舟”六号、香港回归十周年、奥运相关报道等重大活动，新闻直播地点多、新闻信息点庞杂，有些直播点采用静态报道，有些直播点采用动态报道。对于那些信息点之间存在一定的逻辑关系，支撑信息点的场景空间具备做动态报道的便利条件的就可以选择使用动态报道形式。动态报道不仅形式新颖，更重要的是在整个报道中，由于记者的空间转换，使得信息点丰富，出镜背景多样。

动态报道要求出镜记者在实际拍摄之前要进行“踩点”工作，包括走位、动作设计、语言组织等。对于那些需要出镜记者具体演示的新闻实物，记者在事前必须弄清楚，搞明白，亲手操作演示，切不可仅仅听听专家的介绍就自认为掌握了操作方法，防止在直播时由于准备工作的欠充分而影响报道。录像型的动态报道对于出镜记者的有声语言表达内容要求较高，尽量不要出现语病和错别字。直播型的动态报道对于出镜记者来说，将新闻现场所蕴含的重要信息准确、有序的报道出来是最关键的，切不可因过分紧张而乱了方寸。特别是某些新闻场景中，所涉及的专业术语较多，出镜记者更是应该事前认真踩点，做“模拟直播报道”，以确保直播时的万无一失。

3. 边走边说考验记者的注意力分配

为何动态报道在新闻节目中使用率低，一方面是由于常态新闻现场场景单一；另一方面是由于有些出镜记者难以达到“边走边说”的报道水平。

边走边说是动态报道的语言表达行为特点。出镜记者在整个报道过程中，有声语言的表达是在运动状态下进行的。边走边说，对于出镜记者来说，注意力的合理分配显得格外重要。静态报道时出镜记者的注意力主要集中在有声语言的报道内容上，动态报道除了有声语言之外还附带有一些肢体动作、物品演示，这些动作在实施过程中势必会干扰有声语言的表达，以致词不达意、逻辑混乱。

那么，如何才能提高注意力的分配能力呢？

（1）在事前踩点走场时，以准直播报道要求自己

出镜记者需要合理设计每一个报道场景的文字内容，牢记关键信息点以及关键词。在踩点走场过程中，尽可能地多“预演”几次。与静态报道不同的是，动态报道中所使用的场景有些时候会随着时间而发生变化的，比如台风报道时的天气情况。出镜记者在踩点时，要在事先准备几个预案，以防备特殊情况发生时，自己不会手忙脚乱，不知所措。

（2）将报道注意点放在新闻场景的具体内容上

有些出镜记者在做直播型现场报道时，由于心理紧张，负担重。生怕自己出错，结果越是担心，越是容易出错。并且一旦出错，难以在短时间内摆脱由此带来的心理影响，导致接下来报道内容难以顺利完成。针对这样的情况，出镜记者应将直播时的重点放在内容上，切不可自己吓自己，因为一时的口误绝不代表整个报道失败。

（3）利用录像型动态报道形式锻炼队伍

动态报道可以是录播，也可以是直播。为了提高出镜记者直播时动态报道能力，可以利用录像型的动态报道训练记者队伍。录像型现场报道对于出镜记者来说可以多次重复拍摄，记者的压力较小。为出镜记者提供业务学习平台，为直播时制作出形式新颖的动态报道积累经验。直播型动态现场报道是现场报道中最难掌握的报道形式，报道形式的复杂不能代表难度系数，相反的是它使现场报道真正做到了同步空间转移，观众的新闻现场感在转移的过程中迅速增长。

第五章
出镜记者现场报道的准备

在美日等电视新闻媒体发达国家的新闻节目中，出镜记者大多出现在突发事件报道里。他们到达新闻现场，通过采访相关人员、当事人、目击者了解事件的基本情况。突发事件由于事件本身难以预料，所以报道难度也最大。通常来说，考核出镜记者报道能力，通过其对突发事件的报道方可真正地考察出来。突发事件不仅锻炼出镜记者的报道能力，对于新闻媒体机构来说，也是提高媒体社会地位的契机。电视媒体采取快速的应变措施，在社会舆论导向中，有关该事件的报道才会处于主动地位。所以说，电视新闻媒体主动积极地参与突发事件报道，其社会意义远远大于事件本身。

国内的出镜记者现场报道大多是录像型现场报道，事前必须进行必要的策划准备，信息收集和采访时间较为宽裕，为出镜记者做出较为全面的报道提供客观可能。无论是突发事件还是策划型事件，对于出镜记者来说，获得尽可能多的事件信息，无疑是最重要的。

出镜记者在很多电视节目中作为信息的传达者出现。他们的原始身份十分复杂，有播音员、记者、摄影记者、编导、评论员甚至是演艺人士等。随着电视播出设备的小型化、轻便化，电视摄取空间异常广大，世界真的可以在小小的镜头里展现。出镜记者在信息传达中，以鲜明生动的表现力将个人的视点、感情、思考以有声语言的形式展现出来。

出镜记者现场报道的准备需要三个阶段：广义范围的信息收集、狭义信息的信息收集、准备的步骤。

第一节　广义范围的信息收集

电视新闻报道对于出镜记者提出的要求是："大事发生时我在第一现场。"第一现场的概念是，在事件发生时，人们在现场里面最早看到你的形象，最先听到你的声音，最快得到你的报道。[①]

无论是从天时、地利，还是人和来说，出镜记者的报道优势无人能及，作为信息发布的第一源头，从某种程度上来说，他是第一道新闻信息过滤器。出镜记者经常会出现在灾害、事故、会场等新闻现场，基本信息的收集和梳理主要从广义信息与狭义信息两部分着手。

笔者曾经看过一部日本电视剧，名字是《顶级主播》。故事的主人公是一位电视新闻节目女主播，从美国回到日本担任一档傍晚时段新闻节目的主播。收视率、新闻制作理念、社会责任感、个人情感统统掺杂进来，记得其中一段是她的助理在满屋子的行李纸盒中寻找咖啡机，她打开了无数个盒子都没有。因为这些纸盒装的都是新闻资料。主人公把某一事件的相关文字资料进行整理收集，这一工作习惯为其日后的报道提供了丰富的资源。

曾经有学者认为，电视新闻报道做的就是“新闻背景”，传达完告知性信息之后，支撑节目内容的只能是新闻的相关背景信息。从无数新闻报道实际情况来看，出镜记者在新闻现场的任务是提供给受众“新闻信息”，主持人和嘉宾在演播室提供给受众的是“意见观点”。但是，在此不容忽视的问题是，对于出镜记者来说，只有掌握充分的背景资料，才能做好当下的现场报道。

2007 年 4 月 10 ~ 13 日温家宝总理对韩国、日本进行访问，中央电视台新闻频道从 4 月 9 ~ 13 日每晚 20 点 ~ 21 点在晚间新闻节目《360°》中播出《温家宝总理韩日之行特别报道》。在《特别报道》中，随团记者利用卫星视频连线、电话连线报道温总理访问活动的最新动态，以及国外媒体和社会对温总理访问的关注和评价等外延信息。同时，在演播室里还邀请有关专家解读出访背景、每日活动看点、访问成果等。此次访问是七年以来，中国总理首次正式访问韩国，中国最高级别领导人首次访问日本。对于出镜记者来说，需要对中韩、中日两国目前的外交关系做到全方位的掌握，在报道口径、报道分寸上把握火候。特别是对一些尚未明朗的事项的报道语气要做到准确无误。

2007 年 4 月 10 日的《特别报道》节目一开始，是水均益与出镜记者刘自力的卫星视频连线。温总理对韩国访问的重点是中韩进一步加强经济合作，就中韩自贸区尽早提出双赢方案。然而，在 4 月 10 日的现场直播报道中，笔者发现出镜记者未能把握事件的核心议题，在毫无实质意义的细小问题上浪费时间。以下

---

① 张林、蓝艺：《大事背后——凤凰卫视咨询台揭秘》，中国和平出版社，2005 年 9 月，第 49 页。

是出镜记者与水均益的视频连线内容。

水均益：刘自力，你现在在什么地方？

刘自力：我现在在为中韩建交15周年而举办的交流年活动地的附近。（地点不明确）

水均益：我看到你后面有一台转播车？（这个问题没有任何实际意义。）

刘自力：是的。

水均益：跟我们说说你们今天的行程？

刘自力：我们今天是早上7点30分离开北京，韩国跟中国有一个小时的时差，经过1个半小时，应该说是1个小时38分钟，韩国当地时间10点38分到达韩国首都首尔的。温总理首先到一个中韩合作项目参观，之后下榻酒店，吃午饭。接下来（略），最后到了现在这个地方出席交流年活动。

水均益：你刚才说的时候，我大概记了一下，不到9个小时的时间了，总理出席了9个活动，这还不算花在交通上转场的时间。我注意到今天举行欢迎仪式时，好像下雨了？

刘自力：是的，首尔今天下了一场绵绵春雨。（此处出镜记者应该借助春雨来寓意中韩关系会更好一些。）在这儿我要说一件趣事，韩国的工作人员对我们中国媒体记者特别好，他首先自我介绍他的姓名，之后告诉我们注意事项，特别是不要跑，他知道记者有时为了抢到新闻，会跑起来。

水均益：因为下雨，路滑，怕你们摔着。

刘自力：他就是这个意思，所以，特别有趣。

水均益：你跟我们说说现在进行的这个活动吧！

刘自力：好的，这个……（略）

水均益：因为时间的关系，我们的连线到此就要结束了，我们实在是不愿意放你走，明天我们再联系吧！（无聊的废话占据视频连线时间）

水均益与刘自力的卫星视频连线的核心议题变成了一位中国媒体记者与韩国一位工作人员之间发生的一件所谓的“趣事”。从刘自力的直播报道中，除了流水账式地汇报了温总理2007年4月10日的日程活动之外，有效信息几乎没有。

时政新闻的现场报道离不开广义信息的内在支撑，只有全面把握背景信息，方可在纷繁的仪式活动中，准确捕捉到报道核心点，捋顺信息脉络。

一、在广义信息背景下，选择出镜报道“核心点”

可预见性新闻事件的现场报道拥有较为充裕的前期准备时间，根据活动或仪式的日程安排，出镜记者依据大量背景材料筛选出事件核心问题，组建一整套的信息流。从背景信息中发掘报道点，结合事态发展选择合适契机完成现场报道。

此次温家宝总理出访韩国、日本两国，其政治意义截然不同。韩国与中国的外交关系稳步发展，当前两国讨论的议题主要集中在以下五方面：

1. 保持高层互访。

2. 关于自贸区尽快提出双赢方案，为最终建立自贸区奠定基础。韩国政府需要为中国商品进入韩国市场消除障碍。

3. 促进人文交流，中国在媒体、时尚、影视领域迎来了“韩流”，韩国在教育、留学、旅游等领域感受了“汉风”。

4. 加强在国际和地区事务中的磋商与配合。

5. 韩国如何看待中国当前的经济发展势头，是合作伙伴还是竞争对手？

其中，第2点和第5点属于报道核心点，第3点属于软着陆的报道点。温总理的访问在第2点和第5点这两个核心问题上取得怎样的进展应该是现场报道的重心。所以，出镜记者现场报道时，首先需要对以上两点问题的最新动态进行报道，特别是第5点显得尤为重要，因为这一议题在某种情况下，与日本国内关于《中国威胁论》的主张有些不谋而合，所以，在该问题上，卢武铉的表态需要在报道中给予着重强调。

在出镜报道中，选择软性话题可以增强报道的可看性。韩国现代文化伴随影视、时尚影响着当下中国城市文化，出镜记者刘自力如果从绵绵春雨入手展开报道，即应景同时使报道增添人文气息。

二、利用广义信息剥离现场无用信息外衣

背景资料一面可以作为出镜报道的依据，另一面还可以利用其作为过滤器，将新闻现场的无用信息剥开去，即依托背景信息整合最新事态信息。

韩国总统卢武铉在会见温家宝总理时，关于自贸区方案议题发表了以下言论。

韩方期待双方早日缔结投资保护协定，将以积极的态度和诚意对待两国自贸区研究，致力于消除中国商品进入韩国市场的障碍。

在与温家宝总理会见时，卢武铉所述内容中，这一句话最为重要。字里行间将韩国政府对自贸区一事的鲜明立场表露无遗，同时就中国商界关心的中国商品进入韩国市场一事也做出较为明朗的态度。

如何权衡卢武铉这一最新表态，出镜记者的报道必须依托这一问题的背景资

料。关于建立自贸区，其核心问题不是在中方，而是在韩方。两国之间到目前为止还仅仅停留在研究阶段，其主要原因是部分韩国企业以及一些代表企业利益的国会议员担心，中国在技术水平上赶上或超过韩国。也就是说，有一种担心帮助中国成为一个更强大的竞争对手。

鉴于这一事态背景，出镜记者对卢武铉的讲话的重要性便可以有效掌握分寸，从其讲话中“期待、积极、消除……障碍”等词汇的使用，可以窥见韩国政府的立场。出镜记者利用背景材料，将其讲话中其他无实质信息过滤出去，使得现场报道信息内容更加精练，具有说服力。

三、背景信息的高度提炼使用——“一句话策略”

记者在出镜报道时，面临的最大的困难是，必须在较短的时间内尽可能多地报道事态的最新进展。新鲜的信息越多，现场报道的传播效果越好。

在报道前，按照事态发展特点，将手头掌握的信息点进行有序的排列成为出镜记者必做的工作。然而，有些事件的报道仅仅依托现场信息是无法完成的。新闻报道注重切入口的选择，有时现场的事态发展未能提供较为有力的切点，这时出镜记者通常会采取借助背景信息展开当前报道工作的方法。

2007 年 3 月间中央电视台《东方时空》节目制作播出了特别节目《岩松看日本》，白岩松在做人物专访前，大都采用出镜形式作为节目开始的串场。其对日本前首相安倍晋三的夫人安倍昭惠的采访，由于手头画面素材短缺，几幅静态照片信息含量又低，使得人物采访遭遇内容干瘪的困境。仅仅因为她的“第一夫人”身份就对其进行专访，实在是有些牵强之意。但是，白岩松在出镜时，给出了一个人物背景信息，使专访变得极具意义。而这个人物背景信息成为整个人物采访的底蕴。

白岩松：在我的身后就是日本首相官邸，自去年安倍先生当选日本首相之后，他的夫人安倍昭惠成为日本战后以来最年轻的首相夫人，她开朗直率的这种性格更营造了一种新女性的形象，成为日本媒体和全世界媒体都高度重视的一个对象，今天我们有机会将走进首相官邸采访她。

“日本战后以来最年轻的首相夫人”这一背景的外延信息在采访中贯穿始终，“最年轻”的“第一夫人”利用博客这一年轻人爱用的交流方式，打破了首相与国民之间无形的政治厚壁，她的年轻思维在一定程度上影响着日本的政治生活，这就是采访这位年轻首相夫人的理由，而这个理由在节目开头就已经被鲜明地提出来。

第二节 狭义范围的信息收集

一、事实的基本情况

时间——是指事件发生的时间以及发展过程中的重要时间点。

“时间点的重要性”关系到事态的最新发展，以自然天作为天然划分，以直播时段作为信息截至时段。对于影响事态发生“质变”的时间点在报道时需要着重强调，以便证明信息发布的及时性、新闻报道的快捷性。对于事件的灵敏把握，在报道中适时使用时间点，往往收到意想不到的传播效果。

地点——包括第一现场以及由第一现场派生出的其他相关现场。

通常来说，出镜报道的记者会选择事件的第一现场作为出镜背景地点，目的是告诉受众“事件发生时我在第一现场”。由于新闻事件往往由第一现场转移到第二、第三现场，随着事态发展，出镜报道的地点会在原始发生地蔓延到事件相关地。最典型的案例当数伊拉克战争，虽然战争发生在中东的伊拉克，但是无论是 CNN、BBC、NHK，还是 MSNBC、FNC，其出镜记者的身影还会出现在纽约、华盛顿、巴黎、科威特、约旦等地。

人物——包括当事人、目击者、相关人员、普通市民等。

对于出镜记者来说，在直播报道中采访到新闻事件核心人物是基本手法。然而，往往很多时候，记者只能采访到事件外围人物。2004 年 6 月 1 日在日本发生了一件惨案，一位小学六年级的女生将自己的同学杀害在学校的学习室里。事件一出震惊日本全国，小女孩的作案手段极其残忍，动机也十分蹊跷。TBS 电视台各档新闻节目对事件进行了跟踪报道。有关当事人的资料只有死者父亲召开的记者见面会和死者一张照片。基于当事人信息缺少的事实，出镜记者的报道从外围相关人员入手，学生家长、该校小学生（没有脸部图像）、普通市民、医院急救人员、负责本案的警察、儿童问题专家、校长等。

现状——事件目前的发展情况，事态情形等。

出镜记者现场报道的核心任务是报道此时此刻新闻现场的情况，以及稍早些的情况，是对现场信息的最新发布。然而，很多出镜记者报道的内容，大多是背景信息，不是现场信息的报道。所以说，衡量出镜记者做的是否是现场报道的一个标准便是：报道的是现场实时变化，还是汇报方方块块的背景资料。

起因——由现场表象推断出事件的基本起因。

出镜记者在完成基本事实的报道时，有关事件的起因肯定会涉及到。2007年4月2日北京电视台中午12:30播出的《特别关注》报道了一起水管爆裂的新闻。事件发生在上午11点半左右，从事件发生到播出的时间计算，具有一定的时效性。当时，负责抢修的人员就事件的原因未能给出镜记者阎丰一个满意的答复。但是，他还是在出镜报道中，以"可能"的口吻就事件发生的原因有所报道。其实，对于出镜记者来说，在报道中是忌讳使用模糊表述的。

出镜记者现场报道形式的出现原因是由于新闻事件发生之后，新闻点的五要素中除了地点之外，其他四要素都会随着时间变化而变化，唯独地点不会发生变化，这就是电视新闻的直播报道以事发现场作为报道点的原因所在。

2007年3月28日上午9时许，北京市海淀区海淀南路苏州街车站东南出入口地下约22米处的地铁10号线工地发生坍塌事故，六名施工人员被埋。由于施工方迟报事故，导致媒体对事件报道的滞后。如果以出镜记者现场报道的形式对该事件进行连续跟踪报道的话，可以从下表所涉及内容展开。

2007年3月28日北京地铁十号线工地塌方事故出镜报道策划

时　间	出镜地点	报道内容
3月28日晚	1. 苏州街车站东南出入口（事故的第一现场）	1. 事故情况介绍 2. 施工方迟报
3月29日	1. 苏州街车站东南出入口（事故的第一现场） 2. 新闻发布会现场（事故的第二报道现场） 3. 事故旁12号楼居民家（事故第三现场） 4. 苏州街车站东南出入口（事故的第一现场）	1. 事故救援现状以及救援人员的故事 2. 没收手机、抢先救援方案、善后处理 3. 测绘人员实时监测，防止出现事故引发的险情 4. 专家现场分析事故原因、媒体情况
3月30日	1. 苏州街车站东南出入口（事故的第一现场） 2. 市建委 （事故第四现场）	1. 事故进展情况。一工人遗体挖出的最近进展情况，以及周围市民和参加救援的工人对挖掘情况的介绍 2. 建设部和北京市建委的最新的两个紧急通知

续表

时　间	出镜地点	报道内容
3月31日	1. 苏州街车站东南出入口（事故的第一现场） 2. 中国人民保险公司（事故的第五现场） 3. 宾馆（事故的第六现场） 4. 苏州街车站东南出入口（事故的第一现场）	1. 又有三名工人遗体挖出的最近进展情况，以及周围市民和参加救援的工人对挖掘情况的介绍 2. 解释不会出现“同命不同价” 3. 采访家属 4. 市民献花悼念
4月1日	1. 苏州街车站东南出入口（事故的第一现场） 2. 宾馆（事故的第六现场）	1. 最新进展情况，又有四遗体被发现，事故现场原来是个大池塘 2. 家属近况

二、核实信息，汇报情况

核实事实的真相，在确保基本事实准确的条件下，与台里联系，汇报基本情况，与编导等部门协商是否以直播报道的形式发布信息。对于存在疑问的信息点，需要记者采访多个当事人，从不同视角、不同层面把握信息的准确性。倘若只有一个采访人时，首先让其详述事件经过，之后就你存在质疑的段落重复提问，看看前后其表述的是否合理、一致，基本事实的表述是否存在错误。

电视新闻记者工作中，经验的作用往往直接影响到实际报道质量，对于被采访人所述事实的真伪的判别很多时候凭借的就是工作经验。同样的新闻事件，老记者的思考角度与新记者是不同的，原因就在于此。

三、深入采访

一旦决定以直播报道形式播出的话，出镜记者还需要快速深入新闻现场的每一角落，与摄像记者进行细致的沟通，拍下第一新闻现场，立刻发回到台里，以便台里的编辑记者制作出“包裹”（也被称为罐头、小包）。[①] 随后根据报道需

① 包裹：出镜记者做现场报道时，根据事前拍摄的新闻画面所编辑的短小的新闻片段。

要，展开对有关人员的采访。

例如对火灾现场采访可以锁定的采访对象包括：受灾者、目击者、消防负责人及具体实施扑救人员、急救医务人员、见义勇为的人等。通过对每一类人群的采访，记者获得不同的信息内容。

受灾者的采访内容包括：发现火情的时间、原因、如何报警、自救、受灾损失等。

目击者采访内容是：火势情况、受灾者当时的表现、消防队救灾情况等。

消防负责人：因地制宜确定救灾方案、救灾难点、生活提示等。

具体施救人员：具体介绍当时的场景。

医务人员：受伤情况、病情介绍等。

见义勇为的人：介绍救灾的过程、如何排除困难，这是发现英雄事迹的最佳落脚点。

四、选择直播采访人物

出镜记者直播报道时，越来越多地使用直播采访相关人员的手法。此种手法的好处：一是增加直播报道的同期声的多样性，除了出镜记者的现场报道，观众还可以看到现场其他人的意见表述；二是使得现场信息更加丰富，形式多样。

2007 年 3 月 29 日北京电视台晚间新闻节目《直播北京》的新闻头条是自来水管爆裂的突发事件。节目采取的报道形式是“新闻短片小包” + “现场采访”的形式。在新闻短片小包中，将水管爆裂基本事实情况进行了介绍，接下来的直播报道的内容是以实习出镜记者冯广勋采访自来水集团的负责人为主。此时记者出镜报道需要完成的任务包括：抢修进展情况、何时能够完成、对于第二天市民出行的影响。帮助记者回答抢修情况以及完成时间这两个任务的，只有负责抢修的自来水集团。所以负责抢修的自来水集团领导成为最有说服力的采访对象，至于对市民出行的影响，由出镜记者报道完成就可以。

五、信息的多层次采集

突发事件信息短缺的原因不是因为信息的绝对量小，而是因为层次单一，当灾难发生时，灾难本身是复杂的。它所释放出的信息也是多层次的、多角度的。伴随灾难新闻而生成的灾难新闻信息也应该是具有变化性的。[①] 灾难事件、事故，凡是突发事件其形成原因必然环环相扣，出镜记者报道新闻事实犹如剥洋葱

① 刘东华：《当代电视报道理念与报道》，新华出版社，2004 年 8 月出版，第 12 页。

皮一样，不能因“辣眼”（事情复杂，难以理出头绪）就放弃不做。

这里需要解决的问题是，如何使身在新闻现场的出镜记者传达的信息体现出多层次，这离不开信息收集的多层次。在 LIVE 现场报道时，对于出镜记者来说多层次储备新闻信息的目的是以防出现信息无知的尴尬境地。与演播室主持人“一对一”对话时，主持人掌握提问的主动权，他（她）抛出什么样的提问有时会与出镜记者沟通，但是，在紧急情况下是难以做到事前沟通的。处于“被动回答问题”位置的出镜记者是无法预料主持人会从哪些方面“发问”的，为了保证信息含量高、全、深，出镜记者必须在信息获取上做到“万金油”，无论主持人问什么、怎么问，都不会出现支支吾吾不知该如何回答的情况。

第三节　准备的步骤

出镜记者深入现场了解基本事实，彼此之间看来没有任何关系的事实信息需要记者从各个信息源头挖掘出来，在挖掘的过程中记者凭借新闻报道经验，可以逐渐确定新闻的报道主题。

一、尽快确定报道主题

在社会生活中，每天都会发生各种各样的事情，即便是在同一领域，同一场所，同一新闻事件现场也会生成不同的新闻报道主题。有些新闻是突然发生，有些新闻的发生与时间、季节、天气有着密切的关系。对于那些突发新闻事件，例如火灾、交通事故往往在事故原因上存在相似性，为日播型新闻节目报道出了难题，同时也考验了出镜记者思维的广度与角度。

出镜记者在处理信息收集和确定报道主题两者关系时会遇到以下情况：

1. 先收集信息，然后确定报道主题。

2. 确定报道主题，然后收集信息。

出镜记者选择何种形式，需要根据新闻现场的实际情况而定。

第一种情况主要运用在突发事件的报道上。记者火速赶往现场，在出发前可能只知道是个什么事情，具体信息全然不知。来到现场后投入到信息收集阶段，掌握事件事故的基本情况之后，才可能确定报道主题。

民生新闻最突出的优势是将城市突发事件作为节目的报道重点，以下是中国传媒大学播音与主持艺术学院 2005 级播音双学位班学生冯广勋在自己的博客中，讲述其在北京电视台《直播北京》栏目组实习期间第一次做突发事件现场报道的部分内容，时间是2007年3月28日。

四点来钟，特报组接到热线，说是一处路面跑水，交通堵塞。去的路上王伟老师给提供线索的热心观众打电话确定现场的位置，在北三环路的北太平庄桥，我们很快就赶到了，时间是4：30。

北太平庄桥下的十字路口中央全是水，大概有一千多平米，最深处的水可以淹没小汽车的半个轮胎。东西南北四个方向的交通非常拥堵，目所能及之处的车辆全部排起了长队。交警和交通协管员在努力疏导着交通；机动车驶过溅起高高的水花，好在没有车辆在水中抛锚造成更严重的堵塞；骑自行车的人一旦停下，脚一着地，鞋子就会完全湿透；路人只能从远处没有水的地方绕行。现场周围的人行道完全被难以计数的围观群众所占据，周围的高楼里也有人在拍照、摄像。

在事故现场的西南角，一位刚刚下班的环卫工人掀开了一个下水管道的井盖，大量的积水从这里一涌而下，形成巨大的漩涡。他告诉我们路面上的出水点在桥北边。顺着他指的方向，我们看到在桥下北偏东一点的方向有一群小“喷泉”在源源不断地往外冒水。

北太平庄桥北边出水点的位置很容易判断，因为这里的路面已经被拱起了两三个大包，宛如汪洋中的孤岛。水还在从裂缝里往外面涌着。交警把桥北面路中间的隔离栅栏移出一个豁口，好让由北向南行驶至此被堵住的车辆可以绕行，选择其他路线；桥上面也出现了很多交警，辅路上由东向西的交通全部被疏导到了北三环的主路上，听说疏导是从马甸桥开始的；往来的行人在好奇的打探着情况。此时，供水集团的抢险车辆也都赶到了现场，各色的“安全帽”出现在水中，抢险工人在污水里沿着路边摸排水口的盖子。虽然他们很快找到了这些排水口，把盖子全都掀开，但是因为这些排水口早已经堵满垃圾，所以水根本无法排走。网通和煤气公司的车辆和人员也出现在事故现场，随时待命。

王伟老师和李昆老师在现场穿梭往来，王伟老师还不忘叮嘱我：“注意多观察一些细节。”我在北太平桥西北角的一家肯德基里发现里面仍然人头攒动，生意很好，并没有受到外面事故的影响；最重要的是，我发现厕所和洗手池的用水一直都很正常。在男厕里我遇到两位交通协管员，他们目睹了事故的发生。据他们说，下午3:40左右，随着一声巨响，路面上突然冒起黑色的水柱，他们被吓了一跳。紧接着第二个、第三个水柱相继涌出。我在肯德基旁边的一家房地产中介公司里找到一位女职员，她说她下午三点半来上班，路面上还很正常，和平时一样，可是过了十几分钟就听说外面跑水了。她和我一起走到公司外面，看到路面上的情况时，她睁大眼睛，很惊讶地自言自语道："天啊，怎么这么多水啊？"

我告诉王伟老师我找到了这样一位目击者，王伟老师和李昆老师跑过来采访的时候却受到了这家公司其他员工的阻挠，说公司有规定不接受采访之类，云云。王伟老师毕竟是老记者，他说服了所有人，成功地进行了采访。

5:40 左右，一辆反铲车开始刨挖出水位置的路面。6:00 左右水开始逐渐退去。6:10 左右，供水集团的新闻发言人向在场的各家媒体记者通报了情况。

王宏老师在电话里向我了解了现场的情况，以及王伟老师都拍摄到了哪些素材，稿子大概会涉及什么。我问她今晚会不会到这里来直播？如果来这里直播，我主动请命，我要出镜，上直播！因为只有我最了解这里的情况。她指示我原地待命。如果台里不同意，那我就把我在现场这五个小时里了解到的情况全部告诉今晚的出镜记者，帮助他/她完成今晚的报道，我再争取以后的机会。

今天 SNG 直播小组当班的刘婧老师和田冰老师也都打电话来问我这边的情况。之后，田冰老师又打来电话，问了问现场的情况，最后他告诉我做好出镜的准备。

实话实说，我真的要对田冰老师和刘婧老师说声谢谢，并且是发自肺腑的。他们在现场紧张地联系、打探消息、充实信息；他们帮我设计问题、一遍一遍的对词、和演播室的主播沟通：做着全面充分的准备。电视是特别需要有团队合作精神的工作。如果没有这两位战友的"协同作战"，我怎么能活着走下战场呢？[①]

从冯广勋的博客中，我们可以了解到出镜记者赶赴新闻现场、收集相关事实信息、进行直播报道前准备的整个过程。

以下是 2007 年 3 月 29 日冯广勋在北京电视台《直播北京》节目中所做的现场直播报道的内容：

主播：现在距离事发已经四个多小时了，现在抢修情况怎么样了呢？下面我们来连线记者，冯广勋你好。

冯广勋：主持人你好。

主播：抢修工作进展如何？事故原因有否找到？

冯广勋：观众朋友大家好，我现在所在的位置是北三环北太平桥今天下午刚刚发生冒水事故的现场，我们到达事故现场之后对于事故的原因也是非常关心的，为大家请到了供水集团供水分公司的王耀文副总经理来为大家回答这个问

① http://blog.sina.com.cn/u/1270856585。

题。王经理你好。

王耀文：你好。

冯广勋：你能不能跟我们大家介绍一下现在抢修工作进行到一个什么样的情况？

王耀文：好，事故发生以后，由于现场的交通和地下管线设施比较复杂，那么，在交管部门的积极疏导下和管线权属单位管理人员的帮助下，目前抢修工作正在紧张进行中。

冯广勋：那造成这次事故的原因是什么？现在有这个说法了吗？

王耀文：从我们现在初步的探明呢，是一个DN600的管线的接口漏水，那么从管线漏水事故发生的原因，一般来说呢，是多种多样的，有时是一种或多种原因综合造成的。那么，从目前情况来看，刚刚还没有完全挖出来，事故的原因还有待进一步调查。

冯广勋：谢谢你，主持人。

主播：那么，我们关心的是由于这个大水引发的道路拥堵。现在，这个现象缓解了没有？

冯广勋：大家可以看到，这次事故的现场是一个十字路口，大家可以看到现在的情况呢，南北方向的这个主辅路的交通已经基本上恢复了正常，从西向东的交通主辅路的交通也是基本正常的，只有从东向西，这个辅路上的交通从马甸桥开始都已经被疏导到了北三环的主路上，大家通过我们镜头可以看到，主路上的交通秩序也是非常良好的，所以这次事故对交通的影响已经非常小了，交通是很良好的。但是，大家可以看到这个抢修工作仍然在进行当中，我们会在第一时间向大家报道这个路面通行的情况。主持人。

主播：那么，冯广勋，根据你的了解，这个管线什么时候可以修好？就是抢修工作什么时候可以结束呢？

冯广勋：据我们了解到的情况，应该是在五个小时之后，自来水的修复会完成，之后是电缆和路面的修复，这还需要一段时间。然后，我们在这里也给电视机前的观众提个醒，请大家提前做好出行的安排，出行的计划，避免在明天早晨这个早高峰的时候影响您的出行。这就是直播小组在北太平桥现场发回的报道。

在冯广勋进行现场报道之前，节目已经播出了一个新闻短片，将基本事实信息予以介绍。接下来，冯广勋担任出镜记者，在事故现场采访有关责任人、与节目主持人进行实时直播连线、最后是为第二天上班的市民做了出行提示。

出镜记者在处理信息收集和确定报道主题遇到的第二种情况：是先确定主题再收集信息，这种操作手法大多用于事后报道，即新闻事件发生后，出镜记者做新闻的第二落脚点或第三落脚点时的报道行为。出镜记者已经了解了新闻的基本事实，其身在新闻现场所做的现场报道，通常采用的是录像型现场报道形式。

中央电视台《奥运来了》2007年4月14日的节目中，节目内容是有关如何购买奥运门票，题目是“奥运会卖票了”。节目中利用四个关键词——三阶段售票、门票数量、购票渠道、门票价格，介绍如何购买奥运会门票的相关信息。

其中王小节现场报道的主题与之前的内容有着一脉相承的关系，她利用物理学中的参照物原理来说明不同价位的观看效果，深化了信息内容。同时，体验式形式的运用也具有一定说服力。

自从北京奥运会的门票价格公布以后，大家最关心的就是自己能不能够买到门票了。这个呢，我可不敢保证，不过我可以先带大家去体验一下不同的价位是一个什么样的观看感受。那我首选的第一站当然是国家体育场——鸟巢了，但是不巧的是啊，那里正在进行开幕式相关设施的保密施工，不让我们进，所以呢，我就先带大家来到五棵松体育馆。

五棵松体育馆，从外观上看最大的特点就是全部采用了玻璃幕墙的设计，而馆内的许多设施都是参考美国NBA职业篮球赛的标准进行施工的。

这里，是北京奥运会的篮球比赛场馆，那之所以带大家到这里来啊，是因为呢，在北京奥运会呢，除了开闭幕式之外，所有比赛项目啊卖得最贵的就是篮球比赛了，最高的票价了是1000元一张，大家可以看到啊，虽然现在施工还没有全部完成，但是观众席了已经是初具规模了，那现在就跟着我一起去感受一下在1000块钱的座位上，到底是一个什么感觉吧！

这里啦，就是篮球馆的主席台区域了，这呢和对面那侧，应该就是票价最贵的位子了，那我呢，特地让我的同事做一个参照，大家试想，如果他就是姚明的话，他每一个动作的细节呢应该说还是可以看得比较清楚的，所以呢，100元的票价可以说是物有所值，而且啊，在比赛的时候，场馆上空呢，还会吊装一个四面的大屏幕，是世界最先进水平的，那每一个精彩慢动作的回放都是不会被错过的。不过呢，大家千万不要被吓着，这篮球比赛中，也不是所有的票价都是这么贵的，便宜的也有，位置肯定不会这么好了不妨跟我去看看吧。

这里呢就是篮球馆观众坐席的最后一排的票价是50元，大家现在再看我的同事，已经变得非常非常小了，而且啊，这个位置啊在篮球架的背面，可以说是最不好的角度，也就是看个热闹。不过，我觉得呢，花 50 块钱来看世界最高水平的热闹也还是挺值的。①

事实上，除了以上两种情况之外，还可以有“边收集边确定”的情况，因为新闻现场瞬息万变，计划没有变化快，随机应变是出镜记者必备的素质。尽快确定新闻主题有利于出镜记者的信息收集更加集中、内容更加丰富，使得信息内容向确定的主题靠拢。特别是有些事件的发生距离直播报道时间很短，记者在采访相关人员时，可以使自己的问题更加具有针对性。

二、信息的选择与利用

纸面媒体新闻善于炫耀复杂的措辞、充分的证据、严密的逻辑和具有冲击力的照片，广播新闻报道一边摆脱传统新闻的语态，一边试图开创口语式、音效式的广播新闻，而电视新闻将两者优势集于一身。在现代电视新闻报道中，“电视新闻最关心的是给观众留下怎样的印象，而不是留下多么高深的观点。电视新闻不是为了让人去读，也不是为了让人去听，他们的新闻是让人看的，这是电视自身所指引的方向……‘好电视’同用于陈述的语言或其他口头交流形式无关，重要的是图像要吸引人”。②

电视新闻以画面形象展示于人，对于出镜记者来说把事实信息点以“视听化”形式在画面上予以表现，回答了电视新闻使用出镜记者进行现场报道的根本原因，出镜记者作为新闻报道的参与者，其身在新闻现场的任务就是将事实信息点处理得更加人性化、具象化、亲身体验化。所以，出镜记者出现的新闻现场必须具备充足的出镜理由。

（一）在新闻现场尽量使用“实物”

2003 年 2 月 1 日美国“哥伦比亚”号航天飞机在返回佛罗里达州地面控制中心时，由于隔热板脱落导致航天飞机空中分解。日本朝日电视台晚间新闻节目《news station》在节目中对该新闻进行了 27 分钟的报道。报道中最珍贵的一段视频资料是 1978 年朝日电视台出镜记者增田信二在“哥伦比亚”号航天飞机制造车间里，手拿一块隔热板所做的现场报道。尽管当时的镜头画面拍摄手法有些问题，但是，增田信二所做的现场报道还是具有一定的借鉴价值。

---

① www. cctv. com

② 尼尔·波兹曼：《娱乐至死》，章艳译，广西师范大学出版社，2004 年 5 月，第 115 页。

我现在手里拿到的就是隔热板，很轻，真是太轻了（轻微上下摆动实物），这是我第一次触摸到这个神奇的东西，（接下来，他用拿着话筒的手敲打隔热板），听到了吗？声音很清脆，这个隔热板真是太轻了，重量超不过几十克这个样子。……

从增田信二 1978 年的现场报道中，我们可以窥见日本电视新闻早在 30 多年前就已经发展到一定水平，同时还说明了当时出镜记者已经开始具有利用新闻实物进行现场报道的意识。在这个现场报道中，值得关注的点包括：

1. 触摸实物，利用触觉轻敲隔热板。

2. 使用计量单位说明实物。

3. 使实物由静态变为动态，轻微摆动实物。

2007 年 4 月 18 日中国铁路迎来了第六次大提速，中央电视台在早间新闻节目《朝闻天下》中，播出了几位地方电视台出镜记者所做的现场直播报道。

在新闻现场利用实物作为现场报道的道具是最具有说明力的。但是，有些新闻现场则需要记者设计“报道”实物，以便让受众产生直观感受。

随着火车速度的提高，百姓可以享受方便、快捷的交通工具，缩短出行旅程。提速当天早上第一个现场直播报道是由来自广州火车站的出镜记者王涵，在随后的第二次现场报道中，她就提速后使用的火车票如今发生了怎样的变化进行了说明。为了证明火车票本质上出现的变化，她买了一张火车票，作为新闻报道中的重要实物来使用。报道中广东站站长介绍了不同价位的基本情况，最重要的信息莫过于广州车站采用了国际车票惯例，改过去“当日当次有效”为“当日依次有效”这一信息点。出镜记者王涵手中一张小小的车票使得整个报道主题鲜明、集中。

同样是在大提速的现场直播报道中，出镜记者范伊然的现场报道同样借助了实物说明新闻事实。此次动车组列车对旅客们的行李包大小提出了明确的要求。在介绍这一信息环节时，范伊然是这样报道的：

我们注意到乘坐动车组的旅客中商旅乘客居多，他们拿的行李包都非常的小，针对这一特点以及列车行李架设计上的要求，铁道部门有一个新的须知，那就是箱包的长宽高加起来不能超过一米三，原来的规定是不能超过一米六，一米三的箱包有多大呢？我们专门拿了一个，大概就是这样一个大小的箱包，请乘客携带行李的时候注意一下。

范伊然利用一个箱包来解释此次铁路部门有关行李方面的新规定，通过箱包实物，可以使观众知晓只要使用类似于画面上箱包大小的旅行包就可以了。这一实物的使用不仅仅起到了说明问题的目的，同时使新闻信息成为可以“使用”的资讯，达到服务百姓出行的目的。

（二）信息点的具象化处理

电视新闻利用画面最难以表现的是那些抽象的、概念的、理论性强的事物。对于出镜记者来说，在新闻现场利用有声语言最难以表现的也是上述问题。在报道中国铁路大提速的新闻中，出镜记者范伊然在介绍此次动车组的相关信息时，尤其是在介绍乘车须知等问题时，她是这样介绍的：

在这个车站的站台上，我们看到有这种非常明显的标识线，它是为不同的动车组所列的，可以说非常的清楚呀！（蹲下，用手指着标识）这个是乘客所要乘车的车门的位置，这个呢，是引导旅客上车的位置，旅客可以拿着自己的票，比如说一车的第 25 号，那么就可以在一车的这个位置等候，这种标识改变了过去那种追着火车门跑呀，那种非常紧张的上车的状况，看到这里上车是一个非常井然有序的状况，从早上我们观察的乘客情况来看，出现了文明排队乘车的情景，这在火车站是非常难见的，这是一种文明的进步。

按照以往的常规做法，出镜记者大多只利用有声语言进行介绍，而出镜记者范伊然在有声语言的基础上利用肢体语言进行辅助性介绍，通过具体的指向，使得标识的意思更加清晰、明确。

倘若让观众很轻松地接收电视新闻信息，最重要的一点是如何将文字信息内容尽可能地以直观画面形式出现。2007 年 5 月 29 日日本 NHK 电视台早间新闻节目《您好日本》中有这样一则出镜记者现场报道。由于日本国内出现了麻疹病例，现在要打麻疹试剂的市民较多，这一突增的需求使得日本国内麻疹试剂严重不足。一般来说，这样的新闻通常只制作成图像新闻即可。为了进一步解释当前的短缺情况、为此采取的措施以及近期改变现状的方法，节目采用了出镜记者现场报道的形式。

出镜记者：西东大

地点：千叶县市川市某药厂库房

报道内容：这里是新进的麻疹试剂，看这里标注的就是 HIV6，正如您所看到的这里摆放的都是（出镜记者沿着货架快步走了七八步），里面放的都是各种各样的试剂。这里是千叶县市川市的药厂，这些试剂是从法国进口的，主要是供给医院和需要接受检查的人员。大家看到我的左手边这么一大片的空架上全是应该给北海道的试剂，正如您看到的那样，这里是空空如也。这里有一个试剂的样品（出镜记者手中拿着一个试剂样品说明），医生用专门工具取血分析后，可以判断是否得了麻疹。一般一年大概是1200人得病的样子，今年可是完全不一样，出现了超过常年10倍以上的订单，所以就出现了部分地区麻疹试剂短缺的现象。企业采取了这样的措施（这时出镜记者手里拿了一个标有法国国旗的飞机纸板，写着13800份字样），上个月从法国紧急进口了13800份，那么这些是否能够应对目前的情况还不清楚，因为仅昨天一天就收到5000份的订单，于是，又从法国增订了18000份（出镜记者手里又另外拿了一个标有法国国旗的飞机纸板，写着18000份字样），下个月4号到货。

在这则新闻报道中，出镜记者现场报道的目的是：

1. 利用试剂货架作为出镜报道的背景，说明试剂紧缺的现状。

2. 突增的订单使企业猝不及防，扩大进口是当前主要措施。利用飞机纸板形象地把进口试剂的新闻点生动表现出来。

3. 将呆板的文字信息转化为直观的画面信息。

三、细节的筛选与表现

叶子在《电视新闻：与事件同步》一书中有关细节的论述是这样的：“细节能够揭示事件表面背后隐藏的信息，能够昭示人物内心丰富的情感。细节尽管不能说话，在新闻事件中也只是辅助的角色，但是它的读解却非常微妙，它可以彰显新闻背后所隐藏的事实，还可以深入人物内心，协助言语表达深化主题。”在此，我们不妨首先就电视新闻细节的范围进行分析。

电视新闻细节是指在电视新闻报道过程中，电视记者（包括出镜记者）在新闻现场通过采访、拍摄获得的（除了新闻五要素之外）对新闻事件发生、发展起到直接或间接作用的符号、实物、情景、画面、语言等细小的环节和情节。

由此可见，新闻细节在新闻现场以不同形式、不同样态存在，需要出镜记者把自己的眼睛比作“放大镜”“显微镜”，透过事件外表包裹的层层掩体，揭开其坚硬的外壳，探询新闻事件的底线。新闻的细节关乎新闻报道的成败，出镜记者如进入犯罪现场的警探，从各种蛛丝马迹中探寻事件的真相。发现新闻细节、恰当运用新闻细节、利用细节的力量提高整个报道水准是每一位出镜记者必须掌握的现场报道能力之一。

对于出镜记者来说，如何筛选新闻细节，筛选的标准与细节点的确定，新闻细节确定后以何种形式表现等一系列问题都需要在报道之前考虑清楚。录像型现场报道比突发事件现场报道拥有充裕的制作时间，对于新闻细节的挖掘与表现具有时间上的优势。有关突发事件的细节挖掘更多依赖于出镜记者积淀已久的新闻敏感，出镜记者在现场本能地启动其敏锐的“新闻鼻”，职业素养的长期浸染使得他们每当奔赴现场便兴奋不已。对突发事件的报道，出镜记者需要不断的努力，在经验上的逐步积累，对情报信息网的迅速展开、事态变化的缜密细致观察。在诸多的细节中，选取与报道主题关系最为紧密的，可以使干瘪的新闻内容充满新鲜的血液。

（一）如何筛选新闻细节

选择新闻细节的原则是“新闻事实细节与报道主题之间的密切关系”。新闻细节的筛选首先考虑的范围是与新闻的五要素最为贴近的元素，即在新闻发生的时间、地点、人物等要素的外延拓展。

2007年7月1日是香港回归十周年的日子，中央电视台在6月30日晚播出了特别报道节目。其中，白岩松的现场报道独具特色。他回到了十年前做现场直播报道的地点，十年前的报道与十年后的报道在同一画面中出现，地点相同，意义却大不相同。同样是6月30日，十年前的23点是紧张、激动的；十年后的23点是感慨、欣慰的。参与十年前直播报道的主持人那时、那刻的表现如今看来实在是青涩许多，经历了十年直播报道的他们现在渴望将新闻接力棒交给下一代中国电视新闻人。将十年前直播报道中的细节一一呈现是节目的一大亮点，这些细节渗透在关键地点、敏感时间和重要人物上。

（2007年6月8日　深圳皇岗口岸）

白岩松：时间过得真快，一转眼，香港回归已经十年的时间过去了。今天呢！有机会回到，也就是1997年6月30日晚上八点多钟，我在进行驻香港先头部队越过管理线进入香港的现场直播的地点。

（配音、1997年资料片）

1997年6月30日晚上八点，皇岗联检大楼和与之相连的落马洲大桥成为举世瞩目的焦点，由509名海陆空士兵组成的中国人民解放军驻港部队的先头部队，乘39辆军车向皇岗口岸进发。当我们今天重新唤起十年前的记忆时，在当天晚上的直播里，我们发现了这样一个细节。

（1997年6月30日　中央电视台香港回归特别报道视频资料）

水均益：各位观众，我们待一会儿有一位现场记者白岩松呢，他也在这个地方。现在请导播把信号切到他那里。白岩松！白岩松！

（1997 年与 2007 年视频资料　双视窗）

白岩松： 其实在这十年间，好多人都说，在直播中，当时这水均益怎么半天找你都找不着了。问题出在哪儿呢？我得把这个故事给大家讲一下：

（2007 年视频）其实我原来最早的直播点不是在这里，而是在前面的这个皇岗口岸，但是在 6 月 30 号的头一天，突然知道在这个之间会有一条标志性的管理线，当时我就印象很深了，我在用脚比画说，我说主任，这块有一条管理线，你看这面就是深圳，这面就是香港，咱能不能直播不在前面直播，而到这来直播啊？当时主任就说，好了，明天就在这直播。但是在第二天直播的时候，可能是依然按照原有的计划，把信号切到了前方，所以最初出现了一点点的空白，导致水均益会喊："白岩松哪去了？"其实背后蕴藏着这样的一个故事。

（1997 年 6 月 30 日　中央电视台香港回归特别报道视频资料）

水均益： 白岩松！白岩松！

白岩松： 水均益你好。

水均益： 请你给我们介绍一下，你看到的情况是怎么样的？

白岩松： 好的，各位观众，我现在是在落马洲的大桥上，大家可以看一下，这个有一个铁的这样的一条线，那么在桥的中央，可以这样说吧！我现在左脚一面就是香港，那么在右脚的这一面就是深圳，刚才水均益也说了，按理说这条线是不应该存在的，因为深圳和香港自古就属于同样的一个县志，但是 150 年前英国人入侵以后，后来便拥有了这条线，便拥有了这条深圳和香港之间，让很多人感到伤心的线。但是，再过三个多钟头，这条线就只具有区域线的意义了。一面是我国的经济特区，一面是我国的特别行政区。……越过管理线，第二辆也越过管理线。各位观众，这条线并不长，车速也并不快，但是今天驻香港部队越过管理线的这一小步，却是中华民族的一大步。为了这一步，中华民族等了百年。

（2007 年视频）

驻港部队先头部队过管理线的这个直播节目的时候，我就是站在这里做的现场直播，但是这是一个非常非常神圣的地方，事隔十年的时候你会看到整个车来车往，皇岗口岸到香港落马洲口岸之间的这种流量也非常非常的大，你看，有一个变化要特别告诉给观众朋友，那个时候这个桥到这就算截止了，但是您看，现在这面有一个新的桥已经建立起来了，这是 2001 年的时候才建成的新桥，因为流量实在太大了，所以这面是走一些小轿车，这面走货柜车，现在皇岗口岸日通行车辆的能力，已经达到了三万辆。这在全世界的口岸当中是首屈一指的，当然了，高峰的时候会达到四万辆。

从来没有一条管理线像落马洲大桥上的这条那样负载着如此沉重的历史使命。1997 年的直播报道背后的故事成为十年后报道的亮点，这条管理线既是香港回归直播报道的关键点，又成为回顾香港回归十周年的历史标识。十年前，白岩松直播报道时的短暂“消失”，使得这条管理线变得愈加神秘，导致外界一时认为中央电视台在如此重要的时政直播报道中将会出现重大“播出事故”。十年前的中国电视新闻直播报道尚未可以达到适应白岩松临时改变直播报道点的能力，报道经验的缺失造成了直播时的短时空白。不过，从另一方面可以印证这条管理线政治意义的深远。

其次，新闻细节的筛选主要通过新闻“实物”来体现。

2007 年 7 月 29 日日本 NHK 电视台早间新闻节目《您好日本》中，播出了“京都夏天的味道——贺茂的茄子”。在蔬菜大棚里，节目主持人发现了成熟的茄子蒂周边长着几根坚硬的小刺。于是，在采访过程中，“小刺”成为蔬菜大棚采访中的重点细节。

主持人：打扰了，噢！（茄子）实在是太大了，一个个圆圆的，噢，天呀！(惊叹)，实在是太棒了呀！看看我手上的茄子，需要两只手呀！瞧，茄子蒂还带着刺呢！好痛！

玉田芳弘：小心别刺到！

主持人：这个（刺）一直有吗？

玉田芳弘：是的，刺越是坚硬，茄子就越是新鲜。

主持人：那么说，摘这么新鲜的茄子，有可能被刺到，很痛的呀！

通过采访，主持人了解到，原来这茄子蒂上的小刺，其坚硬程度是判断茄子新鲜的标准，与之后在演播室里摆放的茄子相比，“小刺”的作用就显得十分明显了。演播室里的茄子的“小刺”不再坚挺，而是出现了刺头微卷的样子。茄子表面的色泽也远不如大棚中刚刚采摘下来的那样鲜亮，有光泽。

为了庆祝中国人民解放军建军 80 周年，中央电视台《东方时空》制作播出了特别专题节目《小萌探军营》。体验式报道是此次《小萌探军营》的一大特色，军队训练、生活的神秘在她的参与下变得感同身受、触手可及。身为出镜记者的李小萌探访礼炮部队时，训练场部分的采访报道核心点是“看似简单的事情，操作起来可不简单”。为了证明这个道理，她将平时人们容易忽视的环节，予以放大。例如，2.5 公斤的炮弹瞬间落在手里，一般人认为只不过才五斤重，没什么大不了的。事实上，当她用双手去接从炮膛里退出的炮弹时，却发现这个自重只有2.5公斤的炮弹瞬间重量立刻翻倍。李小萌通过这一细节折射出礼炮部队战士的训练强度，“2.5公斤”在这里不再是一个重量名词，而是一份责任。

（二）如何表现新闻细节

细节报道是电视新闻报道的首选手法，“电视新闻形象化传播以具体物象作为信息载体，直接作用于观众的感觉器官，并由感觉而上升到对事物的理性认识，这也就是人们通常说的直觉思维。这种直觉思维的形成基础是要有具体、生动又能典型地说明这种思想的形象，离开形象由文字说理就不是电视新闻。”①

新闻报道中，经过细致筛选，确定报道细节之后，对于出镜记者来说，以何种方式最大限度地展现细节成为当务之急。巧妙的细节展示起到增强说服力、渲染现场气氛的作用。

1. 非语言符号的最大化使用

语言符号是一切传播的基础。然而，非语言符号给出的提示，有时会比语言符号提供的多得多，再丰富的语言也难以表达深切的心理和情感，而非语言符号提供一种只能意会而难以言传的传播效果。这是一种不使用语言、不诸见文字，但在一定情景下，交流双方或多方面都能够理解的微妙意义的外在形式。②

出镜记者的现场报道大多数情况下是必须依托非语言符号的支持，倘若仅仅凭借语言符号来传达新闻信息是难以达到良好的传播效果。“在人际传播中，非语言符号占有很大的比重。表面上看，似乎主要是通过语言在交谈，但是交谈中的眼神、表情、声音的高低等也含有信息，它们都是很自然的非语言符号，表达的意思更真切。”③ 出镜记者有声语言的主要职能是完成新闻叙事，非语言符号在辅助有声语言之时，附属职能得以显现。出镜记者在有声语言和非语言符号双管齐下作用中，其传播效能、报道深入程度远远超过使用二者中任意一种。

白岩松在1997年报道香港回归和2007年纪念香港回归十周年的两次报道中，都选择了落马洲大桥，大桥上有一条明示香港和深圳交界的“管理线”，这条管理线成为他的“直播钟爱”。两次报道中在展示这条管理线的时候，他采用的手法都是“一脚踏香港，一脚踏深圳”的做法。与利用手指进行说明不同的是，用脚踏的方法演示，为其便利的套用名句提供可能。1969年7月20日，阿

---

① 叶子：《电视新闻：与事件同步》，北京师范大学出版社，2007年1月，第72页。

② 陈力丹：《传播学是什么》，北京大学出版社，2007年3月，第22页。

③ 陈力丹：《传播学是什么》，北京大学出版社，2007年3月，第20页。

姆斯特朗将他的左脚踏在了月球表面上细细的尘土上。之后他道出了那句极富哲理的名言："这只是一个人的一小步，但却是整个人类的一大步。"白岩松在报道中巧妙地套用了这句名言，"今天驻香港部队越过管理线的这一小步，却是中华民族的一大步"。

现场时，出镜记者的表情、眼神、声音的高低所传达的信息之丰富有时超过有声语言的表现力度。2001 年在美国本土发生的"9·11"恐怖事件时，一些遇难者的亲属守在世贸中心的附近，等待最新的消息。美国 NBC 电视台的出镜记者在报道中，一边听着家属的低声诉说，一边抽搐着，难以抑制内心的悲痛之情。她的声音时而哽咽，时而无语，有时与家属拥抱给予对方以安慰、鼓励，有时甚至掩面痛哭。相信每一位看到直播报道的观众无不为这一悲惨事件感到惋惜，对于出镜记者的"失常"行为更是予以充分的理解。她的真情流露不是对新闻报道追求客观的践踏，而是将现场报道形式中的人性关怀予以恰当体现。

出镜记者现场报道承载信息的符号，包括声音符号和图像符号。声音符号是指记者利用语言来编程，通过说话传达新闻事实信息，语言是有声语言的外在符号。非语言作为报道中的一部分，由日常生活中的毫无意义转身成为传递特殊意义的信息载体。对于有着明显信息接收的人来说，有意义的符号会在接收的瞬间引起一套情景、感情或精神活动。所以说，伴随着记者的有声语言报道，非语言符号的附属职能也随之发生效用。

2. 新闻实物的恰当使用

2007 年 6 月 7 日日本 TBS 电视台《筑紫哲也新闻 23》中在报道一起杀人事件时，在有关介绍犯罪嫌疑人作案过程中的活动时，安排了一段记者的出镜报道。这段出镜报道的任务是介绍犯罪嫌疑人在便利店所买的东西是不是成为运送尸体的工具。为了给观众一个直观感受，出镜记者平田圭以便利店为背景，手中拿着犯罪嫌疑人买的实物进行报道。

三个男性犯罪嫌疑人中的一个来到距离犯罪现场 500 米之外的 LAWSON 便利店，买了大塑料袋五枚、一瓶二升的矿泉水和一个纸质口袋。

该现场报道的辅助手段是"实物展示"法。在犯罪事件报道中，一些关键证物的同类物品展示或相似实物，作为现场报道的道具在新闻报道中普遍使用。以上所举的是"摆拍列举式"，即出镜记者在现场报道中，将犯罪分子使用的工具一一列举、展示出来，有关实物的具体功能不予涉及。

实物法的第二种是"实物体验式"，实物体验式主要运用在出镜记者的体验式报道中。出镜记者在报道中，通过具体介绍新闻实物的有关功能，进而达到说明问题的目的。实物体验式的传播优势是显而易见的，但是，需要注意的是，并不是所有的实物都需要进行一一展示。有些新闻报道中的实物，只是起到明示的作用，此种情况就无须对其进行进一步的解释。

实物法的第三种是“样品特写式”，这种方式通常不会在出镜记者现场报道方式中使用，而是采用图像画面加配音的方式予以表现。

第六章
出镜记者现场采访报道

3000年前的春秋时代，朝廷设置了“采诗官”，专门到民间收集诗歌作品，“采”是收集之意，有如蜜蜂采蜜；“访”就是谈话。所以，“采访”在汉语中的意思是收集消息与访问谈话。①

采访作为新闻报道的核心环节，直接决定了新闻报道的成败。在纸面媒体写作中流传这样一句话“七分采访三分写”。由于媒体特性存在差异，采访在不同新闻媒体中表现形式不同，采访在新闻报道中所担负的功能也不尽相同。

由朱羽君和雷蔚真撰写的《电视采访学》一书中，明确提出了电视采访的定义及所包含的内容，“电视采访是指电视新闻工作者利用电视技术中一切可以兼容的手段，为实现新闻的大众传播而进行的素材采集活动。它包括：

（1）拍摄：摄像机拍摄声画一体的现场形象。

（2）记者出镜：记者出镜提问、访谈、交流等动态过程。

（3）画外采访：记者进行的文字、背景、资料等非影像素材的采集等。”

出镜记者现场采访报道主要是第二种形式：记者的出镜提问、访谈、交流等动态过程。

第一节　出镜记者现场采访报道的特点

如果说新闻是记者的生命，那么现场就是记者的生死场。

“现场是指新闻发生的真实时间和真实空间，现场作为电视采访的核心，是电视记者采访的直接客体。”② 电视采访的行为主体是电视记者，新闻现场是出镜记者深挖事实真相的主战场。采访是新闻传播的重要基础和关键环节，是记者与被采访者对象进行信息交流与分享的动态过程。③

---

① 郑思礼、郑宇：《现代新闻报道——理解与表达》，云南大学出版社，2004年，第192页。

② 朱羽君、雷蔚真：《电视采访学》，中国人民出版社，2003年6月，第110页。

③ 勾志霞主编：《记者职业口语》，合肥工业大学出版社，2006年10月，第117页。

一、电视新闻采访——新闻叙事的重要组成部分

电视编辑记者的采访包括出镜采访和画外采访。画外采访为新闻文稿的构成收集材料信息；出镜采访是将记者与被采访者的交流过程作为新闻报道的一部分加以利用。

通常一条电视新闻的时长在1～2分钟左右，通过采访相关人员获得事实信息；而寻求权威解释和社会影响时，记者会采访相关专家学者和普通市民。被采访对象的意见表述在新闻片中以"片段"方式截取使用。记者从被采访对象的一大段谈话中，截取符合自己新闻报道方向的"片段"话语，使其成为自己新闻叙事中的组成部分之一。

由于新闻片时长的限制，被采访对象面对镜头发表的意见被运用在新闻片的空间有限。即便是对事件当事人的核心性质的采访，记者通常会考虑到新闻叙事的完整性和画面的节奏感，采取新闻解说叙事与当事人同期声叙事相结合的方法，将新闻当事人对事件的复述、评价进行重新整合。

二、电视新闻采访的目的

记者提问的任务是让受众了解事实的真相，记者的"口"犹如受众的"口"。记者在报道的过程中，除了展现事实本身之外，还有一个重要目的就是通过电视采访画面展示信息源，即消息源头。出镜记者现场采访内容是新闻事件，采访对象是新闻人物，"以事托人"是电视新闻采访报道的核心任务。人物采访的目的是还原事件、解释事件、评价事件。

还原事件的采访对象主要指的是对事件目击者的采访。对于那些已经发生的车祸、火灾、犯罪等突发事件事故，记者为了占有更多的事实消息源，在新闻现场会积极寻找可以提供新闻线索人。这些新闻线索的提供者在接受记者采访时的中心任务是回忆事件的发生过程，描述当时的情景，还原事件本来面目。

解释事件的采访对象主要指的是事件当事人、知情人、参与人以及相关专家。在掌握了基本事实情况之后，记者分析事件，就其中关键性问题采访事件的当事人。记者的采访目的是力图通过当事人回答受众的疑问，从而达到解释事件的作用。解释事件的采访除了采访事件当事人之外，还包括对知情人的采访。

评价事件的采访对象主要指的是与事件没有直接利益关系，从旁观者的角度发表自己想法的人，通常是指一般市民和专家学者。

2007年8月19日中央电视台《焦点访谈》节目制作播出了"迎接超强台风'圣帕'"，节目中一共采访了11位人物，从福建泉州市委书记到福建省宁德市

蕉城区三都镇党委书记，从上岸避难的渔民到参与巡查加固工作的工作人员，从国家气象局工作人员到国家海洋环境预报中心的预报员，从报道中观众们看到那些奋战在抗台一线的人们是如何迎战超强级台风“圣帕”，暴雨狂风作为他们出镜发言的鲜活背景。忠于职守的工作人员向记者讲述了为迎接台风“圣帕”所做的种种准备，他们扎扎实实的工作作风在“圣帕”的肆虐下显得更加令人尊敬。

与《新闻会客厅》在演播室安静的环境下对新闻人物的周密访谈不同的是，出镜记者在纷繁复杂的新闻现场所做的采访报道以“短小精悍”为特点，以“新闻事件”为主旨，以“新闻事件衬托人物”为根基。

以下是出镜记者在《迎接超强台风“圣帕”》中对福建泉州市委书记的采访，这段内容属于解释事件的现场采访。

福建泉州市委郑道溪书记（地点：台风登陆之后的市区）：“第一个就是我们要做到早，这是最重要的一条，在抗御台风的时候，就是要早动员、早准备，把这个工作做到家以后，就能够有效地防御台风。这是第一个。第二个就是要全民动员，没有发动群众，就不可能把防御台风做得有深度。只有把群众发动起来，干部责任到位，工作才能落实到位，才能有深度，这两个是最重要的。”

这段现场采访说明了政府在迎接台风“圣帕”时，提前制订了周密方案。郑书记穿着雨衣，雨水顺着他的脸颊留下来。台风过境时，政府领导坚持在最前面，在台风前沿的这段现场采访从一个侧面有力地烘托出为民着想的政府形象。

三、现场采访报道的性质

（一）出镜记者的现场采访最突出的特点是即兴性

出镜记者在采访前做足准备，在实际的拍摄过程中，第一操作原则是利用现场情景即兴提问。前期准备是为了镜头前采访状态的自然从容，即兴提问是现场采访报道的客观要求。对新闻现场的未知是出镜记者即兴采访的基础，从“未知”到“已知”的转变，需要记者将“即兴”语言组织能力有效发挥。记者事前深思熟虑的十几个提问不如一个随机应变的现场即兴提问传播效果好。“即兴”提问的支点是出镜记者丰富的新闻报道经验，即兴提问能力的获得需要出镜记者从报道实践中点滴总结、不断积累。

在采访的过程中，根据话题的展开和深入，随时发现值得挖掘的话题，这才是即兴采访中最见记者功力的，也才有可能把整个访谈带向一个生动、鲜活的语境。①

（二）出镜记者的现场采访原则是"一次过"

"电视新闻的现场采访报道最能体现'一次最佳'原则，电视采访的特点决定了记者镜头前的一切表现都会直接呈现在素材中，这一特点使得即兴采访成为最合适的电视采访模式，它可以避免由于采访对象准备好套话而带来的节目生硬和沉闷。"②

出镜记者在采访过程中，尽量避免出现不必要的工作失误，尽力保证采访过程顺利流畅。特别是在现场事态不明、情况复杂的形势下，抓紧有利时机进行即兴采访，是出镜记者获取重要信息的最佳途径。用"眼疾手快""因势利导"来形容出镜记者的现场采访一点也不过分。无论是录像型报道，还是直播型报道，"一次过"原则保证了采访交流的即兴性、采访过程的真实性、采访内容的新鲜性。

（三）出镜记者的现场采访报道最难掌控的要素：被采访者

出镜记者的现场采访报道包括四要素：出镜记者、被采访者、现场环境、播出设备。

从出镜记者报道的便利性角度考虑，这四要素当中最难以掌控的是被采访者，其次是现场环境、技术设备，出镜记者对于自身的主观掌控相对较为容易。当被采访者处于被动接受采访的情况下，出镜记者需要把握主动权，以便采访向有利于记者的方向靠拢。新闻现场环境是客观存在的，采访双方在其空间下完成信息的交流。技术设备为现场采访保驾护航，为报道的顺利录制、直接传输提供便利。

采访犹如足球比赛一样具有不确定性，不确定因素使得现场采访报道魅力无穷。新闻现场环境瞬息万变，这对于被采访者心理、镜头前表现或多或少会产生一些影响。这些来自现场环境的影响对于采访双方有利有弊。看着散落的直升飞机碎片，目击者把当时电影画面般的场景栩栩如生地再现出来。看到潮水般涌上来的媒体记者，正在接受调查的官员在面对镜头时，或是表情木讷，或是惶恐不安，或是闪烁其词。

四、现场采访报道的特点

现场采访作为出镜记者现场报道重要表现形式越来越多地使用在电视新闻节

① 徐列编：《在追问中逼近真实》，南方日报出版社，2006年6月，第5页。

② 朱羽君、雷蔚真：《电视采访学》，中国人民出版社，2003年6月，第200页。

目中，现场报道包括出镜记者面对摄像机的直面报道和出镜记者采访相关人员的采访报道。记者出镜采访的特点表现在：

（一）采访主体显像化

与摄影、画外采访不同，现场采访报道时，出镜记者必须在镜头中“露脸现身”，一改之前电视记者默默无闻的工作方式。以往躲在镜头背后的电视记者大大方方地出现在观众面前，以现场为背景表明自己作为新闻记者的职业存在感。当出镜记者出现在镜头画面中时，画面上打出“本台记者×××”时，出镜记者由新闻制作者变身为“制作与传达并举”的双重身份。新闻媒体的不同，记者的职业身份存在感也不同。纸面新闻媒体记者利用新闻记事署名，广播新闻记者利用声音署名，电视记者利用自身形象“署名”。

现场出镜采访中报道者以新闻现场为出镜背景，将信息收集过程以面对面采访形式呈现，在现场采访中展现报道者的自我形象的一种采访方式。在采访沟通交流过程中，出镜记者作为采访主体，职场角色赋予其主动发问的权力。整个采访过程是在出镜记者的提问下一步步完成的，也就是说，出镜记者问什么，被采访者回答什么。

2007 年 8 月 20 日在日本冲绳那霸机场，一架台湾客机降落后爆炸燃起大火，客机上的 157 名乘客和 8 名机组人员安全撤离。日本 TBS 电视台当天各个时段新闻节目都将该突发事件作为头条播出，晚间新闻节目《筑紫哲也新闻 23》将次节目主持人三泽肇派往冲绳那霸机场做现场报道。以下是他对拍下飞机爆炸照片的辻本博史的直播型现场采访报道。

次节目主持人：三泽肇

Island Link 职员：辻本博史

出镜地点：日本冲绳那霸机场（可以俯拍到事故飞机）

三泽肇：这位是成功并连续拍到那霸机场飞机爆炸事故的 Island Link 职员辻本先生，请多关照。

辻本博史：请多关照。

三泽肇：你是从距离事故现场 100 米到 150 米左右的办公室拍到的照片，最先出现在你眼前的是一个怎样的场景？

辻本博史：飞机的左侧机翼开始冒出黑色的浓烟，接下来就看到红色的火焰了，看到这样的场景，我判断出这一定是一起事故了，于是，我马上拿起了照相机。

三泽肇：在这之后出现了爆炸是吗？

辻本博史：是的，也就是几分钟的事情，乘客们通过避难救助系统得以逃生。

三泽肇：那是怎样的一个情景？

辻本博史：从办公室的窗户看到了爆炸，我以为办公室的窗户都会被震碎的。真是吓人，听到轰轰的爆炸声。

三泽肇：爆炸之后又怎么样了呢？

辻本博史：之后，飞机的中部就冒出红色的火焰。

三泽肇：这就是前后不过几分钟的事情吧？

辻本博史：是的。

三泽肇：作为这起空难事故的目击者，看到乘客和机组人员可以安全地避难，你有什么感想？

辻本博史：首先，从外边看过去，特别的放心了。里面不会还有什么人吧！飞行燃料泄漏导致这样的事情发生，要是起飞前燃料充足时泄漏的话，那就将会是伤亡惨重的爆炸了。

三泽肇：现在看到飞机爆炸后的残骸，在那霸机场发生这样一件难以想象的事？

辻本博史：是的，从最初发生到目前的情况，真是难以想象的。

三泽肇：谢谢。

辻本博史：谢谢。

在飞机爆炸事故的现场，次节目主持人三泽肇作为出镜记者采访目击者。从采访内容来看，现场采访仅仅围绕该事件经过展开。采访中出镜记者三泽肇始终处于发问地位，被采访者辻本博史处于被动回答的位置，这也是现场采访报道的一个重要特征。

（二）街采——来自市民的“本声”

对新闻事件进行评价性的现场采访，最典型的模式是“街头采访”，简称为“街采”。由于被采访对象的不确定性，使得街采的采访质量难以保证。从目前合成新闻中的街采方式和采访质量来说，还仅仅处于发表简单感想的阶段。为了在仅有的时间内，把事件表述清楚，记者在编辑剪辑新闻时，通常会把提问编辑在解说词中，这样既节省时间，同时避免受众多次听到同样提问出现烦躁情绪。至于街头采访的科学性、街采方式的探索、如何提高街采效率等操作层面的问题，还未发展到实质性阶段。

日本NHK电视台早间大型直播新闻节目《您好日本》的主持人松尾刚，在出任节目主持人之前担任过晚间新闻节目《新闻10点钟》的出镜记者。在最新版《NHK播音研究》一书中，有关“街采”他是这样总结的。

从采访美国总统布什这样的大人物到采访东京一间小浴室的一条小毛巾这样的小玩意儿，在三年的出镜记者职业生涯中，最多的就数“街头采访”了，我们内部称为“街声”。很多时候为了一个街头采访要采访100多个人，“如果禁止在街上吸烟，你怎样认为?”“今年暑假你有什么打算?”，带着各种各样的问题出现在大街上，人们的回答更是千奇百怪什么都有，这其中还有拒绝回答的人。

但是，“街采”却是听取“民声”的最佳途径。

如何做好“街采”呢?

1. 目标明确

街头采访的目的是为了收集“民声”，对于出镜记者来说，从始至终要明确自己的观点和问题，出现了与自己事前想象不同的回答占据大多数时，在现场要进行及时的调整。

2. 高质量观点的获得

街头采访随意性较大，大多数情况下市民回答得都比较简短。这样的街采在节目中使用较多的话，影响新闻报道质量。所以说，出镜记者尽可能地在街头挖掘到一些回答内容较为具体的受访者，多样化的意见表述可以丰富新闻报道内容，特别是高质量的观点有可能促使受众态度的改变。因为来自普通人的想法会让那些坐在电视机前抱着同样想法的人产生共鸣，有一种找到意见知己的感觉，其说服力不可估量。

3. 最简短的自我介绍

街头采访的对象通常处于运动状态，对于出镜记者来说，采访之前最简单的自我介绍是必要的，以便可以把时间让位于提问和与受访者的意见交流上。采访结束之后，“感谢合作”之类的话，是出镜记者必须遵守的礼貌。

4. 尽快进入实质性采访

街头采访整个过程耗时长，单个采访时间短。对于出镜记者来说，把一个问题说上几十遍甚至上百遍实在是一件痛苦的事情。松尾刚的做法是将问题写在小看板上，好奇的人们很自然地会凑到跟前，这样采访就会顺理成章地展开了。

5. 扩大采访对象

街头采访可以遇到不同性别、年龄、职业的市民，如果想广泛听取民声的话，出镜记者仅仅采访上班族是远远不够的。

6. 采访地点的合理选择

不同的新闻话题选择不同的地点，这对出镜记者来说非常重要。有关家庭话题，可以选择公园、饭馆；有关年轻人的生存状态的就要选择年轻人出现频率最高的 KTV、小资性质的餐馆和购物中心等。

7. 边分析边观察

街头采访需要出镜记者在极短时间内让被采访者打开心扉，畅所欲言。自然的会话技巧，平和的眼神，随机应变的应对是出镜记者顺利、完满地做好街头采访工作的有力保证。边提问、边观察、边分析，出镜记者在与被采访对象不过几分钟的交流中，需要时刻处于这种状态。

街头采访可谓是“一问百答”，对于出镜记者来说，没有哪个回答是最好的。最好的回答是发自市民内心的，获得民众“本声”的街采才是最成功的。

（三）“面对面”的直面采访

直面采访是指记者直接面对采访对象进行的采访，或称面对面采访。其特点是，记者通过口头提问，用一问一答的形式，了解客观情况，搜集新闻素材。[①] 新闻媒体记者的原始采访形式就是面对面的采访，电视新闻将这一过程处理成为只有被采访对象出现在画面中，电视记者以幕后采访为主。而出镜记者现场采访报道将记者与被采访对象之间的面对面交流，通过摄像机记录下来，新闻现场的采访作为新闻叙事的一个重要组成部分穿插地使用在新闻片中。

出镜记者现场采访报道主要使用的是面对面的直面采访方式。蓝鸿文在《新闻采访学》中指出了直面采访的三个原则。

1. 平等

记者在采访时要摆正自己的位置，无论采访对象是高官，还是平民百姓都要做到不卑不亢。

2. 因人而异

记者采访要因人而异，切忌不要用单一模式从事所有的采访工作。

3. 主动权

---

① 蓝鸿文：《新闻采访学》，中国人民出版社，2001 年 1 月，第 181 页。

主动权主要指要紧紧把握采访意图，主动提问，因势利导，步步深入；遇到意想不到的情况，能沉着应战，机智处理；恰当地掌握时间。

这三项原则适应电视新闻的同时，又难以涵盖电视新闻现场采访的特殊性。所以，在此需要添加以下两项新原则。

4. 镜头前非语言符号的恰当使用

出镜记者的肢体语言本身就是信息，其情绪、状态随着电视画面的播出即时传递给观众。从传播学角度来说，会话双方进行交谈时，其传播内容中的75%都是依靠非语言符号完成的。出镜记者的非语言符号的接收者包括被采访对象和观众，记者的言行不仅仅关系到采访的顺利进行，同时也间接地影响到新闻信息的传播。

出镜记者出现在镜头中与被采访对象交流，其一言一行、一举一动，全部囊括在画面中。观众看报道时，注意力一方面会集中到被采访者身上，还有一部分注意力会兼顾到记者。倘若记者在采访时，对于被采访者的回答流露出不恰当的表情，其传播效果势必影响新闻的客观、公正原则。面对不同的采访对象时，不同的新闻事件，依据不同的现场情景，出镜记者在镜头前的表现要尽力做到恰当、准确。

5. 有声语言表达技巧的使用

出镜记者现场采访报道依托有声语言完成与被采访对象和观众两者之间的信息交流。一旦涉及到有声语言，与其息息相关的莫过于有声语言的表达技巧。出镜记者与被采访对象之间交流的基础是记者如何把握好恰当的提问语气。现场采访报道的特点之一就是“我问你答”，由于记者的天然优势，使得那些许多刚刚从事现场报道的记者，面对不同采访对象时，难以准确地使用恰当的语气进行采访。(有关出镜记者的有声语言表达技巧详见第八章。)

第二节　出镜记者现场采访报道的分类

“通常，电视记者在现场的镜头存在方式有三种：旁观式、声音参与式和出镜参与式。这三种不同的镜头存在方式不仅决定采访时间的素材质量，还直接影响最后完成片的风格样式。”① 出镜记者的现场采访报道属于出镜参与式，出镜

① 朱羽君、雷蔚真：《电视采访学》，中国人民出版社，2003年6月，第102页。

记者的出镜参与形式根据采访层次分为浅层采访和深层采访；根据采访方式分为体验式现场采访报道、观察式现场采访报道、同步式现场采访报道。

一、从采访层次上分

出镜记者在现场报道时，根据实际情况需要安排采访。其采访层次可以归纳为两层：一是“浅层采访”，二是“深层采访”。

（一）浅层采访

浅层采访指的是电视记者对新闻基本事实展开的采访活动，即对未知事实进行的采访。出镜记者采访的目的是了解事件的基本脉络、事态的概况、人物关系等表层信息。此种采访获取的新闻线索，可以以出镜记者现场报道的形式出现，也可以将采访过程直接用到新闻片中。

以电视记者出镜形式报道的话，记者通常会在报道中明确指出信息源。

以采访形式报道的话，通过事件相关人员面对镜头的表述，增强信息的可信性。

2007 年 8 月 19 日中央电视台《焦点访谈》节目播出了题为“迎接超强台风圣帕”的报道。在报道渔民上岸避难情况时，采访了渔民。采访地点是避难所，这位渔民正在跟家人聊天，看电视。如此安逸的神情与室外的狂风大作形成了鲜明对比，渔民慢条斯理地与记者攀谈，丝毫看不出他有任何不安的情绪。

渔民：反正东西都已经捆绑好了，坐在这边，一边看电视，一边聊天到明天早上，一般的船什么的都绑好了，我们比较放心。

这一浅层采访的背后意义远远超出了采访本身，他的只言片语清楚地表明了避难群众的安定情绪，从一个侧面进一步肯定了市政府的工作部署。

（二）深层采访

深层采访是指出镜记者在已掌握部分新闻事实的基础上，通过现场采访进一步深度挖掘，力求通过采访验证和核实已获知的事实性信息。现场深层采访报道的有力代表当属中央电视台的《焦点访谈》《新闻调查》这些电视新闻深度报道节目。

在新闻现场空间中发现痕迹，在新闻人物的生存空间倾听声音。《焦点访谈》的新闻舆论监督的媒体地位和社会影响力无人能及，《新闻调查》的现场深层采访报道的专业厚度和信息宽度高不可攀。在层层剥离笼罩在事件外围的遮羞布时，那些来自现场的深度采访报道将这一层层遮羞布撕得粉碎。

深层采访的目的除了起到核实验证的作用之外，更重要的是这一形式的出现改变了电视新闻报道的轻浮形象，从而为催生电视新闻深度报道提供丰富养分。特别是将复杂、抽象的采访内容以更加形象的手法予以展现时，现场深层采访的巨大能量将事实真相暴露在阳光下。被采访人物内心挣扎与迷惘的细微变化，通过现场深层采访都可以淋漓尽致地一一捕捉到。

《新闻调查》的采访以现场采访为主，实行双机拍摄，弥补了单机拍摄后期补拍提问的常用做法，将现场采访报道的交流过程一一记录，双机拍摄模式的推行凸显了节目对现场采访环节的重视。出镜记者在展开调查报道时，将新闻现场作为接近真相、质疑问题、揭示矛盾、解决冲突的“钻井台”，身为指挥员的出镜记者在钻井台中央构建起挖掘真相的塔架。那些深埋于权力集团核心位置的污垢正是新闻从业人员保持社会良知的动力所在。

二、从采访方式上分

现场采访报道依据采访方式可以分为：体验式现场采访报道、观察式现场采访报道、同步式现场采访报道。

（一）体验式现场采访报道

体验式现场采访报道是指出镜记者在新闻现场以记者身份直接参与到被采访对象的实际工作生活中，亲身体验的同时完成采访工作的一种采访报道方式。体验式现场采访报道作为体验式现场报道中的一种报道方式，特点是出镜记者的现场采访和亲身体验是双管齐下同步进行。

体验式现场采访报道的优势表现在：

1. 采访画面鲜活生动

一般现场采访的画面以固定景别为主，观众只能看到采访双方的静态交流。无论他们谈到的话题多么生动有趣，信息传达也仅仅停留在口头介绍上。而体验性现场采访通过记者与被采访对象的动态行为，信息的传达以生动的画面信息与有声语言介绍相结合的方式展现出来，出镜记者真实的切身感受，增强了现场感。

2. 亲身体验说服力强

体验式报道将出镜记者设置在某一陌生情景中，出镜记者改变职业身份，以一个外行人的眼光观察眼前的特殊情景，将自身的感受即兴表达出来，情绪真实，说服力强。

3. 边采边做相互推进

边采边做的体验式采访报道，极其自然地将提问引入到谈话交流中来。复杂动作的步骤衔接、关键环节的解释说明、问题纲领的总结归纳，这一系列采访进程的实现皆有赖于这一独特的采访形式。出镜记者的亲身体验为提问的自然生成提供依据，亲身尝试后的有感而发使得报道更加真实、可信。

中央电视台制作播出的特别节目《高峰体验》的一期节目中，其主题是《我的地铁故事》，在节目中将中央电视台的记者唐巍与广州电视台的记者谢华组合成一组，从角色扮演来说，谢华是采访人，唐巍是被采访对象，两人边体验边交流，形式新颖，可谓是体验式现场采访报道的一种新的尝试。

出镜记者　广州电视台记者谢华　中央电视台记者唐巍

谢华：我是广州电视台记者谢华。

唐巍：我是中央电视台记者唐巍。

谢华：今天我们两个就来体验一下广州地铁的情况。唐巍，你是第一次来广州吧！

唐巍：对。

谢华：今天我就把你带到了地铁站，这是广州地铁2号线和3号线的一个换乘车站。从这儿坐2号线我们就可以到广州东站，从那可以坐列车到深圳。乘坐3号线呢，可以到达广交会的会场。你在北京坐地铁吗？

唐巍：在北京我是天天坐地铁上班下班。

谢华：那你觉得广州的地铁站和北京的有什么不一样？

唐巍：广州的地铁站非常的整洁，非常的漂亮，设计得也很合理。

谢华：你看到什么广州地铁站有，而北京没有的；或是北京有的，广州没有的。

唐巍：我发现了，广州的地铁就是以人为本，观众朋友，您等车累了吧，等不及了吧，先一块玩会儿游戏。

谢华：游戏！你先看看这上面写的什么字？

唐巍：购车？难道这是……

谢华：对了，这是买票的。

唐巍：那我怎么买票呢？

谢华：你看这是线路图，一会儿我们想去哪，点一下。

唐巍：我们去这儿。

谢华：你看这就是票价和金额。

（唐巍按下地点，把纸币放入进币口。）

唐巍：我的天，我看这不是游戏机，这是老虎机。我就喜欢听到这“哗哗”钱的声音。这车票应该是哪一个呢？

谢华：那你觉得应该是哪一个呢？

唐巍：这是纽扣。

谢华：再给你一次选择的机会。

唐巍：电池。

谢华：再给你一次选择的机会。

唐巍：我可以拨打求助电话吗？

谢华：不可以。

唐巍：我可以问一下亲友团吗？

谢华：现在是考你，还是考亲友呀！

唐巍：观众朋友，您能猜到这是什么东西吗？如果您能猜到的话，请您发短信到95881939，优胜者可以得到与主持人阿丘亲密接触的机会。

谢华：行了，你别逗我了。你说从售票机里掉出来的，能有什么呀！

唐巍：车票。

谢华：当然是车票了。

唐巍：你这蒙不住我，北京地铁我天天坐，上海地铁我也坐过，上海地铁这么大的一张卡，往这儿一放，就出来了。

谢华：那是IC卡。

唐巍：北京那就更牛了，“您去哪呀？”“王府井”“三块”，钱一给，把票给你，踏实。这有什么好处呢？

谢华：你不能停留在“纸”才是票上面，“电子化”就不是票了的思维方式上了。无纸化操作这也是环保嘛！

唐巍：是呀！

谢华：今天我们把广州地铁的何总也请了过来。何总你好，能给我们介绍一下这个票吗？

何总：这个票第一是使用寿命比较长，因为纸卡的使用寿命只有五百次。这个卡的使用寿命是五万次。进出的速度比纸卡要快，那么就方便了乘客。

谢华：我听说这是全世界地铁里面首个代币的地铁车票。

何总：第三个好处呢，它的维修工作量比纸卡要少，这样就降低了成本。那么第四，它的数据比纸卡要安全、可靠。

谢华：谢谢何总。我看你也等不及了，我们走吧！你看这儿还有售票窗口，除了自动售票之外，还可以在这儿买票。老人和学生凭证可以买优惠票。

唐巍：那么这个票我应该怎么用？

谢华：你看这有验卡机，在这儿“嘀”一声就可以了。

唐巍：这个还挺方便。

谢华：2 号地铁站是广州开挖深度最深的一个地铁站，到地下是 32 米，相当于十层楼那么深，我们乘扶梯下去。

唐巍：广州每一个地铁都有这样的扶梯吗？

谢华：对呀！人性化管理，这多方便呀！要是走十层楼多累呀！

唐巍：这太好了。这非常的漂亮，火树银花不夜天。

谢华：你看我们已经到站台上了，你看跟北京的地铁有什么不一样呢？

唐巍：这是加装了一个屏蔽门。

谢华：这个屏蔽门就可以防止乘客超越安全线，特别是小朋友。

唐巍：广州所有的线路都有屏蔽门吗？

谢华：原来 1 号线是没有的，2、3、4 号线都有，现在 1 号线也在加装。到了 2008 年广州所有的地铁都将有屏蔽门的。

唐巍：这地上有一个小的箭头，这是干什么用的？

谢华：这有五个箭头，中间的这个是指示乘客这是下车箭头，周围的这四个是上车的箭头。

两位记者的体验式现场采访报道内容丰富，从购票机的使用、纽扣票的优点、扶梯、屏蔽门、指示箭头等，在广州地铁中可以亲身感受到的人性化设施，在两个人一来一往交流中都交代得很清楚，特别是唐巍幽默的语言给这段采访增加了活泼、有趣的色彩。作为一位普通乘客，在乘地铁时，所遇到的一切问题通过他们的体验一一介绍给观众，生动并易于理解。

体验式现场采访报道方式使用频率较高，从实际情况来看，出镜记者的“作秀”成分过多。有故意做出惊讶惶恐状的，有镜头前扮演角色大搞出位表演的。总之，为了表现“体验”过程的不一般，有些出镜记者力图透过电视画面彰显生理刺激，片面的认为只要是让记者体验的，一定要将感受做足、做够。一些民生新闻的出镜记者在体验式现场采访报道中，诱导提问、表情夸张的过度体验报道给严肃新闻的体验式报道带来制作压力。

（二）观察式现场采访报道

观察式现场采访报道是指出镜记者以观察者的身份出现在被采访对象的生存

空间，在被采访者的活动进行的同时，以伴随状态边观察边采访交流的一种报道形式。

体验式现场采访报道中的出镜记者是一名体验者，观察式现场采访报道中的出镜记者是一名观察者。观察式现场采访报道过程中，记者无需亲自上阵，发表感受，其采访包括视觉采访和有声语言交流采访两个部分。观察式现场采访报道也可以称之为伴随式现场采访报道。出镜记者不参与事件、不借助自身影响事态发展，仅仅通过视觉观察被采访者，观察的同时进行采访活动。

中央电视台《焦点访谈》在报道2006年北京国际汽车展时，在展览会现场记者对东风荣成汽车公司龚先华副总经理进行了现场采访报道。

（解说配画面）

走进2006年北京国际汽车博览会，人们仿佛进入了全世界最先进汽车的竞技场，几百辆款式新颖的汽车，令所有参观车展的人们目不暇接。在这么多的新车中，这辆具有优美线条的国车黄色汽车吸引了很多人的目光。

出镜记者：这是一个什么样的一款车？

龚先华：这是一款轿跑车，是东风汽车公司完全拥有自主知识产权的一款轿跑车。

记者：轿跑车它是一个什么样的概念呢？

龚先华：轿跑车就是他具有轿车的功能，它也有跑车的功能。同时我这款车还有SUV的功能。

（解说配画面）

在工作人员的演示下，记者看到这款伸起尾部以后，后排还可能坐人，装很多东西的轿车，收低尾部之后就可以变成这样的形状。

龚先华：现在这样就还原成跑车的状态了。

记者：就是说它的空气动力学更适合高速行驶。

龚先华：我们的最高时速达到195公里。

记者：这个车的技术含量、科技含量这块有什么新的东西吗？

龚先华：刚才这个就是我们其中的专利之一，我们第二项专利技术就是我们底盘的提升功能。我现在底盘间距是12.6公分，我这个底盘整体可以提升8公分。整个的离地间距可以提高到20.6公分，整车的通过性就大大改善。

在这段现场采访中，出镜记者与被采访对象之间的交流时的背景是东风汽车的展台，采访围绕东风最新款的黄色轿跑车进行的。轿跑车作为演示实物，记者根据自己的观察提出问题，东风汽车的工作人员边操作边回答。

观察式现场报道对出镜记者的要求是：

1. 敏锐的洞察能力

观察式采访主要考验的是出镜记者的发现与挖掘能力。

拥有敏锐现场洞察力的出镜记者，不仅将注意力集中于事物表层现象，透过基本事实可以细致观察，为接下来的提问储蓄能量。随时观察、随时发现、随时补充、随时发问，"敏锐的洞察力"就是在这样"随时应变"的状态下发挥作用，引导出镜记者顺利完成观察式现场采访工作。

2. 利用现场信息发问

现场是出镜记者进行采访报道的根据地，那些或隐或现的信息点对于经验丰富的记者来说如获至宝。看到东风这款轿跑车变化的样子，记者发现形状的改变只是表面功夫，这款轿车在知识产权方面取得的进步更是值得报道。于是，记者接着工作人员的介绍说："就是说它的空气动力学更适合高速行驶。"这一句既是对采访对象上一句的回应，同时也是为下一个问题作好了铺垫。

3. 灵活应对，调整思路

出镜记者在采访前都会精心准备问题，明确采访报道的中心任务。在提问的设计上，遵循报道主旨对具体问题的统领。但是，在尚未进入现场之前设计的提问仅仅围绕采访主题，当出镜记者亲身感受到现场氛围，呼吸到现场空气，观察到关键信息点时，就必须要及时调整采访思路，将那些由现场气氛激发出的崭新的、即兴的问题脱口而出。

《焦点访谈》的记者在报道2006北京国际车展时，被东风汽车的"轿跑车"这一创新车型所吸引。通过采访相关技术人员了解到该车的性能优势。这样一款经济实用的双功能汽车，技术含量成为观众注目的焦点。以往国产轿车的生产技术依赖进口，像东风这款轿跑两用车肯定也是"进口技术"了。记者在对该车外形变化交代之后，就产品技术问题继续发问，东风汽车的工作人员进行了详细解释，观众听到具体说明之后一定会对我国汽车工业的发展充满信心。

出镜记者通过对新闻现场的观察，搜集信息进行采访报道，在同一时间点需要兼顾多项操作。怎样才能利用观察手段获得信息？

（1）培养自己对身边的景象和声音的"问题意识"，培养能力以便识别它们的种类和变化。

（2）培养你自然的好奇心，这样当你碰到异常、矛盾、截然不同或富有意义的事情时，你就会立刻对他们产生疑问。

（3）记下自己是通过哪些感官系统体味到这些细节的，并将这些体味过程、感受用于介绍这些景象和声音。①

观察式现场采访报道通常要事前进行周密的策划，策划对于出镜报道极为重要。日本 NHK 电视台早间大型新闻节目《您好日本》，每天都会安排策划型的现场报道，有的直播报道点是在日本国内，有些则是在国外。以下是来自蒙古国的现场直播报道，报道形式多样，内容新鲜有趣。此次直播报道的题目是《驶向 ABU 未来的航海——学习场所》

东京演播室

女主播：这次的学习场所是（手持小看板），距离蒙古国首都乌兰巴托 70 公里的由新（音译）大草原，镰仓千秋播音员正在那里。

（直播地点：蒙古国由新大草原，出镜背景是蒙古包）

镰仓千秋：早上好，一大早太阳照耀着广阔的大草原，参加“ABU 未来”的孩子们在蒙古游牧民族家庭生活的旅程，今天是第二天了。

今天早上，孩子们正在帮忙挤羊奶，Good morning，你喜欢挤羊奶吗？（英文）（出镜背景是孩子们挤羊奶。）

外国学生：是的，能亲自挤，觉得很有趣，我很喜欢。（英文）

孩子们在三天的体验生活中，可以体验各种各样的事情。请大家看一个短片。

题目：在大草原学习地球环境（解说配画面）

前天，孩子们来到了由新大草原，孩子们住的地方是蒙古包。第一次来到这里，稍微有些不习惯。第二天早上，他们开始帮忙干活了，他们跟着去放羊，徒步走了五公里左右，接待他们的男主人今年 65 岁，他介绍了草场的情况。

男主人：今年天气不好，最近由于降水减少，草都不长了。所以，牲畜都不肥壮。（同期声）

香港学生：这次来蒙古，看到了草原的实际情况，真切的感受到这一严重情况。

金津真奈：蒙古国政府需要帮助，发达国家如果可以帮助一下的话，也许可以解决一些问题。

---

① 谢丽尔·吉布斯、汤姆·瓦霍沃：《新闻采写教程——如何挖掘完整的故事》，姚清江、刘肇熙译，新华出版社，2004 年 10 月，第 228 页。

演播室主播与出镜记者连线　演播室画面是挂角形式

男主播：对于日本人来说，能够看到这样的草原实在是感觉特别的好，从画面上看，草好像长得不是很高，以前也是这样吗？

镰仓千秋：以前这草大概有二三十厘米左右高，现在正如你所看到的这样，已经是茶色了。究其原因一方面是地球温暖化造成的降雨减少，另一方面的原因是为了能够增加经济收入，很多人养羊，导致草场数量的减少。

接下来，给大家看一样东西，在我的脚下，从里面拿出了，就是这个，知道这是什么吗？(从一个盒子拿出一样东西。)

男主播：好像是羊的什么东西吧！(画外声)

镰仓千秋：这里到处是这个东西，实际上，这是牛粪。干燥之后，一点臭味也没有（用鼻子闻了一下)，对于游牧民族的人们来说，这个东西是最重要的了。这个东西到底怎么用呢？我们到蒙古包里去问一下。

(走进蒙古包)

镰仓千秋：打扰了，早上好，早上好（蒙语)。这就是照顾孩子的蒙古族一家。这个东西到底怎么用呢？我们来请教一下女主人。

(女主人把牛粪放到了炉子里。)

镰仓千秋：看到了吗？把牛粪放到了炉子里。

男主播：就这么直接放进去了。(画外声)

镰仓千秋：是的，这是作为一种燃料使用的。

女主播：燃料！(画外声)

镰仓千秋：这里是不用煤气的，用这个牛粪作为燃料用的。

这次参加ABU活动的日本代表是初中三年级学生金津真奈，你好！

金津真奈：你好。

镰仓千秋：看到游牧民族这样的生活状态，你有什么感想？

金津真奈：日本生活上的东西都不需要自己去做的，在这里都需要自己去做。

看到游牧民族这样的自然生活，孩子们从此开始要想想自己的生活了。以上是直播报道。

东京演播室

男主播：真是学到了许多知识呀！

在此次直播报道中，现场报道表现形式十分丰富，主持人的出镜报道、观察式现场采访报道、同步式现场采访报道、新闻短片（即罐头）、演播室主播与出镜记者的直播连线等。这样一个报道形式多样的现场报道的顺利播出与前期策划周密详细是分不开的。

（三）同步式现场采访报道

同步式现场采访报道是指出镜记者对被采访对象的现场采访与新闻事件的发生、发展同步进行的一种采访报道方式。出镜记者的采访过程与新闻事件是在同一时间段分别进行的，即现场采访是以新闻事件的进行为出镜背景的。

2007 年 1 月 3 日北京电视台晚间新闻节目《直播北京》的头条新闻是《烛光祈福，蓝色生死恋》，一对在网上相识网下相爱的恋人，男主人公唐雪龙身患绝症，女主人公常超对其不离不弃，他们的故事在社会上引起广泛关注。1 月 3 日晚 21 时 30 分，20 多位网友为在西苑医院治疗的唐雪龙举行祈福仪式，北京卫视对祈福仪式进行了直播报道。出镜记者田冰在直播报道中一共采访了四位相关人员，第一个采访对象是新闻事件的核心人物常超。

田冰：常超你好，想问一下你现在的心情怎么样？

常超：我现在的心情非常感动。

田冰：我们也知道这两天好像唐雪龙的病情不太稳定，那么，今天他的状况怎么样？

常超：今天早上的时候，他的血压很低，现在的血压已经恢复得不错了，不过还在发高烧，他近一段时间的病情有一些反复，不过总体的生命体征还是不错的。

田冰：你们会放弃吗？

常超：不会的，我们再苦再难，我们也不会放弃的。

田冰：还有一个大家特别感兴趣的问题，就是你明知到唐雪龙已经得病了，为什么仍然选择和他结婚？

常超：因为我爱他，因为我觉得他值得我为他付出一切。

田冰：谢谢你，大家也都是祝福你俩，用自己的方式。

此次现场采访报道的新闻背景是祈福仪式，在祈福仪式进行的过程中，出镜记者田冰完成了对相关人员的采访报道。除了关于丈夫唐雪龙最新病情问题之外，田冰还就受众颇为疑惑的地方进行了提问，“明明知道丈夫唐雪龙已经身患绝症还要跟他结婚，为什么？”这一问题只有当事人自己回答才最具有说服力，当常超回答“我爱他”之后，一切尽在不言中了。

出镜记者田冰在现场还采访了唐雪龙的母亲。如果说常超和丈夫为了爱情可以牺牲一切的话，身为家长面对这样的情况又是如何接受和应对的呢？带着这样的问题田冰开始了对知情人的采访。

常超和唐雪龙的事情被网友知道以后，素不相识的人被他们真挚的情感震撼了，大家力所能及的帮助这对恩爱夫妻。在2007年1月3日晚上举行的这个祈福仪式上，20多位网友在冬季的寒夜点燃蜡烛为常超和唐雪龙祈福。出镜记者田冰在祈福现场也采访了两位网友。

同步式现场采访报道的最大特点是：采访与新闻事件同步进行。现场采访的时间参照物是新闻事件的发展进程。此类现场采访报道主要运用在媒体事件，即大型电视直播活动中等预测性新闻事件的报道中。

以下是北京电视台2006年9月17日制作播出的特别报道《国家体育馆钢结构卸载》。出镜记者田冰和胡蝶所做的报道属于同步式现场采访报道。在钢结构卸载的过程中，田冰完成了对总指挥谭晓春、黄总工程师、范工程师的采访，胡蝶在离作业点最近的位置对邱德龙博士进行了采访。

胡蝶：观众朋友，现在我介绍一下站在我身边的专家邱博士。我们请他跟我们一起来了解一下卸载的具体情况。邱博士您好。

邱德龙：您好，观众朋友大家好，我是北京城建集团国家体育场工程副总工程师，我叫邱德龙。

胡蝶：邱博士，我看到这边工人们已经就位了。现在看到的那个黄颜色拉着长长尾巴的那个东西就应该是千斤顶了，是吗？

邱德龙：是的。支撑塔顶上两个黄颜色的设备就是卸载用的千斤顶，你刚才说的拉着长长尾巴的是它的油管油路。

胡蝶：那么，工人们现在做的是什么呢？

邱德龙：卸载已经得到了上升的指令，千斤顶应该是慢慢地顶升。

胡蝶：千斤顶为什么要进行顶升的作用呢？

邱德龙：因为现在支撑在塔的两个小支柱上面，那么，要把小支柱的垫片撤出来，首先就需要千斤顶将这个结构顶起来，使得这个小支柱上面的钢片可以松动，这样可以把小垫片拆除，千斤顶下架，就可以完成这一步的卸载了。

胡蝶：其实，邱博士我们可以向观众朋友这样解释一下，用通俗的话来说，我们先用千斤顶把这个钢梁结构给顶起来，留下一些空隙之后呢，再把中间的垫片抽掉，接下来让这个千斤顶缓慢地下降，这样呢，让钢铁结构下降，最后达到卸载点完全地分离，是这样嘛？

邱德龙：是这样的。

胡蝶：其实，我觉得这个有点像我们在日常生活中的修车，把这个车先支起来，然后去换轮胎，会觉得特别的方便，您说，是不是这个道理。

邱德龙：原理是一样的，先是把这个顶起来，就是您刚才说的把这个轮胎修好，然后再放进去，回落。这个原理是一样的，先用千斤顶把这个钢结构顶起来，然后把垫片拆除，拆除到我们规定的卸载量，然后千斤顶再缓缓地下降，达到了我们这一步的卸载工作。

胡蝶：那现在从我这个角度看，是一个中圈的卸载，这点是Z45点，虽然这个点距离我不是很远，但是，我还是不能看清楚这个千斤顶发生的这个过程，实在是太远，感觉不到它在动。你能告诉我们，它其实是要升多高吗？

邱德龙：千斤顶现在顶伸的时候主要是靠力来控制的，顶伸的高度是使垫片脱离1到2毫米，这个高度就够了。

胡蝶：也就是说，它顶伸的高度就是只要让这个垫片可以移动就可以。

邱德龙：你说得完全对。只要千斤顶把这个顶起来之后，垫片可以自由地松动就可以了。

胡蝶：那么，您刚才说了这是液压千斤顶，它怎么保证我们这个升的高度或者是说这个降的高度完全符合我们预测的那个数据呢？

邱德龙：千斤顶升的高度是用力来控制的，首先要输入不同的力，中圈24个卸载点的话，每个点顶伸的力度都不一样，通过控制中心的计算机控制，每一点输入不同的力，油泵给千斤顶供油，将千斤顶顶起来，在顶的过程中，工人及时地检测这个千斤顶的变位，如果发现变位已经松动，将千斤顶上升的状态改为停止状态。

胡蝶：也就是说，它是由底下的控制中心来控制，这个控制中心又有总指挥台来控制，可以说是统一部署，所以这样就减少了误差，是这样吧？

邱德龙：是的。

胡蝶：那么现在看到这个卸载点，Z45上工人好像还比较多，但是，我同时还环顾了一下四周，我发现在这个同一圈的工人不是很多，大概一个卸载点上有三名工人，那么您能不能给我们介绍一下这些工人的分工是怎么进行的？

邱德龙：我们可以看到卸载点上是三名工人，其中有一个是负责拆装这个垫片，另外一个是负责这个支撑塔上有一个油泵的开关，还有一个人员是我们管理人员，是这个卸载点所有操作的监督，对两个工人的操作有一个记录，能够做到咱们这一点、这一步卸载的所有步骤都是按照原有的计划做的，而且做到万无一失。

胡蝶：按照预计，这个中圈的下降幅度大概有多少毫米？

邱德龙：中圈下降的每一点的幅度不太一样，Z45 我们现在看到的这个点按照计算来说应该是 15 毫米。

胡蝶：15 毫米，这感觉是非常的精密了。其实我在想无论是上升还是下降，这毫米数都非常的小，可以说是失之毫厘，差之千里，在我们的这个作业中。

邱德龙：是的，我们每一个点都不一样。下降的这个位移的控制，是通过我们不同的垫片来实现的。我们这套液压设备也是可以做到非常精确的位移控制。

胡蝶：您刚才介绍说这个液压设备是由底下的控制中心来控制的，那么趁着这个千斤顶液压的空间，我们请下边的田冰给我们介绍一下那里的情况。

田冰：好的，胡蝶。我刚才听到了你给大家介绍的。那么站在我左边的这位是工程的现场总指挥谭晓春，谭总占用您一点时间，我们同事说她在 Z45 平台上边，她想看看检测的情况，我们能看看是怎么检测的？

谭晓春：监控中心点的这台电脑是检测整个受力点的承重情况。请黄总给你介绍一下。

黄静：我们这里可以实时反应顶伸设备、卸载设备的情况。

田冰：这是 Z45？

黄静：是的，对。实时反应的 Z45 的力是 85.6 吨，这是实时反应的受力情况。每一个点都可以在我们屏幕上实时显示。

田冰：这一闪一闪是怎么回事？

黄静：我们整个控制系统控制着的动力源，在给整个动力系统加载，让所有的千斤顶往上走。这样的一个模式。

田冰：好的，谢谢。

谭晓春：其实，钢结构这个温度对它的影响也是很大，我们请中国建筑设计院钢结构工程师介绍一下。

田冰：范总，是吧！我听天气预报，据说今天是 32 度，咱们设计的温度是 23 度，这个温度差地比较大，您估计对咱们工程有什么影响吗？

范总：我们这个钢结构的尺度都非常大，在长轴方向有 330 米，短轴方向有 296 米，气温特别是太阳辐射温度的升高，对钢结构的变形和耐力都有很大的影响，我们也做了一下统计，每天温度的变化是比较大的，如果我们加载的温度高于合拢温度的话，钢结构整个牢度会有所上升。如果温度低于合拢温度，牢度整体就有所下降，从目前的情况来看，没有超过我们的预估温度，应该没什么问题。

田冰：好的，谢谢范总。刚才胡蝶给我们说的Z45号还在作业中，好像马上要开始了，我们问一问胡蝶那边的情况怎么样？胡蝶！

胡蝶：好的，我们现在看到工人们正在等待指令，千斤顶已经上到一个比较好的地方，现在就要等到把这个垫片抽出来，现在正在等待指令，我们看一下。我们看到工人们已经开始动作了，这个千斤顶顶到一定的高度之后，垫片已经松动了，他们已经可以把它轻轻地卸下来。从我这个方向看这个垫片好像是一个正方形，那么它是什么材料制作的？

邱德龙：是钢的，它的强度是Q35的。它可以承受的最大压力足够了。

胡蝶：我看到这个垫片好像是薄厚不一呀！为什么这么设计？

邱德龙：厚薄不一是为了垫起足够的高度，另外同时，垫片的高度又不能太高，会影响到水平力，一般来说，垫片高度在四五十毫米左右，每块垫板的厚度是一二十毫米左右。

胡蝶：好的，我们现在这个Z45点好像垫片撤出完毕了。接下来，他们要把数据汇总到下面指控中心，然后指控中心再宣布下一步干什么。那么接下来，我们还是要把信号切给田冰，让他告诉我们数据检测的情况怎么样？

田冰：胡蝶你好，现在数据估计马上就要出来了。我们来关注一下控制台这里，他们现在还是在做着最后的准备，我们先来问一下谭总这几天工程进度怎么样？咱们以前的进度怎么样？

谭晓春：我们从9月12号开始演练，演练了2天，正式是从9月14号开始按照我们制订的方案，7大步，每个大步分5个小步，到昨天为止，完成了6大步的7.3，应该说大部分点开始脱离，今天还有十来个点脱离，所以今天的7.4和7.5是关键，鸟巢的成功要看7.5的全部做完的结果，大家连续工作6天多，晚上还要完成这些工序，很辛苦。我们还是决定按照过去的要求精益求精，操作时要一丝不苟，按照程序步骤来，确保卸载成功，万无一失。

田冰：谢谢，谭总。现在看一下控制台的情况怎么样？

操作程序环境同期声（略）

胡蝶：观众朋友，我们看到指令下达以后，油缸开始下降，油缸我给大家介绍一下就是这个千斤顶，现在这个千斤顶按照要求正在下降，邱总，您刚才说这个千斤顶下降也是由下边的指挥中心来控制的，是吗？

邱德龙：是的，由下边统一发出指令。刚才说的抽取垫片，下降的量是由抽取的垫片来控制的。

胡蝶：好的，那么刚才我们这个垫片说到一半，这个垫片有厚有薄，方便不同的取出，那么，它们最薄的有多少？最厚的有多少？

邱德龙：最薄的有2毫米，最厚的我们刚才说的有10毫米，还有20毫米的。比如说，这个点的下降量有15毫米，那么这一步我所需要控制的卸载的位移，我需要把厚的抽走之后，为了保证15毫米的话，就需要垫一个薄的垫片。如果抽了一个20毫米的垫片，就要垫回去多少，以保障我们的设计要求。

胡蝶：您这么一说，我就稍微明白了一点，也就是说像我们人民币中的2元、5元、10元，通过不同的组合方式来达到我们所需要的数值，您说是吗？

邱德龙：是的。

胡蝶：现在我们的指令下达了，看到油缸准备下降了。那么工人的每一步骤必须等待指令是吗？

邱德龙：对，因为每一步卸载必须是油压系统发出指令，通过分指挥用对讲机对每一个支撑点的操作发出指令，那么指令发出后，工人操作完了之后，及时地将信息反馈到控制中心。

胡蝶：好的，通过镜头可以看到这个油缸已经开始下降了。下降的幅度是非常的微弱，但是仍然可以感觉到这个幅度。现在感觉到由于这个油缸的下降，这个钢结构已经从这个支撑架脱开了，这是不是可以说这个卸载点的卸载已经完成了？

邱德龙：油缸下降与钢结构脱离，这时候这个钢结构与支撑的垫片脱离的话，说明这个卸载点已经卸载到位了。这点就意味着跟钢结构完全脱离。

胡蝶：那么我们说把这一圈完全脱离了，还需要把其他点检测到位是吗？

邱德龙：是的。如果整个中圈24个油缸都下降到位的话，钢结构不再与支撑塔上面的小支柱接触的话，说明我们中圈卸载已经完成。

胡蝶：好的，我们已经了解了这个情况。这个油缸下降还需要一段时间，我们把时间交回演播室。

出镜记者田冰的出镜地点是总控制台，采访人物一共是三位，采访内容以宏观介绍为主。

出镜记者胡蝶是北京电视台晚间新闻节目《直播北京》的主播，此次特别报道她的出镜地点是卸载点，从她对邱德龙的采访发现，胡蝶表现得非常到位。在报道中将陌生的专业术语巧妙地转化为日常生活中看得见、摸得着的现象，解释得通俗易懂。例如，把卸载的过程用给汽车换轮胎、1、2、5 元人民币用不同的组合方式达到希望的数值等方法予以说明，归纳总结条理清晰，对新闻现场具有一定的掌控能力。

第三节　出镜记者现场采访报道的提问技巧

现场采访报道的成败与出镜记者的提问技巧密切相关。在新闻现场完成采访报道环节的拍摄，对于出镜记者来说除了事前的精心准备之外，更多提问的内容的酝酿与生成皆来自现场信息。不同的新闻事件、不同的播出方式、不同的现场氛围直接或间接地影响到记者的采访过程。

一、现场采访报道的准备与实施

（一）采访前的准备

事前尽可能地熟悉你的采访对象，包括他（她）的性格、话语方式，你不需要设置太多的问题，至少不是全部，重要的不是具体问什么，而是你希望在哪些方面有所收获。[①] 对于常态新闻节目的出镜记者来说，采访对象以普通市民和政府职员为主，不同社会阶层的人，语言表达样式不尽相同，这需要出镜记者依据不同采访对象，采用不同的话语方式。

被誉为日本 NHK 电视台“国脸”的著名主持人三宅民夫在《NHK 播音研究指南》一书中，有关采访前的准备是这样总结的。

“采访跟登山很相像。最近，我总是这样想。

想象一下那高大的山，当我们登上顶端时那是多么的激动人心。但是，另一方面失败的危险也同样伴随身边。可以说，感动与失败就在一念之间。

登山的话，训练、调查、制订计划，这些事前的周到准备是非常重要的。为了降低危险系数，也为了保证那感动时刻的到来。

事实上，登山跟采访是一个道理，事前的准备是特别重要的。

留在我印象中最为深刻的采访都有着同样的特征，采访者与被采访者，两者

① 徐列编：《在追问中逼近真实》，南方日报出版社，2006 年 6 月，第 5 页。

可谓是同呼吸共命运，那势必是一次非常融洽、深刻的谈话，双方的'心'为了一个共同的目的，营造出良好的交流氛围。为达到这一目的，起决定性作用的是记者的事前准备。记者对话题的兴趣和关心，会有效刺激被采访者，从而产生良好的互动效应。此外，话题的深入、路径都需要记者来掌控。所以说，事前的准备是再重要不过了。

事前准备的关键点是：

1. 信息的收集

首先，从书、报纸、互联网等新闻记事中收集这个人物的相关资料。

特别是：

● 此人一生中的重要经历

● 严谨的想法

● 目前最关注的事情

即便是最细小的信息也不要放过，这样做的目的是为了拓宽思路，从而对被采访对象的兴趣和关心也会变得更加丰富。

对于被采访对象来说，记者对自己所关心的事情抱有如此程度的兴趣和关心，心情自然舒畅，面对记者的提问也会尽力配合回答。

成功的采访需要双方的共同努力，即共同努力营造和谐的交流氛围。

站在对方的立场考虑。这样的话，你的语言和表情传达给对方，有效刺激了对方的交流意识。'想见到你''想听你说'，抱有这样想法的你比什么都重要。"

2. 话题的推进

话题的推进同样是重要的。

采访内容离开了中心脉络的支持犹如空中乱飞的碎纸片，直接影响到交流双方的谈话热情，甚至导致被采访对象陷入不安情绪中，话题的无序如同河水倒流。

为了将话题向核心层面引入，谈话氛围也需要朝着这个方向靠拢。关键是要明确整个采访主题。这里需要明确的是：什么是记者最想听到的，什么是对方最想说的。只有话题核心明确了，才可能保证谈话的有序推进。

（二）采访的实施

到了采访当日。要有自信心，姿态自然。

首先是问候。第一印象太重要了。从已经了解到有关对方的个人资料中，例如是哪里出身和兴趣中选择一个出来，从被采访对象感兴趣的问题开始交谈。如果采访地点是对方的家里或是工作地就再好不过了。仔细观察周围环境，为话题寻找切入口。

融洽的谈话氛围是采访双方最希望的，所以，不要忘记你的微笑。

采访开始后，特别是被采访者认真讲述的时候，必须仔细倾听，事实上，这是最重要的。

需要记住四点的是：

●你认为最重要的话。

●引起你注意的话。

●有意思的话。

●你不明白的话。

当这些话出现的时候就是进一步追问的时候。这是进一步挖掘详细信息的关键点，只要你认真倾听，把握时机、切入点就不会逃出你的掌控。

最后还有一个最重要的，采访是不确定的。预想之外的话题展开和惊奇反应是采访中的最大突发事件，也是最好的采访时机。

与活生生的人对话，实在是魅力无穷。对于播音员来说，是一个挑战。①

（三）短句子的魅力

出镜记者在采访时应该尽量使用短句子。

提问的简练让观众非常轻松地明白你所要表述的意思，从而加快访谈的节奏，使得整个采访过程避免出现拖沓冗长的采访语境，这样做还可以有效地增加访谈的信息量。

有些记者之所以提问冗长，原因就在于他（她）希望在一个问题中尽可能地将信息点多一些传达给被采访者，以便诱导被采访者说出更多有价值的内容。渡边步在担任 NHK 早间新闻节目的出镜记者时，制片对其提出的第一个要求就是在短短的三四分钟新闻片中，提问越简练、越短小越好，这样做为被采访者争取更多发言的时间。为此，在尽力做到提问短小化的同时，还要尽可能的做到意思完整。渡边步还大量使用了非语言符号，主要是眼神。语言表达上，主要利用的是语气。

---

① NHK 播音研究指南委员会：《NHK 播音研究指南》，日本放送协会 2005 年 7 月 30 日，第 243 页、249 页。

二、现场采访报道的策略

（一）事件采访为主，人物采访围绕事件展开

“电视记者进行两种采访：新闻采访和人物小传。新闻采访的目的是收集信息以解释新闻中的一个观点、事件和形势。人物小传的重点在于个人。采访活动经常用于证实对人物的描写。”① 现场采访报道的中心任务是报道新闻事件，为了了解事件，出镜记者依据采访经验锁定采访对象，电视记者对被采访人物个人的挖掘意愿远远小于对事件来龙去脉的取材。人物采访的最终目的是为了还原事件、解释事件和评价事件。

电视新闻的现场采访报道以现场发现为主，前期准备为辅。现场采访报道属于事件性采访，出镜记者未到达现场前不知道、不了解被采访对象是何许人也。采访对象的选择标准依据新闻事件而定，人物身份主要是目击者、相关人员、对事件发表观点的普通市民和专家、官员等。

主题先行现场采访报道的采访对象是事前确定的。出镜记者在报道前可以进行小型的“预访”，“预访”并不是将直播报道时的采访过程进行一次事前演习，而是记者了解被采访对象性格、语言习惯、专业能力的一次机会。中央电视台新闻节目主持人康辉曾提到了一次自己的经历，某次直播报道节目请来的专家是位老者，老专家是一位不善言辞的人。于是，康辉就利用直播前几天，在生活中与老专家进行了接触，正是有了前期的相互了解，在直播时老专家侃侃而谈，与康辉一起圆满地完成了直播任务。康辉之后总结到，与节目嘉宾的交流不仅在节目中，之前对于人物的性格了解更为重要。如果仅仅是为了做节目与嘉宾套近乎，那样的话，你与嘉宾的交流也就仅仅是做节目而已了。

大型的电视直播活动的现场采访报道经过前期策划，被采访对象的出镜目的与其职业身份密不可分。拥有丰富专业背景的专家、学者成为此类节目必不可少的元素，在出镜记者的带动下，其扎实的专业知识与现场信息可以做到水乳交融。生硬单一“我问你答”的现场采访报道模式被自然、流畅、生动的交谈意境所取代。在这里，人物的个性魅力让位于报道主题，人物的鲜活语言被用来准确、鲜明的描述事件、发表感想。“收集信息以便解释新闻中的一个观点、事件和形势”是现场采访报道的中心任务。

---

① 梅尔文·门彻：《新闻报道与写作》，展江主译，华夏出版社，2004 年 10 月，第 358 页。

（二）抓住典型新闻现场，把握现场采访时机

事件发生之时，出镜记者最佳报道之际。

现场采访的时机如何把握对于出镜记者来说，同样是一个重要课题。在事件发生进行时，以此为背景对关键人物进行采访是现场采访报道的最佳形式。

2007 年 8 月 20 日一架台湾客机在日本冲绳那霸机场降落后爆炸燃起大火。日本 TBS 电视台晚间新闻节目《筑紫哲也新闻 23》次节目主持人三泽肇，在那霸机场做现场报道时采访了目击者辻本博史。现场采访报道的地点是某一建筑物的楼顶，从画面上可以看到已经烧焦的飞机残骸，主持人与被采访者以此为背景展开了对话。

现场采访时，很多采访的介入是在毫无准备的情况下开始的。每年两会召开之际，电视媒体记者都会对代表进行类似于“伏击式”① 的新闻采访。很多记者为了能够引起代表的注意，不仅仅从语言上做到“先声夺人”，有时甚至进行近距离的贴身采访。“伏击式”采访令被采访者猝不及防，当他们还没有来得及准备一些套话时，问题已经抛过来了，这时候也是被采访者说出事实的时候。

（三）初次见面，复杂谈话，积极应对

电视新闻现场采访报道时，出镜记者与被采访对象很多时候是初次见面。两个之前没有过任何接触的人，一旦相识就必须展开一场比日常生活交往更为详细、周密的谈话，对于出镜记者来说这是工作，而对于被采访对象而言确实是有一定难度。

电视记者的工作需要与各种各样的人打交道，除了新闻报道能力之外，与他人沟通交往能力的高低直接影响到记者的工作。被采访对象如果是初次接受采访，自己的发言作为电视新闻的一部分，由此产生的“紧张感”无疑令采访对象有些不知所措。而对于出镜记者来说，面对一张张陌生的面孔，在期许被采访对象配合自己报道工作的同时，记者首先需要站在对方的立场展开采访。特别是在新闻现场，刚刚经历过日常生活中鲜有发生的“大事”，被采访对象情绪失控也是情理之中的事情。与被采访对象在短短的几分钟之内建立起交流平台，记者需要充足的心理准备。

---

① 伏击式采访最早运用在美国哥伦比亚广播公司的新闻杂志型节目《60 分钟》中，该节目以进攻性的采访技巧和提问方式以及用摄像机毫不留情地表现新闻事件现场的方式被称为“伏击式新闻”（ambush journalism），参见王玮主编《镜头里的第四势力》北京广播学院出版社，1999 年 6 月，第 23 页。

（四）恰当的语气，信任的眼神

采访时语气恰当并不是每一位出镜记者都可以做得到的，这也是考核出镜记者新闻报道能力的标准之一。提问语气一方面受到新闻事件本身的影响，更主要的刺激是来自被采访对象回答的内容。经验不足的记者遇到那些睁眼说假话的人，有失职业水准的“气话”会随口而出，有时会造成难以挽回的后果。电视记者对于事件先入为主的态度有时也会影响到采访态度。中央电视台新闻节目主持人董倩曾经就自己的一次采访语气失衡问题表示过懊悔。

“那时的确是太不成熟了。我觉得这是作为一个记者的失职，因为你带着一种偏见去采访，就会影响到被采访者在你面前展示他自己，流露他的内心。我表面上是很正义，其实我是偏见的。后来回想起来，我对那个律师都感到非常非常歉疚。”①

（五）倾听——提问的前提

提问是记者的天职，善于倾听是记者的“智慧”。

善于提问的记者大有人在，善于倾听的记者“凤毛麟角”。

出镜记者作为主动倾听者，需要把重要的观点在头脑中进行勾画并考虑提出问题或对提出的观点进行质疑。② 采访要求记者必须掌握一定的倾听技巧，使其更有利于提问的酝酿与生成。

记者采访的倾听过程经历四个阶段：接收信息、注意、赋予含义、记住要点。例如，记者对一起车祸进行现场报道时，从目击者了解到车祸的过程，其中有关车速极快的描述，引起了记者的注意，超速有可能是事故的主要原因。

记者现场采访报道属于“信息式倾听”，倾听过程中需要注意的是：

1. 识别观点与事实

被采访对象在陈述事实时，无意识的将自我观点融入到事实描述中去，事实是客观存在的，观点是人们主观评价的结果。记者如果不能将事实与观点进行有效剥离的话，新闻报道的客观、公正必将遭遇危机。

2. 提炼主旨，识别材料

接受新闻采访时，意见表述主要围绕中心思想展开，在表达过程中，被采访者经常会出现观点散乱，意思模糊的情况。在倾听过程中，需要出镜记者将被采

---

① www. cctv. com

② 桑德拉·黑贝尔斯、里查德·威沃尔：《有效沟通》（第5版），李业昆译，华夏出版社，2003年1月，第48页。

访内容在头脑中进行整合，将主旨内容高度的提炼出来。

白岩松和卢秀芳在报道“神舟六号”航天员如何用餐时，内容主旨是太空用餐营养丰富，进餐过程有趣。食谱的营养均衡，用餐器具的合理科学是此次采访的关键点。对专家的现场采访报道中，白岩松的适时总结评价，在看似随意的交谈中，将生动有趣的信息一一呈现出来。特别是那句“吃的是中餐，餐具是西餐”最是经典了。

3. 预言与追问

出镜记者为了获得新闻信息必须倾听时，很多时候根据被采访者的话，可以预言其接下来将要表述的内容，这样的内容有助于记者集中注意力。当听到目击者说肇事车辆闯过红灯时，记者就可以预言接下来目击者将要讲该车是如何撞到行人的。

追问是记者在新闻采访报道中经常使用的方式，深度挖掘问题实质，在追问中逼近真实。在质疑之处追问下去，预言接下来即将展开的谈话内容时适时恰当地使用追问。

4. 利用经验分析观点，对疑点发问

有经验的出镜记者都会把从被采访者那里听到的事实以自己的生活经验进行常理性推断，这是身为主动倾听者的记者的自发行为。除了职业判断之外，作为社会人的判断意识也会被自然唤醒，肇事车辆闯了红灯，汽车越过停车线时，信号灯是否正处在由黄变红的时间差呢？生活常识、职业素质、报道经验这三方面都会影响记者对事物的判断。

记者凭借经验发问，对被采访者阐述过程中的疑点提出问题。因为只有主动倾听者才会提出质疑。在与被采访者交流时，记者产生疑问，有些疑问可以自我消化，更多的质疑需要进一步向被采访者求证核实。即便是已经知道的，还可以去发问，目的是通过被采访者来进一步检验自己对于事实的理解是否存在偏差。

（六）前期采访为后期编辑提供更多便利

出镜记者在前期采访时为后期编辑尽可能多地准备素材这是众所周知的。但是，经常会在后期编辑时，冒出这样的想法：“当时要是在现场说上这样一句话就好了”。电视新闻专题片、深度报道等非消息类新闻节目中，出镜记者在现场有意识说出的过渡性质的串词、总结性的段落结束语往往为后期编辑带来意想不到的效果。

中央电视台《东方时空》曾经播出的《小萌探军营》是以出镜记者现场采

访为主的新闻专题片。在保证叙事清楚、说理透彻的前提下，出镜记者对于周围事物的交代、切身感受的即兴而发，为后期编辑提供了便利条件。李小萌在谈及拍摄过程时，说："对于出镜记者来说，只要摄像机开着，你的嘴巴就必须说话，也许在现场会认为有些多此一举，可是，等到后期编辑时会发现，原来自己在现场说的那些话，作用实在是太大了，可以用于过场，还可以用于上下衔接。"

对于录像型现场采访报道来说，通过后期编辑可以达到较为理想的新闻叙事效果。从后期编辑的便利性角度考虑，出镜记者在现场采访报道质量越高，越可以为后期编辑节省大量时间，降低时间成本，从而提高新闻的时效性。

直播型现场采访报道是新闻采访报道中难度最大的。用一个词可以概括为："无剪辑播出"，意思是说记者的出镜采访段落不需要剪辑直接可以用到节目中。在直播的紧张气氛下，掌握一定现场采访经验的出镜记者善于运用现场有利条件，在被采访对象的配合下，将采访过程一气呵成，自成一体，保证直播的顺利进行。

第七章
各类新闻的现场报道

电视作为传统媒体，“新闻报道”和“娱乐大众”，两项社会功能最为凸显。其中，新闻报道的霸主地位从受众的媒体选择使用上便可以判断出来。“看电视如何报道大事”是一般民众的收视习惯。那么，在等待大事发生的“无聊”时间里，电视操作者们又是怎样发挥电视的报道魅力呢？媒体事件的轮番登场就是在此背景下创作出来的。颇具创意的节目形态、崭新的表现样式使得新闻报道极具可看性。

在第一章中，笔者将电视新闻事件报道进行了简单区分：预测性事件和突发性事件报道。划分依据是电视新闻直播是经过事前策划，还是遇到重大突发事件临时启动特别报道机制打断正常节目播出的。无论是事件报道还是主题先行报道，除了突发事件以外，其余的都需要前期周密策划，只不过是由于新闻事件选题不同，把新闻报道划分为事件报道和主题先行报道而已。预测性事件与突发性事件对于出镜记者来说，报道难度截然不同，形象地说：一个是有准备的期末考试，一个是无准备的突袭测验。《现场直播——新闻改革的标尺》的作者韩彪更是形象地将两者比喻成“阵地战”和“遭遇战”。

本章从四方面论述各类新闻的现场报道，分别是预测性事件的现场报道、突发性事件的现场报道、交通火灾事件的现场报道以及自然灾害的现场报道。

第一节　预测性事件的现场报道

一、何为预测性事件

中国的电视新闻直播报道经历了从“现场直播”到“现场报道特别节目”的发展阶段，虽然只是几字之差，但是，前后的报道样态却是截然不同。

“现场直播”是指直接利用前方信号，只是增加节目字幕以及开场和结束时的呼台等常规动作的报道行为。

“现场报道特别节目”是根据不同转播场次的内容特点，对整个直播活动进行节目包装，包括宣传片、片头设计、主题曲、演播室、节目框架、多点现场的出镜记者报道等，包括：同步直播新闻事件、贴近报道主题的现场直播。

预测性新闻事件通常以现场报道特别节目形式出现，所以说，预测性报道的前期运作时间较长，新闻媒体可以设计报道环节，突出主题。

预测性报道（Foreseeing Reporting）：是指通过对现有材料的分析，对未来可能发生的新闻事件进行推论的新闻报道。

二、预测性事件的特点

电视新闻直播报道中，除了突发事件之外，几乎所有的新闻报道都可以划归到预测性事件报道的范畴中。预测性事件自身的诸多特点，使得电视新闻从业者对其爱不释手。预测性事件直播报道经验的大量积累可以为突发事件报道存储能量，但是，如果只陶醉在预测性报道带来的赞扬声中，必将溺水在突发事件报道的洪水中。

（一）特别报道依托前期策划

许多学者将伊拉克战争报道划分为突发事件报道，笔者认为不妥。2003 年 3 月 20 日的伊拉克战争，使央视的新闻报道形象由“9·11”事件的默默无语，瞬间提升到华语最强音的位置。但是，明眼人一看便知，伊拉克战争报道绝不是突发事件报道，因为战争爆发之前的国际格局变化、美方军事力量的转移，早已为媒体准备“电视连续剧战争盛宴”提供了充裕的采购信息商品的时间。

央视首次的预测性报道是 1997 年 3 月 9 日的《日全食——彗星天象奇观》，由新闻中心制作完成。在节目中第一次加入了演播室、主持人、专题片、精彩回放、四地直播等直播手段，实现了从“记录式直播”向“报道式直播”的转变，由此拉开中央电视台新闻直播报道时代序幕。[①] 然而，接下来的“香港回归”72 小时直播报道是央视遇到的最重要的政治事件，为了防止出现报道事故，策划把每一场景的报道内容都一字不漏地打出来，谁都不能多说一个字。

预测性事件是由电视新闻制作者自己给自己出的考试题，犹如自我研发商品。一些重大新闻事件之前，电视台都会为直播报道活动事前赶制大量资料短片以及收集文字资料，甚至进行多次的预演彩排。中央电视台对澳门回归进行现场直播报道开始运作是在事件发生前一年就已经筹划了。

（二）报道控制权的部分掌控

事实证明，缺少直播报道经验的央视从“香港回归”这一预测性事件报道

① 韩彪：《现场直播——新闻改革的标尺》，当代中国出版社，第 3 页。

中彻底明白了“计划没有变化快”这一经典名言。预测性事件报道并不意味着是按部就班地报道，更不是按照时间表来转播实况。对于电视台来说，节目进程事前策划设计，但是，必须为每一个报道环节预留出膨胀和缩短的机动时间。央视的“香港回归”直播报道恰恰忽视了这一点，把 72 小时播出表一分不差地定得满满当当的，过渡预设使得直播以执行任务的方式进行着，即便是多次出现失控场面，由于前期策划过于“完满”，使得补救措施既无时间又无策略。白岩松 20 分钟单口相声的现场报道、香港总督彭定康多次告别的“失语现场直播”、大雨中的粉岭直播，使“失控”成为央视香港回归报道的记忆符号。

无论前期策划多么周全，突发情况在你毫无准备的情况下会打乱计划。1997 年《长江三峡工程大江截流现场直播》的最后一个直播段落，计划是以燃放烟花结束节目，但临时接到通知在直播前燃放工作无法实施，主持人不得已在节目中临时告知观众不能燃放焰火。面对计划之外的变化，直播报道必须依据实际情况进行相应的调整。主持人刚刚说了应对的话，电视台又接到通知，说可以燃放焰火了。前后不到几分钟，情况就发生了 180 度的大转弯。所以，预测性事件报道可以制定周密详细的播出计划，作为新闻操作者不要奢望拥有 100% 的报道主动权。

对于新闻操作者来说，大型的超长时段的新闻直播报道，关注点往往侧重在图像、音频和通讯上。以上三点倘若出现问题，其直接后果便是直播“失控”。孙玉胜是这样解释直播“失控”的：“直播者对正在播出的节目资源失去有效的组织。观众有时看到的可能是很长时间没有声音的画面，甚至干脆就没有‘有效’的画面，有时看到的是记者的语无伦次，不能实现有效报道，甚至与导播失去联系。失控的播出就像放羊一样，只能走到哪儿播到哪儿。”①

由此可见，“可控”是电视直播报道的关键词。预测性事件直播对于操作者来说，永远只能是掌握一半的报道控制权。

（三）板块设计增强节目可看性

在报道预测性事件时，新闻制作者利用多种传播手段，使节目更具可看性。例如演播室嘉宾访谈、出镜记者多点现场报道、资料短片、新闻实物、道具模型展示，等等。报道形态、报道手段、背景信息通过不同方式可以巧妙组合。

中央电视台 2006 年 4 月底连续七天制作播出了《高峰体验》直播报道节目。《高峰体验》是典型的主题先行直播特别报道，节目对北京、武汉、成都、广

① 孙玉胜：《十年——从改变电视的语态开始》，生活·读书·新知三联书店，2003 年 8 月，第 248 页。

州、青岛、上海、杭州等七大城市的上下班高峰期交通状况进行体验、直播。通过各地交管局的交通实时信号，伴随记者去公交车、地铁、停车场等地亲身体验，感受各地的不同交通现状，了解交管部门在城市交通管理中的各种特色措施。在特别节目中，中国台北、中国香港、巴黎、纽约、东京、莫斯科、新德里等地的交通见闻以专题片的形式出现。节目还设置了三个固定板块《有错必纠》——花样百出的交通违法案例，看交警如何现场执法；《有招必学》——堵车时怎么省油，独门的挤车“秘笈”；《有话想说》——交警、司机、乘客、行人，路上的酸甜苦辣，有话想说，一吐为快。①

三、预测性事件现场报道的特点

预测性事件的报道是将事件发生的全过程予以报道，电视新闻媒体报道与事件同步进行，大多使用在大型活动的直播中，事先做大量的准备工作。我国的电视新闻出镜记者现场报道主要以这一类型居多，奥运会开幕式、黛安娜王妃葬礼、香港回归、长江三峡大江截流、世界博物馆日特别报道等。

预测性现场报道的优点主要体现在：

（一）现场报道内容依托前期新闻背景

预测性事件的报道，出镜记者在报道前收集到大量的背景信息。在实际报道过程中信手拈来，填补话语空白。与突发新闻事件报道不同的是，出镜记者在报道预测性新闻事件之前，就所报道的内容早已做到心中有数。为了使报道内容丰富、充实，出镜记者将相关信息按照一定的传播目的融合到具体的语言表达中去，从而尽可能避免出现信息低谷的情况。除了对事件进行目击式报道之外，背景信息以“夹层”形式出现在报道中。没有背景信息的支撑，仅仅凭借现场信息是难以完成预测性事件的现场报道。此类报道大多采用多机位拍摄手法，在重要地点设置出镜记者，出镜记者的报道内容与该地点有着紧密关系。

（二）通过环节设置体现信息的多元化

预测性事件报道使得新闻媒体在新闻信息发布上占据主动，为了突出某一报道主题，媒体可以进行精心的设计与布置。在有利于媒体报道的环境下，出镜记者依托报道脚本展开多角度、多层次、多空间的信息传达。

中央电视台制作播出的特别节目《敦煌再发现》第一期节目中，出镜记者张羽在报道莫高窟第158号洞窟前所做的出镜报道就体现了这一点。

---

① www. cctv. com

我现在是在莫高窟南区的三层，那么，千百年来这里开凿了上千个佛窟，从远处看这里就像蜂窝一样密密麻麻的布满了佛窟。不过，大家可以看到，其实原来这里的崖壁并不是这样的，这是1963年修护的时候，特意选了一种色泽和材质都非常相近，很坚固的建筑材料。同样我身后的这些脚手架也是在加固顶层一个已经坍塌的洞窟。文物保护是莫高窟最重要的工作之一，对于我们来说，在直播过程中如何做好文物保护也是头等大事。所以，这次我们在制定直播方案的时候，每一个细节都跟文保专家进行了认真的推敲，同样，当我们进洞的时候，你会发现我们的器材是特别引进的器材，我们的光源都是冷光源，这样对壁画的影响最少，还有一个对您说抱歉的是，由于要保护文物，我们每一个洞停留的时间都不会太长，所以每一个洞我们都要抓紧时间去看。那么，我们将要看的第一个莫高窟是什么呢？我手里有一张莫高窟的旅游门票，大家可以看到上面是一尊安详、沉睡的大佛，这是莫高窟的涅槃洞，是我们今天参观的第一个洞，首先我们就来参观莫高窟的158洞。

为了保护敦煌莫高窟的文物，中央电视台特别制作这一大型系列直播报道活动。张羽是第一个向观众介绍莫高窟现存文物的出镜记者。在报道中，他漫步在狭小的通道内，在介绍具体文物之前，详细地介绍了自己所在的位置，最重要的是明确了此次直播报道为了保护文物所作的努力。他将背景资料运用到报道内容中来，特别是用一张门票引出了报道主题，转场自然、顺畅。

四、预测性事件报道的分类

预测性事件报道根据报道内容不同，大致可以分为以下五类：

（一）时政类

香港回归特别报道、澳门回归特别报道、两会特别报道、庆祝建国建党建军特别节目、重要外国领导人访问中国等。

（二）科技类

探寻宇宙之谜——阿尔法磁谱仪随航天飞机升空、巨型空探气球放飞等。

（三）政法类

重庆綦江虹桥垮塌案庭审，张君、李泽军杀人案庭审等。

（四）活动类

1999年昆明世界园艺博览会开幕式及开园式、珠海航空航天博览会开幕式、广播电视技术及节目交流展览会、戴安娜结婚及葬礼、奥运会开闭式等。

（五）主题先行类

开学了、高峰体验、敦煌再发现、埃及金字塔考古行动、千禧之旅等。

事实上，有很多直播报道难以简单地被划分到某一类型中。例如上海 APEC 会议既属于时政新闻又属于活动类，对于“神舟”五号、“神舟”六号的载人飞船的报道既属于时政类又属于科技类。所以，笔者的划分标准更多的倾向于本质特征。在此，需要提及的是，笔者将一些文化活动直播划分到主题先行类中。

五、来自凤凰卫视电视活动的启示

（一）刘长乐的媒体事件运作策略

从城市青年台逐步转型为新闻资讯台的凤凰卫视，在最初的新闻报道探索道路上同样热衷大型电视活动的运作。要使媒体扩大影响力，吸引观众眼球，大型的电视行动毫无疑问是一种好方式。[①] 刘长乐一语道破新闻媒体钟爱媒介事件的原因。他总结了凤凰卫视的电视活动的基本特色。

悬念——从受众兴趣本位出发。

明星——利用身份效应扩大节目影响力。

灵魂——优秀的节目选题最为关键。

电视产品——依托电视活动派生出新闻节目和专题节目。

资金和广告商支持——没有钱，什么都干不了。

央视和凤凰卫视之间的较量在“9・11”事件之前处于“地下”较劲阶段，以“9・11”事件为分水岭，两家电视台在激烈的竞争环境下，新闻直播报道水准相应提高。从这几年的发展来看，两者的新闻直播报道发展思路存在一定差别，近年来凤凰卫视向突发事件、重大国家新闻事件倾斜；央视兼顾重大新闻事件的同时，向中央媒体与地方电视台协作报道方向倾斜。比较两家电视台预测性事件报道，笔者发现凤凰卫视的电视活动离不开娱乐元素，这可以从刘长乐总结凤凰卫视电视活动基本特色中窥见一斑。也许正是由于这一基点的不同，导致相同新闻选题，凤凰卫视往往可以变身成为新闻报道群体中的旗帜。还有一个重要因素就是凤凰卫视的政治情节，其特殊身份使其在中日关系、中美关系、两岸问题上，游离于传统话语结构之外。与央视的时政色彩浓厚，行政角色清晰不同的是，凤凰卫视希图扮演大中华地区的“民间性官方新闻媒体”，开拓华语电视媒体外层宣传空间。

（二）谁是华语圈最响的声音

众所周知，自从直播报道这一电视传播形式引进我国，中央电视台便占据了国内最大的现场直播报道资源。从香港回归到澳门回归，从三峡截流到历届奥运

---

① 朱冰、毕蜂：《口述凤凰》，作家出版社，2006 年 3 月，第 7 页。

会开幕式，CCTV 的直播霸主地位不可一世。倘若我们精心梳理中央电视台自1997 年以来的电视新闻现场直播节目，不难发现其报道规模虽然逐年扩大，媒体自身炒作技能花样翻新，但是在世界电视新闻媒体中，中央电视台的华语声音还远远低于 1996 年才建台的凤凰卫视中文台。仔细统计一下中央电视台的电视新闻直播报道，大多是任务性的、主题性的、应景性的、成就类的、发布类的和仪式类直播。至于说突发事件性的现场直播更是屈指可数。[①] 唯一一次全球电视新闻媒体接受考验的日子，2001 年 9 月 11 日，中央电视台的话语缺失遭到前所未有的外界抨击。日本媒体研究学者外冈秀俊、枝川公一、室谦二在 2001 年 12 月 18 日出版的《9 月 11 日，媒体被检验的日子——TV 报纸 互联网》一书中，在介绍华语电视新闻媒体如何报道“9·11”事件时，详细介绍了凤凰卫视“9·11”事件报道的特别报道的题目变化、画面来源、内容构成甚至连陈晓楠那句经典开场白，“对不起我没有化妆，请大家原谅，因为现在出现了一件很大的事。”也没有遗漏。

预测性事件报道对于中央电视台来说同样经历了成长的烦恼。孙玉胜在《十年》中以“香江遗憾”为题，清醒地回忆了 1997 年香港回归直播报道的失误。以“专题片思路”报道新闻事件，如今看来可谓是“驴唇不对马嘴”，可在当时制作者们已经走上了作茧自缚的道路却浑然不知。值得宽慰的是，白岩松的现场报道成为整个直播中最精彩的段落。因为他的报道正是验证了一个道理，任何重大新闻事件直播报道离不开出镜记者的现场报道，否则其后果就是信息的严重匮乏。

对于出镜记者而言，预测性事件报道的最大优势就是可以打“有准备的仗”，事实果真如此吗？只要事先做好功课，就可以保障直播时的出镜报道万无一失吗？对于出镜记者来说，直播前“准备”不是唯一的功课，现场才是真正的竞技场。

第二节　突发性事件的现场报道

一、何为突发性事件

突发性事件是人们对出乎意料事件的总称。

① 韩彪：《现场直播——新闻改革的标尺》，当代中国出版社，2007 年 1 月，第 37 页。

突发性事件包括：突发性大型公共事件和突发性小型事件。

突发性大型公共事件是指在不可预知的情况下，突然发生，造成或者可能造成重大人员伤亡、财产损失、生态环境破坏和严重社会危害，危及公共安全的紧急事件。例如 2003 年的 SARS 事件、2005 年哈尔滨松花江水污染事件等。

突发性小型事件是相对于突发性大型公共事件而言，是指类似于车祸、火灾等较小范围内的不可预知事件。

根据突发公共事件的发生过程、性质和机理，突发性事件主要分为以下四类：自然灾害、事故灾难、公共卫生事件、社会安全事件等。

按照内容分为：社会性突发事件和自然性突发事件。车祸、火灾等属于社会性事件；台风、地震等属于自然性突发事件。

突发性公共事件的危机传播成为当前政府部门的重要课题，清华大学新闻与传播学院副教授史安斌在《危机传播与新闻发布》一书中，将危机传播总结为："危机传播，简而言之，就是在危机前后及其发生过程中，在政府部门、组织、媒体、公众之内和彼此之间进行的信息交流过程"。大众传播媒体作为信道，在危机传播环节中处于极其重要的地位。

突发性公共事件属于危机传播范畴，新闻媒体对突发性事件的及时快速报道是媒体发挥社会功能的集中体现。其中，电视新闻以现场直播对突发性事件的实时报道成为受众获得信息的主要渠道，据调查 2001 年美国"9·11"事件近 90% 的观众是从电视得知这一事件的发生，电视成为其第一信息源。

二、突发性事件的特点

2001 年 9 月 11 日日本时间晚上 21 点 54 分，当美国"9·11"恐怖事件发生只有九分钟后，日本朝日电视台晚间大型新闻节目《新闻站》的 opening 画面是来自美国有线电视新闻网 CNN。NHK 在《新闻 10 钟》节目中现场直播了第二架飞机撞击世贸大厦。在接下来的时间里，发生在美国本土的重大事件演变成日本电视台之间的"媒体大战"。他们在争夺新闻文字第一报、新闻画面第一报、电话连线第一报、出镜记者现场报道第一报、自主拍摄现场第一报……这是笔者在日留学期间经历的最大规模、最长时间的突发事件的电视新闻直播报道大战。晃动的画面、嘈杂的声音、忙乱的演播室，这一切丝毫没有影响观众对事件的关注。突发事件就在人们没有心理准备的情况下，成为了空降兵。

（一）不可预知性

突发性事件是在人们毫无心理准备的情况下发生的新闻事件。

美日等媒体发达国家打断正常播出的节目，临时插播突发新闻事件是常态的操作手法。由于突发性事件的不可预测性，加大了电视新闻现场直播报道的运作难度。突发性事件报道是对电视新闻报道系统快速反应能力的考验。

在亚洲，日本的电视新闻报道水平处于领先地位。日本 NHK 电视台对突发性事件的报道有着极其科学完整的操作程序，紧急报道机制的建立和实施为电视台应对突发事件报道提供了制度和设备上的保障。突发性事件的不可预知性与紧急报道机制的相乘效果使得电视新闻直播报道魅力倍增。不可预知性的负面影响在 LIVE 报道的掩映下，被动地位悄然转化，突发性事件成为 CNN、BBC 等电视新闻媒体的生存根基，报道难度系数越高的突发性事件，参与报道的电视新闻媒体的社会舆论影响力就越大。

（二）非常态的制作与播出

2007 年 9 月 12 日日本首相安倍晋三的突然辞职震惊了日本朝野，日本各家电视台纷纷撤销播出计划，将原定的“秋田连续儿童杀人案件”首次审判的新闻换成了安倍辞职这一重大突发政治事件。NHK、TBS、朝日电视台、日本电视台、读卖电视台等电视新闻媒体之间再次上演了“剧场型”政治新闻的热闹场面，一时间“首相选举”成为日本电视新闻报道的中心内容。

电视新闻媒体对突发事件的迅速捕获与有效报道，是树立电视新闻媒体社会权威地位的最佳捷径。2000 年兴起的民生新闻热潮，除了报道内容的贴近性、播音风格的亲切感之外，对于城市突发事件突破性的现场直播报道，吸引无数观众坐到电视机前观看临街发生的火灾事故。

三、日本电视新闻媒体突发事件紧急报道机制

（一）紧急特别报道机制的构造

目前，日本各家电视台已经建立的“紧急特别报道机制”，源于 NHK 始发的地震、海啸等自然灾害报道机制。NHK 作为政府指定的唯一公共放送机关，在其《日本放送协会防灾业务计划》中，就灾害报道的诸多事项制定了极其周密的实施细则。由灾害报道而确立的紧急特别报道机制，使得日本各家电视台在报道各类突发事件时，可以快速地召集新闻工作者，准确、及时地将信息传达给受众。

NHK 的“紧急特别报道机制”的构成，包括“放送机关的特殊运作”和“节目编成”两大部分。所谓“特殊运作”，是指以 NHK 会长为首设立“灾害对策总部”、采取紧急措施（制作播出设备的调配、通信系统等）、恢复制作和收

看常态对策等，而“节目编成”则是指发出紧急警报信息、制作播出相关新闻、防灾政策解析、安定民心的教育和娱乐节目的制作播出。NHK 利用高科技不断完善紧急特别报道机制，使灾害报道从“结果型”转变为“预报重视型”，减少了灾害造成的损失。

朝日电视台“节目编成”的具体内容包括灾害发生信息的确认、以字幕新闻形式迅速播出、在受灾地情况确认后中断正常节目、优先报道该信息，同时，根据灾害情况的程度，判断是否制作播出特别报道节目等。

值得注意的是，现在“紧急特别报道机制”不仅适用于灾害报道，也适用于选举报道和对突发事件的报道，例如，对美国“9·11”恐怖事件的报道。

（二）紧急特别报道机制的保障

为了应对重大灾害发生时的新闻报道，NHK 报道局刻意安排近 300 人的记者、编辑居住在距离 NHK 放送中心方圆 5 公里范围内，并且，这些人员还要定期进行徒步到达 NHK 放送中心的“非常时刻训练”，以此保证上述人员能够迅速到达电视台，随时奔赴新闻现场。

由 NHK 自主研制开发的“skip back recorder”录像装置可以将地震发生全过程记录下来，即使在断电的情况下也能正常工作。NHK 还在日本 400 多处场所安装了 24 小时自动监控摄像机。此外，NHK 有 11 架安装有 HD 摄像设备的直升机分散在日本境内的九个基地；在东京和大阪的基地，机师、摄像师以及设备操作人员实行 24 小时待机制度。

在经历过阪神大地震的灾害报道之后，NHK“灾害报道”应对机制更加务实。作为灾害对策，他们注重的是灾害发生时的有效放送、卫星通信联络设备、电视台的抗震度、电视台抗震用生活必需品的保证以及实战性的教育训练等等。仅就灾害报道教育训练内容而言，就包括假定在发生大地震电视台本身也遭受灾害的情况下如何完成直播报道、各种灾害报道经验的介绍、工作人员防灾意识的培养，等等。

NHK 应对灾害报道的紧急特别报道机制，是在不断总结经验和有效运用高科技手段的基础上发展而来的。紧急特别报道机制的建立，不仅使电视台可以应对突发事件、赢得高收视率，也将电视新闻报道列入社会危机管理系统。

（三）紧急特别报道机制的启动

根据紧急特别报道机制实施守则，各家电视台在面对突发事件时，要立即根据新闻事件的重要程度，由报道局长做出判断决定是否启动特别报道机制。

2001年6月8日上午10时15分，大阪教育大学附属池田小学内发生了歹徒闯入校园持刀杀害数名学生的事件。日本共同通讯社与各电视台备有一个突发事件紧急通报系统，遇有突发事件，各家电视台都会及时得到信息。当日该事件发生后，日本电视台《News Plus1》在10时30分得到了的消息，随即在11时直播了由该台大阪支局的直升机拍摄到的学校高空画面；同时，节目组马上派出20名工作人员从东京出发，下午16时到达大阪的案发现场；接下来下午17时的节目开篇就是节目主持人来自现场的直播报道。另一方面，下午13时具有人权知识的社会部desk和报道局副局长等五人出席了编前会，就该事件所涉及的专业问题进行了探讨，从而保证了该节目信息传递的准确性。

同日，朝日电视台的《News Station》也立即从大阪支局派出摄像记者和编辑赶赴事发现场，而后又从东京总局派出了该节目专属摄像记者。《News Station》节目组认为该事件十分重大，应该采取实名报道。为此他们认真听取了熟悉精神医疗、人权问题记者的意见，查看了医院的病历，并分析了当晚8时30分警察署记者会发布的初步调查结果，最后，以报道中心主任、news desk、制片人为首的负责人共同决定采取实名报道。

（四）依托美国电视媒体的海外新闻报道机制

NHK在世界范围设立了三个总局、10个支局和19个事务所，共计67人(2003年1月截止)；TBS也在海外设有13个支局。这在一定程度上保证了对海外重大突发事件的信息获得，而更重要的是日本各家电视台与美国电视媒体之间的协作关系为“紧急特别报道机制”提供基本信息保障。日、美电视媒体间的合作关系是，NHK—ABC、日本电视台—NBC、富士电视台—ABC、朝日电视台—CNN、TBS—CBS。日本电视台于1990年12月与NBC签署了《新闻频道加盟协定》，该协定保证日本电视台可以24小时使用NBC向其在美国境内的200余家系列局传输新闻图像。1991年4月，TBS与CBS签署的《新闻·报道节目合作协定》正式生效，CBS所有的新闻、报道节目TBS可以独家使用。富士电视台则从1991年5月起，可以使用ABC和WTN的新闻素材。

2001年9月11日发生在美国的恐怖事件，日本各家电视台都取消了预定播出节目而紧急报道该事件，商业电视台还一度取消了插播广告。NHK电视台在二条卫星回线的基础上又增设了三条，共计五条回线确保接收来自美国各家电视台的新闻图像资料。事件当晚，在《News10》的制作人员基础上，又立即召回早间新闻的节目制作人员和新闻中心的人员来共同应对这一紧急突发事件。关于

"9·11"事件的"事发阶段报道",自9月11日晚间22时一直持续到日本时间9月12日早上8时15分。

富士电视台是从事件当晚23时开始播出"特别报道"节目的。事发当时,台内只有几位记者,于是立刻召回相关人员,实行紧急特别报道机制,节目主持人安藤优子与播音员田代尚子轮流主持节目;同时,调集、充实纽约当地的报道力量,尽快从现场发回独家图像;23时5分,富士电视台驻纽约特派员以出镜形式发回了首个来自事件现场的直播报道。富士电视台之所以能够如此快速反应,其原因是该台在纽约每周一至周五播放一个小时的日语新闻,并为此设立了FuJi Communication International,该机构的报道部就是富士电视台驻纽约报道支局,因此,这一体制为富士电视台报道"9·11"事件赢得了头彩。

朝日电视台的《News Station》在当晚节目开篇播出了"9·11"事件,图像资料来源于CNN。当时,该台驻纽约支局的人员都在外出采访中,不可能立即从纽约事发现场发回报道。于是,朝日电视台东京总局在转播CNN的1分钟画面后,又切换至预定播出节目。在准备了十几分钟后,自22时12分重新回来报道该事件,在CNN图像中加配同声翻译,并与演播室直播相结合,力图以多视角报道该事件。至22时50分,在结束了以CNN画面为主的初期报道阶段之后,报道人员此时已经召集完毕,随后进入到独自的新闻报道运作阶段。当晚的《News Station》延长了45分钟,在固定新闻节目播出之后,朝日电视台进入到"特别报道"节目播出阶段。

四、突发性新闻事件报道的中国之路

2003年7月10日下午,中央电视台新闻频道在下午16时的整点新闻中,围绕淮河抗洪播出了《安徽蚌埠堤防加固工作紧张进行》现场直播,尽管只有5分钟,但这是真正依托前方图像信号进行的抗洪直播报道。这是央视第一次直播"抗洪",是央视由"可预见事件"直播向"真正突发事件"直播不断探索所迈出的坚实一步。接下来的7月25日,央视新闻频道在整点新闻的十点、十一点和十二点节目中,递进直播了"伊布都"台风在广东登陆的情况。此次直播的成功真正检验了央视与地方台的合作能力,再次凸显了央视不断探索事件性新闻直播的努力。①

中国的媒体资源之丰富和新闻素材之广泛是有目共睹的。从当下新闻报道现

① 韩彪:《现场直播——新闻改革的标尺》,当代中国出版社,2007年1月,第38页。

状可以发现：事件·事故新闻、突发事件尚未成为我国电视新闻报道的主流。其中对于突发事件快速报道的缺失，严重阻碍了中国电视新闻报道的发展进程。

- 紧急报道机制的建立与实施。
- 直播设备的完备与使用。
- 报道队伍的组建与锤炼。
- 出镜记者的选拔与训练。
- 电视台之间的有效配合。

以上五个方面的问题是制约国内电视新闻突发事件报道的要因。从突发事件报道能力上来说，中央电视台的媒体地位无人能及。但是，从目前实际情况来看，中央电视台与地方电视台之间的协调程度是实现突发事件报道的关键所在。地方电视台占据地理优势，但是，在突发事件应对能力、新闻报道意识、出镜记者人才等方面还留有巨大的努力空间。在条件允许的情况下，对某一突发事件进行临时直播报道，如果缺少地方电视台强有力的配合和支持，实现突发事件的快速报道也只能是纸上谈兵了。

自2005年起，中央电视台新闻频道与江苏电视台、浙江电视台等地方电视台共同直播报道了台风登陆。但是，从央视新闻频道整体报道情况来说，预测性直播报道比例远远大于对突发事件的报道。

五、突发性事件现场报道的特点

（一）在准备中出发

从事件发生到媒体进行直播报道，对于出镜记者来说，采访准备时间不如常态新闻报道多，由于事件自身特点，使得出镜记者在信息广度和深度的获得与确认上缺少时间支持。在知晓最初情报后，在交通移动中，出镜记者必须利用一切可以获得最新情况的渠道进一步了解事态的最新发展，最新信息的及时更新、获取信息途径，对于出镜记者完善现场报道内容有着重要作用。

当出镜记者钻进采访车奔赴现场时，现场报道就已经开始了。

（二）通过动态信息预示事态发展

预测性事件报道依托背景事实解说当前事态，而突发事件现场报道则截然相反，是用当前信息预测未来事态走向。2003年美国南加州发生了森林大火，NBC4频道对于这一突发事件进行了直播报道。以下是该频道出镜记者CHUNG所做的现场报道的部分内容。

危险的是倘若火焰窜到18号公路的南边，也就是我站的这边，树木被点燃，这边的房屋都可能被烧毁。可以听到有飞机在上空盘旋，他们是在监控整个地区，若火势太大，他们就降落进行检查。

万一大火跨过来，给他们的时间和机会都是很小、很小的。我现在就在这边的房子里，离高速公路只有50～100英尺的距离，火势若来势凶猛，就很危险，消防员正在降温，控制火情。但火势还在蔓延，火苗已蹿到七八十英尺高了，若火势到这边，对这边人家来说都是很不幸的。

在报道中，CHUNG曾经两次对事态的未来发展进行了预测报道，分别是：

危险的是倘若火焰蹿到18号公路的南边，也就是我站的这边，树木被点燃，这边的房屋都可能被烧毁。

万一大火跨过来，给他们的时间和机会都是很小、很小的。我现在就在这边的房子里，离高速公路只有50～100英尺的距离，火势若来势凶猛，就很危险。

由此可见，对于突发事件这样的动态新闻进行报道时，出镜记者的报道重点是从当前不断变化的动态信息中捕捉事态发展的痕迹，进行合理的推断，深化新闻报道。

（三）单一报道脉络为主

深入到新闻现场一线的记者，往往处于信息真空状态。凤凰卫视著名记者闾丘露薇在《凤凰卫视闾丘露薇采访手记》中这样披露其在喀布尔的采访经历。

“事实上在语言不通的喀布尔，如果没有翻译可以说寸步难行，因为我们没有办法和司机进行沟通，更不要说到其他的地方进行采访。由于没有电视，也听不到广播，因此我们只有通过卫星电话，才能够初步了解其他地方发生的事情，甚至是喀布尔发生的事情。而为了全面了解这个地方，除了我们到不同的地方透过镜头来看之外，我们还要做的，就是到外交部，还有记者聚集的几家酒店进行查询，尽量不遗漏任何有新闻价值的东西。”

越是深入到新闻报道最前沿，记者的信息收集面越窄。为了扩充报道内容，通常会利用后方大编辑资源，进行信息的逆向传输，后方编辑把收集到的一些适合该报道地点的信息告知记者，记者结合自己亲手获得的信息，进行整合之后，成为出镜报道的有声语言内容。

突发事件是电视新闻报道魅力所在的依据，出镜记者对突发事件的报道是新闻节目是否受欢迎的关键所在。对于出镜记者来说，面对突发事件，需要迅速抓住有价值的新闻要素，在短时间之内做出正确的职业判断，在形成报道框架的同时把握现场报道的进程以及内容，在镜头前积极地传达出来，将突发事件的新闻价值予以最大化的体现。

第三节　交通、火灾新闻的现场报道

在常态的电视新闻报道中，出镜记者现场报道的时间较短，大多采用单机拍摄。出镜记者依据新闻内容酌情考虑是否出镜报道，通常来说，交通事故、火灾事故、自然灾害等新闻报道中，以现场报道形式居多。

一、交通事故现场报道

城市新闻报道中很重要的一项内容就是交通事故的报道。

交通事故的报道要素包括以下内容：

时间：是在上班高峰，还是在深夜司机容易疲劳驾驶的时间段。

地点：是交通要道，还是狭窄路段。如果是该路段经常发生相类似的交通事故，就需要考虑道路设计是否存在问题以及在该路段设置警告牌。

人物：伤亡人员的身份、年龄。一些来京务工的人由于缺少交通法规意识，出现交通事故的比例高于普通市民。

车辆：肇事车辆、受害车辆、自行车、摩托车的基本情况。车辆是否经过年检、是否超载等。

事故原因：超速行驶、违反交通信号、行人违章、二次交通事故。有关事故原因以交通警察的判断为准。

事件过程：通过采访目击者、交警来弄清楚事发过程。

事故责任：应该由交警判断。

救助情况：救治受伤人员医院的大夫和护士、急救人员都可以作为采访对象。

道路情况：交通事故与道路状况之间关系紧密，出镜记者在报道中不要忽视这一信息点。

天气情况：交通事故发生的较多原因，除了人为因素之外，天气原因也是其中之一。恶劣的天气条件是导致交通事故发生的诱因之一。

助人为乐：在一些交通事故发生过程中，会有一些助人于危难之中的事情，这样的好人好事也是交通事故报道的组成部分之一。

提示性内容：交通事故频繁发生，除了市民忽视之外，还有就是媒体宣传力度不够。虽然，有的记者觉得交通事故的现场报道总是以提示性内容作为收尾，没有什么新意，但是与人民的生命财产相比，这个新意不去追求也罢。

福建省福州电视台晚间新闻节目《直播福州》中播出过一起交通事故的现场报道。《摩托车客车相撞二人当场死亡》:

主播：林晓晖

口播：今天下午三点左右在316国道上，一辆中巴车和一辆摩托车在一个交叉路口发生了追尾，虽然中巴车上没有人受伤，但是，两名摩托车上的男子当场死亡。

出镜记者：(实习记者) 蒋晨瑶

我现在是在316国道竹溪乡竹溪村路段，今天下午三点左右，一辆客车撞上了一辆摩托车，摩托车上的两名男子当场死亡。大家可以看到现在地面上一片狼藉，事故的现场还留下了长长的刹车痕迹。

(配音) 记者到现场时看到一辆从闽清开往福州的客车停在了路边，车头被撞了一个大坑，出事的摩托车正在准备运走，地面上留下了两摊血迹，摩托车的零件散落一地。

目击者A：摩托车往上的方向，中巴从后面撞上来。

(配音) 周围的目击者告诉记者，事故发生时，摩托上的男子正从国道旁的一个小路口驶出，当时中巴车上有十几名乘客，可能由于中巴车行驶太快，刹车不及，尾随撞了上去，事故发生后，中巴车上的人员没有伤亡，而摩托车上的两名男子就难逃厄运。

目击者A：转上面的方向，从这里出来转上面方向。

目击者B：一部摩托车上面两个人，两个人当场死亡。

(配音)

记者发现在316国道旁像这样的路口是随处可见，虽然事故现场的不远处也立着车辆慢行的标志，但是来来往往的车辆车速依然不减。周围的居民说从这样的路口驶出实在是非常危险的。大伙都希望司机师傅遇到这样的路口时，能够尽量放慢速度，不要让悲剧重演。

实习记者 晨瑶 金卿报道。

民生新闻中类似这样的交通事故现场报道较多。出镜记者大多只在新闻的片头出镜，事故过程依靠配音进行说明解释。以下就该出镜报道作简要的分析。

1. 主播的口播内容与出镜记者报道内容出现信息重合

主播口播：今天下午三点左右在316国道上，一辆中巴车和一辆摩托车在一个交叉路口发生了追尾，虽然中巴车上没有人受伤，但是，两名摩托车上的男子当场死亡。

出镜记者：（实习记者）蒋晨瑶

我现在是在316国道竹溪乡竹溪村路段，今天下午三点左右，一辆客车撞上了一辆摩托车，摩托车上的两名男子当场死亡。大家可以看到现在地面上一片狼藉，事故的现场还留下了长长的刹车痕迹。

出镜记者的录像型现场报道制作在前，新闻主播文稿写作在后，编辑在撰写主播文稿时，要注意避免出现信息重复。

2. 现场采访目击者的内容意思不明

在新闻片中，出镜记者一共采访两位事件目击者。

目击者A：摩托车往上的方向，中巴从后面撞上来。

目击者A：转上面的方向，从这里出来转上面方向。

目击者B：一部摩托车上面两个人，两个人当场死亡。

对于目击者A的采访主要是说明摩托车的行车方向，但是，从内容上和剪辑处理的位置来看，未能起到说明的作用。

而对目击者B的采访，在口播、出镜记者报道、配音中都已经提到过了。

对于目击者的采访内容使用上欠设计、目击者证言内容简单欠具体是导致出现意思不明的主要原因。

3. 归因信息的使用意识的欠缺

（配音）周围的目击者告诉记者，事故发生时，摩托上的男子正从国道旁的一个小路口驶出，当时中巴车上有十几名乘客，可能由于中巴车行驶太快，刹车不及，尾随撞了上去，事故发生后，中巴车上的人员没有伤亡，而摩托车上的两名男子就难逃厄运。

不能正确地利用归因信息是新闻报道新手的常见错误。实习记者蒋晨瑶就事故原因进行报道时，使用了“可能”一词。归因信息是指被报道材料与信息来源之间的关系。[①] 有关该交通事故原因，记者在未向有关部门取得明确回答时，根据现场情况和目击者证言推理出责任一方，这么做显然不符合新闻报道原则。当对陈述的真实信息存在质疑的时候，解决问题常用方法是使用归因信息。电视新闻出镜记者通常将归因信息放在句首：“据××交通支队××交警介绍说。”

① Carl Hausman Philip Benoit Fritz Messere Lewis B. O’ Donnell：《美国播音技艺教程》，王毅敏、刘日宇译，复旦大学出版社，2007年6月，第141页。

报纸新闻在使用归因信息时是放在句末的。

出镜记者报道交通事故报道时，出镜背景会选择在发生事故的路段。在此需要提醒的是，注意报道时的人身安全。

二、火灾事故现场报道

城市新闻中，有关火灾事故的报道比较多。有些火灾事故甚至有可能引发事态的进一步恶化。例如化工厂发生火灾爆炸事故，有可能导致空气污染，需要转移受污染地区群众，打乱居民正常生活。

火灾事故的现场报道要素是：

时间：有些火灾发生与冬季取暖不当有关，夏季用电超负荷引起线路短路。

地点：除了市民住宅发生火灾之外，特殊地点的火灾之后引发的问题将更为严重，例如化工厂。其工厂内部的火灾有可能影响到周围的市民生活。

人物：伤亡人员的身份、年龄、受伤情况。

房屋结构：房屋建筑特征影响到火势的控制和营救工作的展开与实施。特别是现场直播报道时，房屋结构与消防队灭火策略息息相关。一些居民的非法搭建不仅带来安全隐患，有可能增加消防队员的工作难度。

事故原因：电线短路、用火不当、煤气泄漏、故意纵火，火灾原因较为复杂。有关事故原因以消防队员、警察的判断为准。

事件过程：起火的过程通过采访目击者、消防队员来弄清楚。

事故责任：应该由消防部门、警察判断。

救助情况：救治受伤人员医院的大夫和护士、急救人员都可以作为采访对象。烧伤程度、生命症状等信息点是报道重点。

天气情况：春季、冬季是火灾容易发生的季节。大风天气也是容易引起火灾或是有助于火势燃烧。

助人为乐：在一些火灾事故发生过程中，会有一些助人于危难之中的感人事迹，这样的好人好事也是火灾事故报道的组成部分之一。

提示性内容：一般市民住家发生火灾，原因较多。住在平房的市民在冬季取暖时，有发生火灾、一氧化碳中毒等危险。提示性的内容主要是注意取暖安全。

住在楼房的居民发生火灾，因用火不当、电线短路情况较多。有时由于楼层较高，营救工作比较困难。有些小区私搭乱建，消防通路形同虚设，影响救火进度。随着私家车的增多，乱停现象较为普遍，消防通道被占用，消防车开进小区却救不了火的事情也是有的。针对以上问题，出镜记者的报道也要注意这些信息点。

除了民宅之外，餐馆着火现象也时有发生。厨房着火、营业厅用火不当、特别是一些火锅店，有可能造成一定的数量人员受伤。提醒市民到操作规范的餐馆就餐。

救火情况：出镜记者在就消防部门进行现场救火的过程进行目击式报道时，救火策略的合理解释十分必要。在火灾后的现场报道时，有关救火过程以消防队负责人解释为主。

出镜记者在火灾后报道时，需要确认自己所处的位置是否安全。

第四节　自然灾害的现场报道

一、中国自然灾害报道现状

我国是自然灾害频发的国家，与自然灾害连年升级造成的重大人员和财产损失比较而言，我国电视新闻灾害报道水平目前还处于灾后报道阶段，可喜的是自2005 年中央电视台开始就登陆我国的台风开始了直播报道。

所有的自然灾害都应该包括相同的基本信息：死亡人数、幸存者、目击者叙述、幸存者的富有人情味的引语、现场的有关细节、援救工作。自然灾害报道还要加上一些别的信息，即发生作用的自然力，如天气条件。如果写与天气有关的灾难，一定要把天气预报内容加进去。如果报道洪灾，要弄清河水涨了多高或者水的高度有几米。如果风是导致灾难的一个原因，要准确地报道出风速是每小时多少公里。如果发生了地震，要找到震中的震级是多少。

飓风、地震、龙卷风、洪水都有可能造成大面积的破坏，使居民无家可归。要弄清楚人们找到的避难地在哪里，他们需要哪些帮助、市民应该避开哪些危险地带，哪些街道无法通行或者人们应该怎样克服困难。一些公用设施可能受到影响，所以一定要检查食物和用电饮水的安全性。

2004 年 7 月 10 日，北京遭遇了 23 年以来持续时间最长，降雨强度最大的暴雨袭击，城市交通瘫痪。7 月 12 日，狂风暴雨又席卷上海，造成人员死伤。从中央电视台、北京电视台、上海东方卫视，有关暴雨、洪涝等灾害的报道可以看出，在日常的新闻节目中，“灾害报道”仍表现为“结果告知型”，新闻内容诸如领导视察灾情、走访受灾市民住宅、表明本届政府决心、相关部门领导碰头开会抓防汛、列举投放的救灾物资数据、采访气象部门、预报未来天气情况等。这种“受灾、救灾”新闻简报式的“灾后报道”是我国目前电视新闻灾害报道的主流。

二、自然灾害报道三个阶段

近几年来，媒体发达国家利用高科技不断完善紧急特别报道机制，使灾害报道从“结果告知型”转变为“预报重视型”。

在“7·10”暴雨后，各媒体纷纷向各个部门发出“声讨令”，但是对于媒体自身的问题却根本没有涉及。回顾电视媒体的新闻报道，在积极完善城市危机管理系统中，应该有媒体的位置，使电视新闻报道真正成为政府的“喉舌”，发挥联系政府、社会、民众的纽带作用。具体而言，除应对灾害不同阶段的情况，掌握电视灾害报道的方法外，还应建立以灾害报道为核心的紧急报道机制。

（一）预警报道——快捷、及时、准确

灾害报道中最重要的莫过于灾害之前的预警报道。

快捷、及时、准确的预警报道可以有效的降低灾害造成的损失，保护人民生命和财产安全。可预测的自然灾害，例如台风、洪水等带有事前征兆的灾害。所以，有关台风登陆路径、洪峰到达的时间、破坏程度、如何自我预防等内容是预警报道的重点。与政府各部门之间保持信息通畅是电视作为大众媒体发挥社会职能的主要体现。信息的及时通报、字幕、简明新闻等传播形式的灵活运用，电视新闻报道对于自然灾害报道的态度已经由以往的“新闻报道”意识向“社会责任”转变。将“有用”的预防灾害的信息及时、快捷、贴心、安心地传达给民众，是当下电视新闻自然灾害报道的媒体使命。

（二）灾害中报道——沟通、告知、帮助

灾害发生的过程中的报道内容主要包括：灾害最新信息、受灾地区范围、受灾情况、处于危险地域的划定、人员撤退、即将遭遇灾害地域的信息通报、已受灾居民的避难生活等事宜。

此时的灾害报道主要包括两个方面：灾害本身的相关信息和受灾居民的避难生活信息。

保证受灾居民及时得到救助信息，信息渠道的通畅是取得沟通的先决条件，快速有效地将信息想方设法告知给受灾居民、将灾区最新信息告知给灾害外围地域，以便尽快组织构建救灾体系，以帮助受灾居民减少损失，恢复正常生活。

（三）灾害后报道——监督、分析、解释

自然灾害给居民生活带来不同程度影响的同时，也是检查政府工作的一个途径。在灾害发生后，新闻媒体对政府部门有关灾害形成的原因、造成的危害程度、受灾之后的救助等工作中的失职和不作为，应该进行彻底的分析报道。

气象局对于天气骤变信息的捕捉能力、会商结果对于政府部门采取预案如何发挥作用、从灾害中汲取怎样的经验教训。防洪指挥部的预案启动、不同灾害应对策略的检讨与修正、市民生活如何恢复正常等课题都是新闻媒体灾后报道的要点。另外，与以往发生过的灾害进行比较报道，可以挖掘出新鲜话题。

三、突发灾难报道记者的现场应对策略

电视新闻取得高收视率与新闻事件的惨烈程度有关，发生在2001年的"9·11"事件，是继1991年的海湾战争以来，电视新闻收视率最高的新闻事件，这与事件自身的重大性有着密切的关系。电视新闻通过真实的现场同期声和生动的纪实画面将凄惨的灾难现场通过电视媒体的视听渠道传递给受众，身临其境是新闻报道不同于其他电视节目的唯一武器，真实的生活场景比虚拟的人造背景带给受众的震撼更为真实。

有关突发灾难事件的报道，目前国内还处于摸索阶段。随着电视新闻报道领域的不断拓展，类型化的新闻报道渐渐浮出水面。按照传统意义上将新闻分为时政新闻、经济新闻、文化新闻、体育新闻、农业新闻的时代，远远不能满足当前受众的需求。突发事件涵盖了很多新闻类型，例如交通事故、社会安全事故（矿难）、公共卫生（非典、禽流感）、自然灾害等，还有其他新兴的新闻报道类型，例如医疗事故、环保问题、防艾问题、犯罪报道以及人权问题等。

以往有关自然灾害的新闻报道多发生在非中心地区，虽造成的人员财产损失很大，但是不会影响到社会的正常运转。但是，随着城市化进程的日益加速，北京、上海等特大城市抵抗自然灾害能力太弱的话，直接可以导致城市运转上的瘫痪。2004年7月10日一场暴雨使北京成为一个"大澡堂"，7月12日暴雨在上海甚至造成2人死亡。

除了自然灾害，城市生活中，突发交通事故更是层出不穷。面对突如其来的新闻事件，记者在欣喜的同时，更多的时候是不知所措。因为对于受众而言，突发灾难事件发生之后，他们对于信息的需求是多方面的，这就要求新闻报道多层次，多角度。电视新闻最大的优势就是能在第一时间把新闻告知给受众，但是，告知之后电视媒体在没有得到进一步的消息时，犹如一个哑巴。2001年"9·11"发生之时，美国有线电视新闻网CNN在事件发生后的六分钟，成为世界上第一家将该事件报道出去的电视新闻媒体，随后，CNN的画面只是冒着浓烟的世贸大厦，沉默、无语是那时CNN的符号。告知之后的信息缺乏是电视新闻报道难以避免的，这就给身在新闻现场的记者提出了要求。

1. 通过渠道获得新闻信息迅速核实之后，记者应该以最快的速度赶赴新闻现场。

2. 到达新闻现场后摄影记者立刻抓住典型环境，力求将每一个细节以画面的形式予以展示。文字记者（出镜记者）从现场权威负责人处以及目击者等新闻源搜集基本信息。摄影记者在完成拍摄工作后，以最快的速度把画面传回台里。

3. 出镜记者做新闻现场目击式报道，身在新闻现场的记者是该事件的直接目击者，事件的来龙去脉几乎一清二楚，出镜记者的亲身感受是其报道新闻事件最有力的一面，所以出镜记者可以用第一人称“直接叙述”的方式传达有效信息，这样的现场报道极具感受力、现场感强。

4. 出镜记者在完成了基本表层新闻事实的报道之后，接下来工作的中心由“表层信息”过渡到“深层信息”，也就是探求新闻背后的原因。

四、出镜记者现场报道的表层信息内容

出镜记者在灾难报道现场，进行现场报道时，除了五个 W 是要首先考虑的最重要的因素以外，以下内容的重要程度也是不容忽视的。

人：死亡人数、受伤人数、幸存人数分别是多少。

数据：在自然灾害中，要搜集一些统计数据，如在洪水中，河流的最高水位是多少，地震发生的密度是多大，飓风的风速等相类似的信息。若是有害气体泄漏的话，即将影响的地区范围。

何时、何地：要弄清灾难发生的确切时间和地方，在头脑中勾勒示意图并能大致再现整个事件。

天气：对于跟天气相关的灾难，要详细了解当时的天气状况。

人员疏散情况：在有疏散人员的情况下，比如洪灾、飓风和地震，要知道人们到哪里避难了。

医院：凡是灾难事件必将造成人员伤亡，到医院了解情况，可以大致统计出伤亡数字。

灾难（受灾）现场：搜集能听到、看到、体会到或者别的感官感受到的每一个细节。你要在你的报道中描绘这些内容。

估计人员和财产损失：这些数据可以从受灾单位、消防部门、警察局等相关部门获知。

目击者的叙述：让目击者和幸存者叙述当时的情景，人物的叙述将会使报道真实而且充满感情，你可以在报道中引用其中的某些语言，让人们回忆灾难发生

时他们在哪里、在做什么。

服务信息：受灾民众到哪里可以领到食品、饮用水、寝具等，受灾地区以外的民众知道到哪里去捐款、捐物，帮助灾民进行重建工作。

避难所：调查民政部门，清楚他们所起的作用以及他们目前的难处。

道路：采访公路部门，了解哪些道路被封闭或是处于危险状态，并查明人们可以有哪些可以代替的道路可供选择。

背景：调查跟这起灾难（灾害）有关的新闻背景，使受众既能了解当前情况，还可以通过该事件了解以往的相关事件。

五、灾害报道中相关区域媒体的协调与合作

（一）处于受灾地区的媒体

处于受灾地区的媒体，主要是当地媒体，其报道内容的重点主要应集中在三个方面：避难指南、行政策略、生活信息（水、食物、医疗等）。

（二）处于周边地区的媒体

媒体的作用主要是一个信息交换。其报道内容包括：安否信息、救援救护（物资以及志愿者的召集）、防御知识的教育（因处于受灾边缘，有受到灾害袭击的危险。）

（三）处于外部地区的媒体

主要是指全国范围内的媒体，其报道内容包括：关于此次灾害的情报信息，如果是地震的话，余震发生的可能性以及灾害受损度的预测、受灾情况。

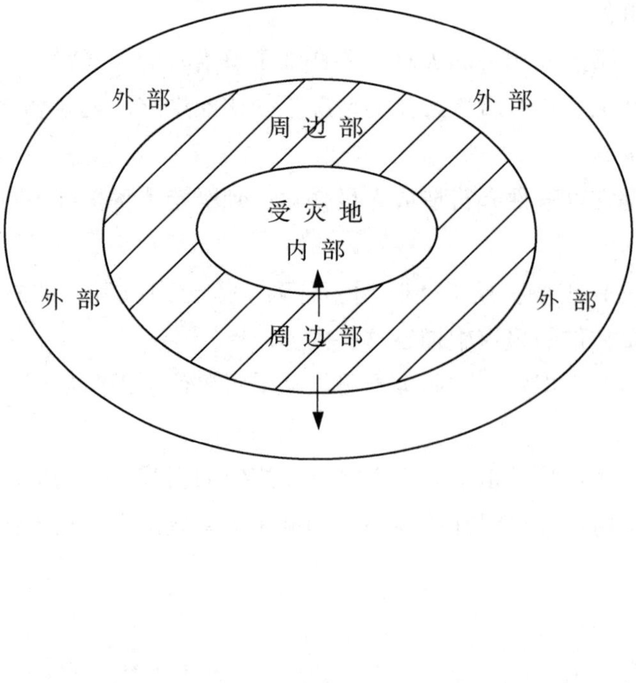

六、日本灾害报道的步骤

（一）大地震发生以后的放送——特别节目的播出

当大灾害发生时，NHK将会利用旗下八个放送频率（电视和广播）及时播出有关灾害的消息，其中包括各地的震级、海啸以及主要的交通机关情况、政府的对策、电气水道等生活必需设施的基本情况。在基本情况大致明朗化之后，经过一段时间后，八个频率会分担不同的工作，以便更积极全面地报道相关消息。1995年阪神大地震之后，又增加了对身体障碍人士和外国人等提供情报以及安否信息的内容。

（二）为传达详细的情报而制作的电视画面

1995年阪神大地震以来，为了制作播出更加详细的灾害情报，一些特殊制作的电视画面大量地运用在灾害报道节目中。例如震级观测点图、海啸预测图以及与生活密切相关的情报图表（逆L字放送画面、航班晚点情报）。

（三）支持灾害报道的硬件设施

● 由NHK自主研发的skip back recorder录像装置可以在地震发生的全过程记录下来，即使在断电的情况下也能正常工作。1995年的阪神大地震时的图像就是由这种装置记录的。

● 除了在全国各地的NHK各个分局，在主要的海港、飞机场等400多个场所都设置了24小时自动监控摄像机，由各个地方分局遥控。这样，无论何时何地突发重大灾害，NHK都可以获得第一手图像资料。

● 直升飞机和直升飞机拍摄系统。在日本全国共有9个基地配备了安装有HD摄像设备的11架直升飞机，东京和大阪的基地，机师、摄像师以及设备操作人员实行24小时待命制度。

● 安否情报系统的完备

来自受众的电话内容直接录入到电脑里，这样可以成为电视和广播的播出画面和稿件的系统。也就是说，NHK在东京和大阪的业务中心受理的电话内容，可以从东京总部的演播室里播出。

● 灾害时紧急通行车辆的确保

为了保证在灾害发生时，采访工作的顺利进行，各个电视台都会事先向当地的警察局提出申请记录在案，以便灾害时可以保证车辆的顺利通行。

● 灾害对策支援车的完备

灾害对策支援车里安装了厕所、操作台、沙发床、写字台等。另外是在必要时可以随时安装使用卫星电话，分别可以作为现场的采访车和后方的支援车。

● 灾害对策本部的功能完备

在非常时期，放送本部就会在四层的大会议室设立《灾害对策本部》，为此也会安装显示器、通信设备等各种情报设备系统

日本灾害报道系统——灾害关系法令与NHK的关系

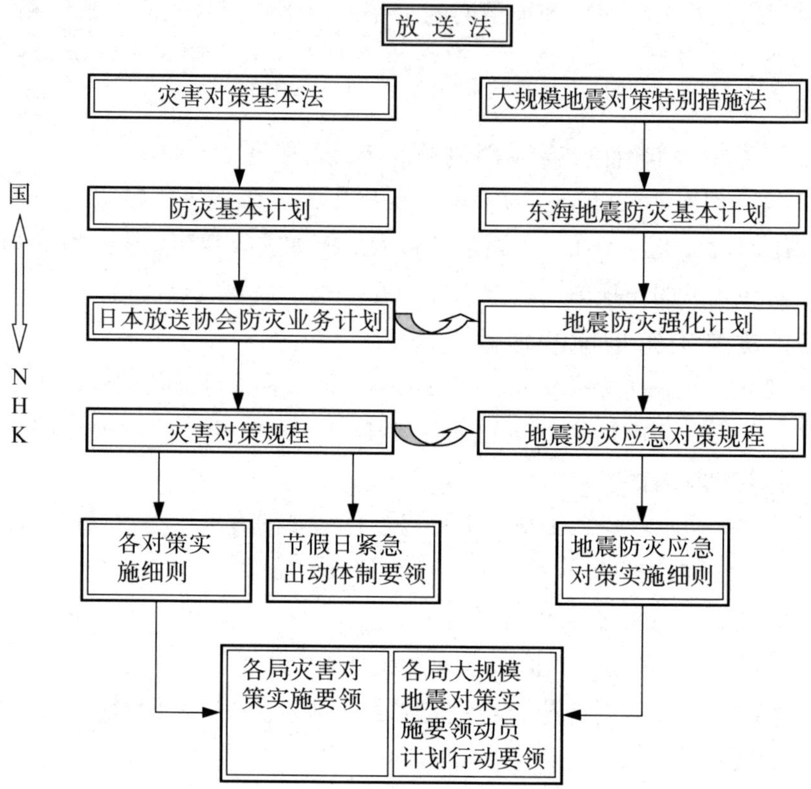

日本NHK电视台地震灾害报道启动运行步骤图

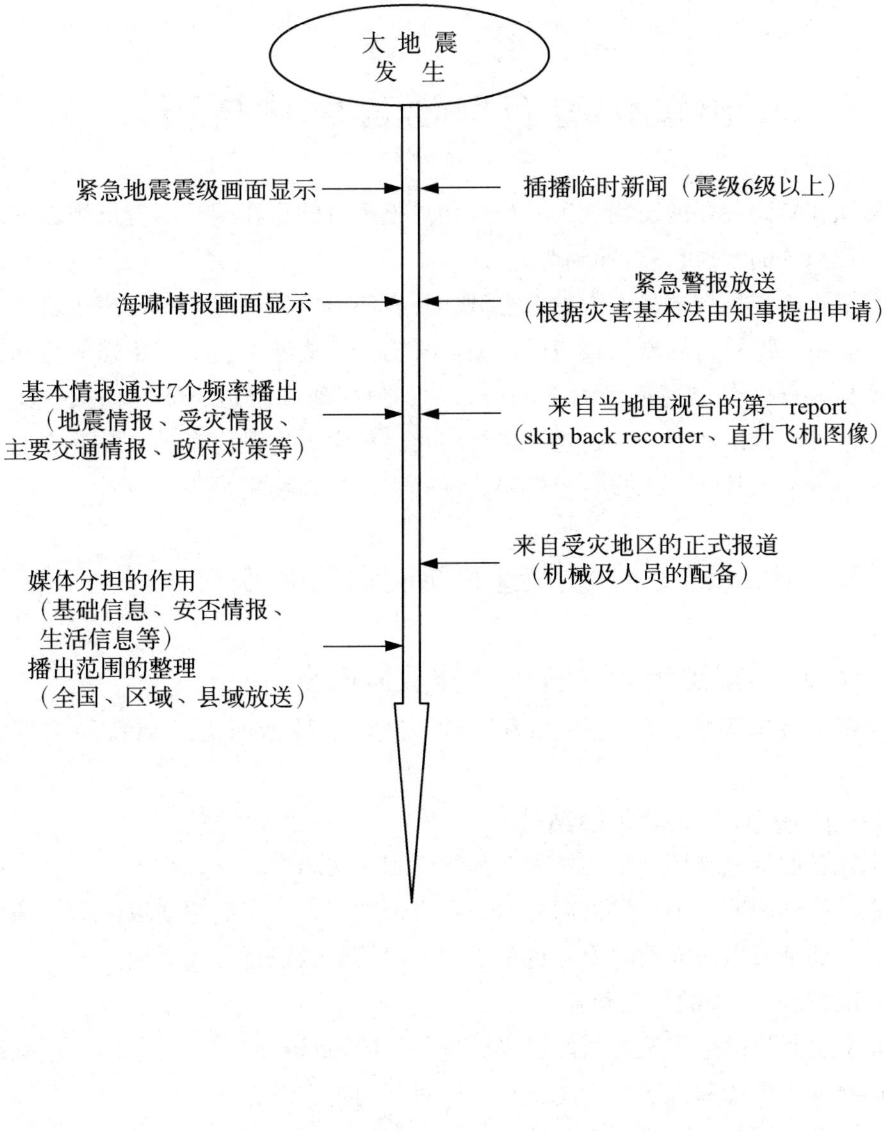

第 八 章
出镜记者有声语言表达技巧

活跃在新闻现场的出镜记者，作为信息报道者的存在感，随着电视新闻现场直播报道形式的普及日益清晰起来。

出镜记者现场报道最有力的信息载体是有声语言，只有运用有声语言才能完成新闻叙事。出镜记者现场报道的新闻语言与新闻播音员、新闻主播的新闻语言存在明显差异。在出镜记者的新闻语言中，包括新闻报道、新闻播报、新闻采访、新闻评论等语体形式。在这些语体转化过程中，出镜记者需要掌握它们各自的有声语言表达技巧，在报道时娴熟、准确、恰当地利用。

第一节　出镜记者现场报道的新闻语言特点

一、现场报道新闻文稿的结构从何而来

出镜记者现场报道的新闻文稿基本结构与电视新闻消息类新闻文稿大体相同。

（一）消息类新闻文稿结构

电视新闻消息类稿件从结构上分为导语和正文两个部分。

在电视新闻节目中，导语部分由播音员、主持人，在演播室以出镜口播形式出现。主体部分以画面配解说，也就是通常说的新闻配音形式体现。

“正文是对导语的深化和补充。

正文要对导语中涉及的新闻要素做进一步的注释和充实，对导语中没有涉及的新闻要素做交代和说明。为此，正文要对新闻事实做更详尽的报道，要提供更具体的细节，同时也要交代必要的背景。”①

以下是中央电视台午间新闻节目《新闻 30 分》2007 年 9 月 19 日节目中播出的一则新闻的文字稿件。②

---

① 周勇：《电视新闻编辑教程》，中国人民大学出版社，2002 年 12 月，第 39 ~ 40 页。

② www. cctv. com

主播口播：国家汉字应用水平测试全国首场考试16号下午在上海开考。包括上海市大中小学教师、党政机关公务员等在内的1170名应考者参加了测试。

（配音）中国国家汉字应用水平测试是教育部和国家语言文字工作委员会组织实施的一项语言类标准化水平测试。专家解释说，大学生掌握的汉字量应该在4500个左右，而从事文字相关工作的人则应该掌握6000～7000个汉字。汉语水平考试就是在4500个汉字的基础上又增加了1000和500个，分别是比较常用的和不太常用的。教育部希望通过测试，能够了解每个应试者的汉字应用能力，同时也为将来不同行业的从业人员提供一个入门的标准。考生成绩最终被评为一级、二级、三级三个水平等级。作为全国的试点之一，在上海进行的首场测试有1170人应考，其中50%为大中小学教师。

采访应考者A：要让学生能比较规范地应用汉字，我们老师应该有足够的基础，通过这次考试，以及考前的复习，我觉得也是对我汉字应用水平功底的一个检测。

采访应考者B：本来觉得自己的文字水平还可以，复习时发觉自己原来很多字遗忘了，有的根本不认识，我觉得考试可以提高一下自己的水平。

汉字应用水平测试，对改善社会用字环境，传承中华文化作用重大。据悉，另外两个试点城市——北京和河北的汉字水平测试也将在年内举行，试点测试对像涉及公务员、教师、媒体从业者、大学生等。试点成功后将在全国推广。

该则新闻在导语中使用了最为常见的新闻要素写作手法。时间、地点、人物、事件一一列举出来。正文中主要回答了为什么要举行这样的汉字水平测试。

（二）现场报道的文稿内容结构

以下是一则日本TBS电视台2007年11月9日午间新闻节目中出镜记者的现场报道文稿内容。

出镜地点：东京　港区　日本未来图公司前

出镜记者：中野裕介

这里是位于东京赤坂的防卫专门商社“日本未来图”公司前，今天上午十点特别搜查人员共15人开始对该公司以及相关人员住宅进行正式搜查。

犯罪嫌疑人宫崎元伸原来是山田洋行的专务，从去年6月从公司退休以后，和这个公司在美国的子公司“山田国际”的总经理犯罪嫌疑人秋山收共同串谋，利用秋山管理资金这样一个便利条件，将1亿2000万日元汇回到日本，用来作为建立新公司的资金使用，这个事件以挪用公款贪污嫌疑被立案调查。特别搜查部除了搜查“日本未来图”公司和宫崎嫌疑人的住宅之外，还将要调查跟这个事件有关联的地方。今后，将分析这些收押到的资料，来判断这些资金的流向。

出镜记者现场报道的文稿结构与消息类新闻文稿结构大体相同，包括导语与正文两个部分。与消息类新闻文稿比较，特点是：

1. 记者进行出镜报道在导语部分首先交代的是地点，这是现场报道文稿内容的特征之一。除了交代地点之外，有时在导语中凸显某一新闻细节也是常用手法。

2. 消息类文稿：结构严谨、偏书面语、较少使用形容词和副词、言简意赅。现场报道的新闻文稿：结构随意性大，口语化，描述和形容语汇较多。

二、出镜记者新闻语言的语体分类

出镜记者现场报道不仅涉及新闻导语，还涉及新闻正文。

在报道过程中，出镜记者接触到的新闻语体包括报道语体和评论语体。

在较短的报道时间限制下，出镜记者的报道语体随着新闻内容的变化而转变；从新闻事实的复述到现场情景的描述，从现场人物采访到新闻事件点评，在两三分钟的时间内完成不同新闻报道语体内容的过渡。

（一）报道语体

报道语体中包括：新闻事实复述、现场情景描述和现场人物采访三种报道语体。

1. 新闻事实复述

出镜记者将自己在新闻现场采访到的相关人员、观察到的现场情况、事前的调查背景等内容，以有声语言为信息载体传达给电视机前的观众。新闻事实复述是在原有材料基础上的再加工行为，出镜记者主要采用概要式复述、细节详细复述两种形式。

概要式新闻事实复述，以报道新闻主要概况为主，新闻五要素的简约扩充。

细节详细复述是针对于新闻细节进行的拓展式复述报道。

出镜记者在现场触及到的对于人物性格、事件发展产生某种逻辑联系的局部特征，在向观众传达信息时，将这一细节内容给予一定时间量的报道说明。例如，出镜记者就上海举行的汉字水平测试进行报道时，对参加考试的人在进入考场前还在最后抓紧时间看几个字，其中某位中学老师在参考书上密密麻麻地做了很多符号，不同颜色代表不同意思等情况做了详细复述，此种复述就是细节详细复述。

出镜记者在做新闻事实复述时需要注意的问题是：

- 新闻事实信息丰富，中心突出。
- 新闻事实脉络清楚，适宜听觉。
- 详细复述重要细节，围绕主题。
- 事实信息复述流畅，表达连贯。

2. 现场情景描述

现场情景描述包括人物描述、物体描述、环境描述，其中对环境描述是出镜记者现场报道的核心点。现场情景描述是出镜记者现场报道中普遍使用的报道手法。

现场情景描述是指出镜记者在报道主题下，对正在发生或刚刚发生了的新闻事件现场的周围环境、现场人物、现场氛围等所进行的实际描述。现场情景描述使用的方法是观察描述法，对新闻现场实际存在的实物、人物、场景进行的“复制”式描述方法。在新闻报道的真实、客观原则下出镜记者的现场情景描述必须以实际存在的实物为基础，不允许有合理想象成分的存在。

例如，在市民广场举行的迎接奥运会少儿书画比赛，出镜记者在青少年朋友们创作时，以某位同学为主要观察对象，将其整个创作过程进行描述性报道，他如何运笔、调色等。同时，还可以将其他同学的创作样态进行生动描述，两者的创作姿态进行比较报道。

现场情景描述涵盖了现场实物介绍说明，在报道主题下对客观存在实物的外形、机能、作用、意义等进行说明解释。介绍说明的目的是为了说明该实物对于事件发生、发展起到的直接或间接的作用。

例如，日本 NHK 电视台出镜记者西东大在千叶县市川市某药厂库房对麻疹试剂样品进行的说明介绍，一方面解释了该试剂出现短缺的原因，同时还说明了该试剂的使用方法和进口情况。

还有一种解释是对之前在该现场发生的事件过程的说明，由于此过程对当前产生某种程度的影响，所以有必要进行解释说明。例如，白岩松在 2007 年香港回归十周年时再次来到 1997 年进行直播报道的地点，十年前发生的一切历历在目。就在 2007 年做回顾报道时，就在那个直播点上白岩松就十年前，即 1997 年直播报道时，水均益找不到他一事进行了详细的解释。对于 1997 年那段往事的解释说明从侧面证明了此直播报道点的政治意义。

出镜记者在进行现场情景描述时需要注意的问题是：

● 新闻立体空间描述，方位顺序符合视觉习惯。

● 重点细节描述，力求特征突出，感同身受。

● 过程描述适时利用背景资料过渡信息低谷时段。

● 语言准确、生动、鲜活。

● 对比、比喻等修辞手法的灵活运用。

3. 现场人物采访

现场人物采访是出镜记者在现场报道时采访相关人物时所使用的报道手法。

现场人物采访报道语体与之前的新闻事实复述、现场情景描述语体不同，在与实际交流对象“一对一”的交谈进程中进行现场报道。现场人物采访的使用比例较高，无论是片段化的街头采访，还是就某一事件对有关人员的专访，现场人物采访采集到的同期声在现场报道的地位都无可取代。

出镜记者在现场人物采访时需要注意的问题是：

● 提问语气恰当，状态从容，注意力集中。

● 注意体态语、眼神的有效默契配合。

● 提问时关键词重音突出，表达自然。

● 提问时语气节奏符合现场情景气氛。

● 采访前的自我介绍与采访结束后的谢意表达。

（二）评论语体

长久以来，电视新闻评论竞技舞台的主角一直是新闻节目主持人、新闻评论员、专家。出镜记者在现场报道时涉足新闻评论领域，对所报道事件进行现场同步评论的方式一扫现场报道只做浅层信息传达的媒体印象。从报道语体到新闻评论语体，出镜记者有声语言语体表达层次之多，转换时间之短，是电视新闻信息传播者之中难度最大的一位了。

报道语体传播内容是事实性信息，评论语体传播内容是意见性信息。

作为从新闻现场发出的“第一条意见性”信息，出镜记者对于新闻事件的准确把握与掌控显得极为重要。出镜记者现场新闻评论最大优势是在新闻发生的现场以事实性信息为基础进行最新鲜的问题分析，避免了新闻评论理论堆积、信息干瘪，套话、空话连篇，言论信息垃圾之感。

1. 新闻评论的“短小化”

新闻评论的“短小化”始于纸面媒体，翻开《新京报》的 A2、A3 版，以往超大篇幅的新闻评论被 1500 字以内的短、平、快的“迷你评论”所取代。从央视《东方时空》《焦点访谈》收视率的下滑，北京电视台《今日话题》（类似于央视《焦点访谈》的节目）的停播不难发现，一板一眼、语式单一的电视新闻评论的媒体地位正在逐步下滑。与之形成鲜明对比的是，民生新闻主播对刚刚报道过的新闻进行三言两语式的评论形式正处于上升态势。这说明，电视新闻评论不是电视议论文，电视新闻评论如今改变了存在样态，这其中，出镜记者在新闻现场进行的新闻评论就是改变形式之一。

2. 现场评论的优势

现场报道的特点是在两三分钟的短时间内，将新闻现场信息在一定主题下条理清晰、内容丰富地传达给观众。在此情形下，现场新闻评论通常采用的是三言两语的“短评”。三言两语式的新闻评论对于新闻节目主持人来说，是目前最便利的新闻评论模式。

出镜记者的现场新闻评论与新闻节目主持人不同。出镜记者是自己报道、自己评论，主持人是别人报道、自己评论。从对新闻信息的熟悉程度来说，出镜记者具有一定优势。出镜记者的三言两语式新闻评论是就刚刚报道的事实性信息中值得说一下、有必要说一下的地方发表自己简短的看法。通常来说，现场新闻评论只有几句话而已。就是这几句话恰恰反映了出镜记者对新闻价值的洞察力和剖析力。观点直接、短小精当、恰到好处、一针见血是现场新闻评论的最佳体现。吴郁教授在《当代广播电视播音主持》中就新闻节目主持人的三言两语式新闻评论的总结，同样适用于出镜记者现场新闻评论：

（1）提示重点。

在概述消息要点中，稍加议论，引导受众注意新闻的重点，既有提示作用，又有解释作用。

（2）倡导方向。

对所报道的具有积极意义的人或事，针对受众的思想做画龙点睛的剖析，鲜明地突出我们的倡导方向，引发受众的思索。

（3）引发共鸣。

主持人在议论中动之以情，晓之以理，抒发内心的情感与理性升华的议论相结合，能激发受众共鸣，产生意味深长的传播效果。

（4）点到为是。

主持人对某些事件的报道不是就事论事，而是引导人们举一反三，联想类似的现象，思考症结所在及背后的原因，主持人并不直接下结论，不以教育者自居，点到为是，让人觉得亲切又耐人寻味。

(5) 深化意义。

在点评中进一步剖析新闻信息或报道背后值得深入思考的问题，像“黑体字”一样突出强调其普遍意义，引起警觉，发人深省。

(6) 预见警策。

对消息报道中初露端倪而又盲目性的事物，主持人应有洞察秋毫的辨析性分析，这种具有预见性、警策性的议论，需要对事物发展规律、有关政策、社会现状的综合分析。

(7) 纠偏补正。

有时某些跟随式纪录性报道，真实倒是真实，却存在偏颇之处，此时，主持人必须对点评方式提出正确的看法，以清醒全面的判断纠正偏颇，弥补缺憾，以正视听，这是主持人的责任。

(8) 激情点评。

在一些特殊的时刻，主持人在向受众报告最新发生的信息时，对客观的描述情不自禁地融进自身主观的感受和评价，与受众沟通分享。这种分享也许是悲愤，也许是自豪，主持人此时的真情流露与受众形成极具个性特色又富于朴实的交流和互动，能立即带来传播者与受众同气相求、心心相印的效果。①

新闻客观报道的特征之一是事实与观点分开。出镜记者在做现场报道时以事实性信息报道为主，在可能的情况下就事件发表观点，即发表意见性信息。为了避免受众在信息接收过程中，将两种信息混淆，出镜记者在做新闻评论时，不仅在新闻语言内容上有意提示此处是自己的评论，更主要的是在有声语言表达上予以明示，即语气、节奏等方面及时进行转换。

出镜记者在现场新闻评论时需要注意的问题是：

●与报道语体基调相呼应，切勿出现“两张皮”现象。

●言简意赅，观点突出，切勿长篇大论，毫无边际。

●语速较之前的报道语体稍慢一点，关键词重音突出，通过语气节奏增强说服力效果。

三、出镜记者新闻语言的特点

一般认为，所谓新闻语言，就是新闻作品所使用的具有自身特征的语言，简

① 吴郁：《当代广播电视播音主持》，复旦大学出版社，2005 年 9 月，第 167 ~ 169 页。

而言之，就是新闻作品的语言，它是相对于文学语言、外交语言、公文语言、法律语言等而言，它们是同一层次（位阶）的概念。……为了更适合新闻报道的要求，在遣词造句、表情达意方面都显示出自身的特征，形成了新闻文体的特有的语言特色。①

出镜记者现场报道的新闻语言特点通过以下事例可以充分说明。

2006年9月 北京电视台、香港凤凰卫视联合制作播出了《国家体育场——鸟巢钢结构卸载》的大型直播活动。以下是主持人桑朝晖与出镜记者田冰之间的双视窗直播对话。

桑朝晖：我们的记者田冰正在那里，田冰你好。

田冰：桑朝晖你好。

桑朝晖：请介绍一下那里的情况。

田冰：我现在正在鸟巢的正中心，这里就是指挥部的所在地。这六天来咱们的设计人员、监理及承包方都在夜以继日的战斗，就是为了今天鸟巢能够顺利的卸载成功。今天也是工程最关键的一天，因为要进行7.4和7.5这两部的卸载工程，如果这两部能够顺利的卸载成功，那么，鸟巢的卸载工程就是成功了。在我的后边，大家可以看到有一个小鸟巢，这个小鸟巢是前几天咱们工程人员搭建出来的，专门是为了今天最后的胜利。我也希望咱们这个鸟巢的钢结构依靠自己的力量矗立在这里。大家还可以看到我的右边和左边，是参加今天鸟巢最后卸载的工人，大概有200多位。他们身上的装备已经戴好了，集结待发走到自己的作业点，说实话，鸟巢我已经来过很多次了，但是，今天的心情却是特别的激动。因为今天是最关键的一天，可以说是进入了倒计时了。那么，这些工人一会儿会走到鸟巢的作业点，我呢，希望这个简短的开工仪式快点开始，那么，今天的工作就可以开始了。好像已经开始宣布了。

开工仪式（略）

田冰：好的，现在工人已经准备走上作业点了。十几分钟之后他们就会开始卸载工作了。现在开始呢，我一直会在我现在这个指挥部给大家介绍情况。现在把信号交还给演播室。

桑朝晖：田冰，刚才总指挥一声令下，他说这第七大步是不是就是今天最关键的最后的一个环节了。

① 匀志霞主编：《记者职业口语》，合肥工业大学出版社，2006年10月，第241页。

田冰：对，鸟巢的卸载工程一共是七大步。

桑朝晖：他又说是其中的几小步。

田冰：今天是最后的两小步。

桑朝晖：好好，你在那儿坚守岗位，待会儿，给我们继续发回那方面的消息。

田冰：好的。

以上是新闻主播与出镜记者的双视窗对话和出镜记者现场同步报道两种形式并用的情况。从中可以发现现场报道新闻语言的特点是：

（一）新闻语言的口语化

"口语化"是出镜记者现场报道新闻语言的最大特点。

与新闻主播的新闻语言书面语特征相比，出镜记者新闻语言口语化表征明显，对象感极强，有声语言表述灵活，停顿自由。在报道提纲的统领下，出镜记者的新闻语言句式短小、句式简单、书面语少、以口头词语为主。新闻事实要点和新闻叙事结构的逻辑顺序不必拘泥于已有的语句安排，只要保障叙事流畅、层次清晰，在表述时，出现磕巴也没有关系。受众在毫不费劲的情况下，一听就明白新闻事实的脉络、层次。在新闻现场这一特定语境中，出镜记者很多时候无需交代画面中已知信息，根据上下情景便可顺势转换报道内容，受众在信息接受上也不会产生歧义。对于专业名词进行通俗易懂地解释说明，多用口语句式，不用倒装句等容易产生听觉障碍的句式。

（二）新闻语言的交流感

出镜记者进行现场报道时："急切地想要把自己在现场看到的一切以最快的速度告诉给观众。"为此，在语气的把握与体现、句式使用、受众心理需求的预设与准备等方面皆表现出强烈的给予感和交流意识。在真实的新闻现场情景下，出镜记者面对镜头，手持话筒，交流意识贯穿报道始终。

2004 年中央电视台在直播《阿富汗总统选举特别报道》时，邀请新华社驻阿富汗首都喀布尔首席记者王军担任出镜记者，在长达八分钟的双视窗现场直播报道中，临时担任出镜记者的王军所暴露出的问题是有声语言表达上的"自言自语"问题。交流感的缺失、交流意识的不足，直接影响到受众收视情绪。王军身为纸面媒体记者对于文字具有职业掌控能力，对于电视新闻出镜记者来说，镜头感、交流感是电视新闻记者需要具备的专业意识。

（三）出镜报道的片段化

出镜记者出镜报道时运用有声语言进行新闻叙事，出镜部分通常在报道的开始、结尾、串场、现场采访段落。

2007年6月4日中央电视台《360°》节目开始了为期一周的“环保在行动”报道周活动。出镜记者宋丽丽在新闻的开头所做的现场报道是：

这是一份中国应对气候变化的国家方案，今天国家发改委在国务院新闻办公室向全世界公布了方案的内容，这个方案长达58页，是我国第一部应对气候变化的政策性文件，同时也是发展中国家颁布的应对气候变化的国家方案。

有的出镜记者更倾向于在新闻片结尾处做总结性的现场报道。日本TBS电视台晚间新闻节目《筑紫哲也新闻23》在报道温家宝总理访问日本的新闻时，采用的是录像型现场报道。在温总理访问日本期间担任出镜记者的高桥一世采用的就是总结性的现场报道。

在最后一天的行程中，TBS的报道题目是：“温总理IN京都，平民派的诉求”。

内容是：参观茶道、棒球体验、周恩来总理诗碑献花、视察农业、与立命馆大学学生交流。

出镜记者高桥一世在新闻短片的最后做了出镜报道，题目是：“温家宝总理回国，冰融化了吗?”（地点：京都），在报道中他总结了温总理此次访问的成果以及今后两国还将面临的问题。

除了在新闻的开头和结尾之处做片段化的出镜报道之外，在日本的Wide Show节目中，出镜记者的出镜报道的片段化还体现在对相关地点的介绍以及场景转换时的串场上。例如某犯罪嫌疑人被逮捕，除了在犯罪现场出镜外，还会在犯罪嫌疑人的住处、购买犯罪武器的商店、曾经工作过的地方等带有明显地理性标志的场所做出镜报道。出镜时，出镜记者只用简短的一二句话。例如“这里就是犯罪嫌疑人××的住处，这里距离犯罪现场只有500米。”“这里是16岁少女购买斧子的家居中心，一周前她在这儿买了跟我手里拿的一模一样的斧子。”

出镜记者现场报道时，为了在有限的时间内将现场画面信息传达给观众，大多采用在报道的开头、结尾做出镜报道。这与体验型现场报道有着根本区别，体验型现场报道重点突出的是记者体验过程中的所感所想，记者出镜自始至终。而一般的现场报道，出镜记者的出镜报道时间只占新闻片的较小部分，从新闻叙事角度出发，记者出镜报道时的有声语言表达内容是片段化的，或是新闻导语、或是简短总结、或是转场。

出镜报道的片段化处理方式要求出镜记者在材料组织上注意逻辑衔接。“现场报道是对新闻事件记叙的一种选择，一种剪辑，是某种意义上说的断章取义。既然是选择，那么为了保证所选定的各个材料之间逻辑上的完整连贯，材料与材料之间必须要有某种衔接、某种呼应、某种过渡，否则这种跳跃性会影响观众的理解，现场报道的语言必须具有这种功能。"①

（四）非语言符号的活用

非语言符号主要是由表情语言、体态语言、手势语言和服饰语言四个方面组成。它们传递出来的无声的信息是语言或文字所不能取代的，而且对有声语言起着强化或削弱的作用。② 非语言符号在现场报道中，出镜记者运用的恰当与否直接影响到新闻报道的传播效果。出镜记者从事现场报道采访活动时，根据不同的新闻环境选择使用符合现场情景的非语言符号。

非语言符号中表情语言、体态语言、手势语言在现场报道中运用较多。出镜记者尚未开口，观众从记者的面部表情就可以意识到事态的严重性。脸部表情中眼神是最重要的，关切、质疑、激动、无奈……一系列的复杂情绪都可以通过眼神传达出去。面部表情的丰富性、复杂性、多义性，要求出镜记者报道时以新闻事实为基础，准确恰当把握。

除了脸部表情之外，出镜记者的手势、站姿、演示动作等体态语在现场报道中的作用不可忽视。现场报道在室外进行，体态语言运用环境、动作姿势、表现幅度比演播室自由。特别是在体验型现场报道中，记者的体态语言运用得越是丰富、自然、恰当，报道效果就越明显。中央电视台国际频道新闻节目主持人孙宝印曾作为中央电视台驻日记者报道了日本唐招提寺如何保护、修复古建筑的新闻，在报道最后，他站在古建筑的旁边总结道："历史文物就是古人触摸到的，我们今天也能够触摸到的东西。"说着，他轻轻地拍了一下有着几百年历史的木板。在讲授这段报道经历时，他回忆说："这个动作是特意设计的，目的就是能够引起观众的注意，起到强调的作用。"

出镜记者非语言符号的使用主要分两种情况：一是独立面对镜头进行报道；二是与被采访对象一起出镜。大多数出镜记者将报道的重点倾向于有声语言的内容上，较少关注非语言符号的运用技巧、使用注意事项等细节问题。出镜记者的现场报道通过有声语言完成新闻叙事，仅仅凭借有声语言完成新闻报道的话，信息传播渠道未免过于狭窄。将非语言符号有效地融合在有声语言之中，可以发挥

① 勾志霞主编：《记者职业口语》，合肥工业大学出版社，2006 年 10 月，第 348 页。
② 勾志霞主编：《记者职业口语》，合肥工业大学出版社，2006 年 10 月，第 123 页。

相乘效果。非语言符号可以同时刺激传、受双方的多种感官，调动双方的触觉、嗅觉、味觉等感官参与传播。[①] 这样，出镜记者的现场报道在有声语言的基础上，依托丰富的非语言符号，从而使得新闻报道传播以立体化、多层次、多元化的形态展现出来。

第二节　出镜记者有声语言表达技巧

一、出镜记者有声语言表达的问题点

在我国电视新闻节目中，出镜记者来源复杂，大多数是未接受过有声语言训练的电视新闻编辑记者。有着一定新闻报道经验的编辑记者在新闻信息收集处理、文稿内容组织、问题切入角度上具备报道优势，但是，在有声语言表达上却是差强人意。从我国目前情况来看，出镜记者有声语言表达出现的现象主要表现在以下五个方面。

（一）长篇大论型

长篇大论型是指在进行新闻报道过程中，滔滔不绝说个没完，中间没有过渡、停顿，语气急促，表达单一，令观众有喘不过气的感觉。此种有声语言表达大多出现在庆典活动、紧急事件的报道中，庆典活动的热闹气氛无形中促使出镜记者调高了音量，为了让电视机前的观众听清楚，记者试图将自己的声音盖过背景同期声，报道环境的复杂加之记者兴奋的情绪容易出现喋喋不休、不喘气的表达现象。

（二）镜前兴奋型

镜前兴奋型是指为了追求镜头前积极的有声语言表达状态，过于表现出兴奋、惊讶、愤怒等夸张行为的有声语言表达现象，此类表达也可以称之为“台词表演型”“脸谱化表达”。镜前兴奋型在有声语言表达上的特点是：大惊小怪、小题大做。具体表现在：重音处理刻意夸张、句势大起大落、语气变化生硬突兀、表情夸张。镜前兴奋型有声语言表达出现的原因主要是出镜记者将现场报道出镜状态类型化、演出化，在过于看重自己的出镜状态前提下，忽略了出镜记者镜头前表现与新闻事实之间密切的逻辑关系，结果造成镜头前表现与新闻现场气氛、新闻报道内容相脱节的现象。

---

① 匀志霞主编：《记者职业口语》，合肥工业大学出版社，2006 年 10 月，第 119 页。

（三）平淡无味型

面无表情、自言自语、缺少对象感是平淡无味型现场报道有声语言表达的特征。与镜前兴奋型截然不同的是，出现此种有声语言表达问题的出镜记者主要是缺少语言表现能力、感染力。具体表现为：语气的感情色彩无法展现复杂情感变化，表达语式直白；语气分寸感的把握欠缺，尺度拿捏无变化；语句层次模糊，总是一个“劲”；特别是缺少与电视机前观众的交流意识，无论是语气上的给予感还是体态语言的示意性。

（四）只问不听型

只问不听型是指出镜记者在现场采访报道时，注意力仅仅集中在自己的提问上，忽视被采访对象的回答，即典型的“自我提问中心制”。提问犹如机关枪，一个问题接着一个问题，对于被采访对象的回答一味的全盘接受，不过滤，不分析，不筛选。出现这一问题的原因是：出镜记者力图在简短的采访中，尽可能多地了解新闻事实，增大采访环节的信息含量。

出镜记者现场采访报道与新闻节目主持人演播室专访不同，现场采访的突出特点是提问直接、句式简短、节奏较快。但是，这并不表示现场采访可以省略“倾听”这一重要环节。倾听是出镜记者再提问的原点，是传受双方信息交换的基础。只会提出问题的出镜记者还远远难以胜任新闻现场采访报道任务。

（五）机械背稿型

出镜记者现场报道分为录像型和直播型两种。录像型现场报道时，出镜记者事前准备时间比较充裕，为了保证有声语言信息传达的完整，很多记者在报道前会写好文稿，在镜头前进行报道时以文稿内容为主。主题先行的现场报道虽然是直播，但是，出镜记者同样可以事前准备好文稿内容，在镜头前报道时以文稿内容为准。通常，只有突发事件现场报道时，由于时间急迫，出镜记者只能依据提纲完成报道。

事前写好的文稿可以保证信息的完整性，同时又容易束缚出镜记者有声语言表达，机械背稿现象就是在这种情形下产生的。具体表现为：说完上句，努力回忆文稿的下一句内容，报道过程中暴露出冥思苦想的表情；一旦某句说错，便无法继续报道，逻辑链条、事实信息层次混乱无序；报道时表情僵硬欠自然，从听觉角度来说，犹如照着稿子念，一板一眼。

出镜记者现场报道是否需要新闻文稿呢？从目前情况来看，完全摒弃新闻文稿是不现实的。日本的电视新闻出镜记者现场报道分为有稿报道和无稿报道两种情况。有稿报道主要使用在那些常态的现场直播报道中，刚刚入台的新人大多使用有稿报道形式。使用无稿报道的是那些有着丰富现场报道经验的老记者和新闻节目主持人。所以说，以“有稿”和“无稿”这一标准来判断出镜记者的现场报道水平，未免有些武断和极端。对于出镜记者来说，从新闻现场积累报道经验是最好的途径。

二、出镜记者有声语言表达技巧

准确、恰当的有声语言表达方式可以提升记者的报道形象。美国著名电视新闻节目主持人爱德华·R. 默罗曾经担任过 CBS 电台《这里是伦敦》的现场报道记者，他在华盛顿州立大学的导师爱妲·劳·安德森给他提出建议，即在他招牌式的开场白中的第一个字之后插入半秒钟的停顿，使之成为“这里——是伦敦”（This——is London）。这一表达方式使人们很快记住了他的名字，在之后的电视新闻节目中，他照搬照抄了这一表达方式，在电视新闻报道界同样取得成功。有声语言表达技巧对于现场报道的发酵效果是显而易见的，是做语言的“画家”还是做语言的“尸体”，有声语言表达技巧能力至关重要。

（一）新闻叙事有条理性、语言表达重流畅

出镜记者手持话筒，面对镜头，以新闻事实信息为基础运用有声语言完成新闻叙事。新闻事实清楚，层次分明，条理清晰，叙事顺序符合视听习惯是出镜记者利用有声语言进行新闻叙事的基本要求。做到新闻叙事有条理性需要注意的有：

● 加强导语信息含量，开门见山亮出底牌。

● 新闻事实语句组织紧紧围绕报道目的展开。

● 以短句为主，一句一个事实，简单利落，注意事实之间的逻辑关系。

北京电视台晚间新闻节目《直播北京》在报道冬季禁止垂钓的新闻时，出镜记者现场报道的有声语言表达中出现的问题具有普遍性。

新闻题目：城管突查野钓，人数不减反增。

“观众朋友，我现在是在昆玉河畔，按照北京市河湖管理条例是严禁在此进行垂钓的，长期垂钓不仅对河流质量带来影响，在冬季进行冰钓对生命安全也会带来很大的隐患。前两天，我们城管队员对前来冰钓的人进行了规劝，可是当今天记者再次来到此地的时候，进行冰钓的人不但没有减少反而增多了起来。”

从报道中，我们知道记者前几天已经就此现象进行了报道，此次是后续报道。基于以上情况，记者在表达时，语气就应该比较坚定，对于不减反增的怪现

象要鲜明地体现出质疑、批评的意味。报道的重点应该在明文禁止、生命安全隐患、不减反增三处。但是，事实上，该出镜记者北京方言较重，吐字模糊，语言欠流畅，气息既浅又弱导致语气过于暧昧，说服力弱。

优秀的出镜记者有声语言表达能力与新闻采访报道能力是相辅相成、相映成辉的。

流畅性是出镜记者有声语言表达能力的外在指标。报道时不出现停顿和插入感叹词、废话的现象，因为说话时一旦说出“嗯、哦、那个”、多次重复一个词汇、停顿时间过长都会使观众觉得不舒服。从受众角度考虑，记者经过了一段时间的准备，面对镜头报道时，没有理由或者是没有时间出现停顿和思考。出镜记者需要用职业化的语速、流畅的表达来报道新闻事件。

实现有声语言流畅性离不开停连、重音、语气和节奏。

1. 停连

在有声语言的表达过程中，声音中断、休止的地方就是停顿。反之，那些不中断、不休止的地方就是连接。有声语言语流中声音的停顿和连接，统称为停连。[①]

出镜记者对于停连的使用原则是：多连少停。与新闻播音员主持人来自新闻文稿的语法关系、结构关系等二次创作压力不同的是，出镜记者以口头语言表达为主，握有报道内容、报道进程的主动权，停连目的除了表情达意之外，来自记者自身的生理需求较多。

在电视新闻节目中，我们经常可以看到有的出镜记者说着说着就必须喘口气或是咽一下口水。对于出镜记者来说，克服生理停连是掌握停连技巧的关键所在。解决的办法是注意气息平稳均匀，调整语速以符合视听习惯，在表意准确清晰的基础上，将新闻事实归类，从中确定停连位置。

在此需要指出的是，出镜记者注意把握停顿前最后一个音节的音高走向，导语式报道采用扬停，总结式报道采用落停，新闻片中的插入式出镜需要根据新闻叙事逻辑要求使用不同的停顿技巧，与之后播出的新闻小片语气上保持一致，还要注意前后表达连贯。

2. 重音

重音是在有声语言的语流中，为了鲜明突出地表达具体的语句目的和具体的

---

① 吴郁：《当代广播电视播音主持》，复旦大学出版社，2005 年 9 月，第 34 页。

感情色彩而着意强调的词或词组。[①] 出镜记者重音表达的核心技巧是对比，高低法、强弱法、快慢法使用较多。

新闻现场环境与演播室不同，出镜记者在重音使用尺度拿捏上要稍许“大胆”一些，这样才更加具有感染力。与重音一同使用的还有出镜记者的体态语，两者相辅相成，新闻现场感才会更强。例如上边列举禁止冬季垂钓的新闻，该出镜记者一直面对镜头报道，任何肢体语言都没有使用。倘若在后半部分中，加一些手势，或是身体微倾向前都可以起到辅助作用。

出镜记者的重音以综合使用为主，将高低、快慢、强弱等表达技巧融合交错，这样有声语言表达才会形式多样。

3. 语气

语气是“思想感情运动状态支配下语句的声音形式”。语气由两个方面构成，“一方面是一定的思想感情，一方面是一定的具体声音形式”。[②] 出镜记者现场报道有声语言表达的新闻性特征只有通过语气才能实现。语气是出镜记者有声语言情感传播的载体，是体现信息新闻性的保证。

日本阪神大地震发生之时，日本朝日电视台出镜记者渡边宜嗣从位于关东地区的东京赶赴位于关西地区的神户进行现场报道。在一片废墟边做直播报道时，他是这样表述自己当时的思考过程：“这一片废墟从我的嘴里可以脱口而出，但是，就是这片废墟，是一个家庭辛辛苦苦用贷款买的，是‘MY HOME’，这里的每个角落都写满了家人的回忆，可是如今就在这下面埋着他们的亲人，一想到这儿，这片废墟就不再是凌乱的碎石块，而是装满了生活的点点滴滴。从东京正常的生活工作环境赶到这另外一个世界进行报道，我的内心不断受到冲击。”

对于出镜记者来说，熊熊燃烧的大火、惨不忍睹的车祸现场，这些真实的新闻现场是掌握确切语气的内心依据。丰富复杂的情感心理只有通过外在声音形式，即不同的语言表达样式才能被观众所感知。最失败的现场报道是观众看后以为你是一位旅游节目主持人，你轻率的表情，轻松的口吻与你所报道的事件格格不入。在现场报道时，记者用了一种不合适的语气或者是语气转换出现偏差都会造成观众误读信息，记者不经意或无意识的语气都会造成这样的后果。有些记者对于新闻事件的判断是准确的，但是由于有声语言表达能力的制约，导致实际报道时语气上无法体现新闻事件的本质，也就是我们说的“心里明白，嘴上说不

---

① 吴郁：《当代广播电视播音主持》，复旦大学出版社，2005 年 9 月，第 42 页。

② 吴郁：《当代广播电视播音主持》，复旦大学出版社，2005 年 9 月，第 49 页。

出来。”

4. 节奏

节奏是以思想感情为依据的声音运动形式。节奏的外部形式表现为有声语言流的抑扬顿挫、轻重缓急。内心情感附着在语言流上的声音高低、强弱、快慢、断连等方面的变化，是体现节奏的基本要素。[①] 节奏是语词的速率，是通篇文章朗读速率，也指各个短语的朗读速率。当你知道在什么时候和为什么在这个地方去改变节奏时，你就能最充分地利用节奏。[②]

出镜记者现场报道的节奏是：语流顿挫少，语速较快，语流顺畅，语势平稳。由于篇幅短小，表意集中，所以，出镜记者有声语言节奏的变化幅度不会大起大落。

（二）即兴口语表达为主、新闻文稿提纲为辅

即兴口语表达在广播电视节目中使用比率越来越高，即兴口语表达能力早已成为衡量播音员、主持人有声语言表达能力的标准之一。对于出镜记者来说，即兴口语表达是出镜报道的根基，今天的电视新闻报道模式越来越多地要求出镜记者随时随地即兴完成现场直播报道工作。出镜记者即兴口语表达能力直接关系到出镜报道质量的高低。然而，即兴口语表达能力不是通过一次培训、一门课程、一次报道就可以“速成”的能力。

1. 切割法

出镜记者的即兴口语表达的特征是：新闻性。

对于出镜记者而言，即兴口语表达的基本要求就是学习如何在短时间内迅速地把在新闻现场采访事实信息素材以有声语言的形式包装起来。可能的话，在直播或录像前进行短时排练。在尚未报道之前，记者要设想在现场以何种角度切入新闻事件，根据这一切口把材料切割成若干个有条理的、短小的、简洁的想法和短语。在脑子里把要说的内容编辑、串联一下。

2. 时间感

即兴口语表达的难度来自报道时间的“有限”与报道内容上的“无限”，出镜记者在有限的时间里完成一个事前无法用精确分秒计算的主题报道。由于记者注意力过度集中于报道内容，导致“时间感”出现盲区。所以，经常会出现记

① 吴郁：《当代广播电视播音主持》，复旦大学出版社，2005 年 9 月，第 54 页。

② Carl Hausman Philip Benoit Fritz Messere Lewis B. O’ Donnell：《美国播音技艺教程》，王毅敏、刘日宇译，复旦大学出版社，2007 年 6 月，第 53 页。

者还没有说完，时间却已经到了，而记者丝毫没有意识到的现象。对于记者来说，最大的问题是如何紧紧围绕主题进行报道，即兴口语中较为容易出现的问题是说到某一问题点时为了说清楚，就会越说越多，结果导致偏离主题的现象。所以，对于出镜记者来说，练习即兴口语必须围绕时间进行。日本 NHK 早间新闻节目《您好日本》主持人必备的“武器”之一就是一块“秒表”，选择的理由是“时间感”是播音员必须具备的“感觉能力”。电视新闻节目是以时间为轴，以现场为纬，没有了“时间感”，节目是难以进行下去的。

在此，我们来总结一下出镜记者现场报道即兴口语表达需要注意的事项：

（1）在脑子里制定提纲，总结自己想要说的内容，这些内容可以归为几点。

（2）少量分段、阶段性、切割式进行即兴口语表达。

（3）即兴口语表达句式简单、条理清晰。

即兴口语表达听起来“出口成章”，事实上，将其落实到书面上就显得有些直白。这就是为什么很多出镜记者在报道时，总是绞尽脑汁期许让自己的即兴表达显得有水平，于是，一些华而不实、艰涩难懂的排比句、词汇滥用其中。对于出镜记者来说，需要认真仔细地组织自己的报道内容，这里强调的“组织”是指：要点明确、篇幅简短、具有逻辑性，而不是用尽心思去想高深的词汇。

例如，同样是北京电视台晚间新闻节目《直播北京》在报道冬季禁止垂钓的新闻，记者原来的出镜报道是：

新闻题目：城管突查野钓，人数不减反增。

“观众朋友，我现在是在昆玉河畔，按照北京市河湖管理条例是严禁在此进行垂钓的，长期垂钓不仅对河流质量带来影响，在冬季进行冰钓对生命安全也会带很大的隐患。那么前两天，我们城管队员对前来冰钓的人进行了规劝，可是当今天记者再次来到此地的时候，进行冰钓的人不但没有减少反而增多了起来。”

如果，我们将这段现场报道进行一些整理，发现可以将报道分为 3 个信息点。其中最重要的是安全隐患。

●明文规定禁止垂钓。

●冬季垂钓危险系数大。

●现象屡禁不止。

如果我们重新将这段现场报道进行分解、隔断报道，可以这样做。

北京市河湖管理规定禁止垂钓，可是在昆玉河上还是有人在钻冰取鱼。进行冰钓的市民老人居多，长时间待在冰面上不仅容易感冒，更会诱发其他疾病，最危险的是冰层薄厚不均，给人身安全带来隐患。前几天我们报道了城管人员好心规劝市民不要冰钓，可是，今天我们再次来到这，发现来冰钓的人不减反增。人身安全与冰上取乐哪个更重要呢？

上下两段内容不难发现，后一段信息点更加突出安全隐患，条理清楚，中心突出，逻辑性强。

（三）体态语言——出镜记者的另一个信息传播渠道

出镜记者在镜头前进行现场报道传达信息，除了利用有声语言之外，另一个重要的信息传输渠道就是肢体语言，即体态语。搭乘有声语言这一信息渠道的还有表情、声调、措辞等诸多复杂表达因素，其中肢体语言的表意程度最为明显。出镜背景是运动状态的话，记者就以静态姿态报道；反之，出镜背景是静态的话，记者就应该以动态出镜。

肢体语言信息的丰富性、传达的复杂性、表现的多样性为出镜记者现场报道开辟了一个崭新的信息渠道。日常生活中，有些人嘴上虽然这么说，但是与此同时其体态语却表现的是相反的意思。此时，作为信息接受者来说，更多地会相信体态语言的信息含义。同样在出镜记者现场报道时，当记者的口头报道内容与体态语言发生冲突时，观众从画面中可以判断出哪个渠道的信息更为准确，所以，出镜记者除了保证报道内容准确、简洁之外，更要重视肢体语言在信息传达方面的重要作用。

1. 身姿

电视媒体最大的特点是“夸张”，它可以把一个在日常生活看来不明显的动作多倍放大，使得坐在电视机前的观众看到之后会比身在现场的人感触更深。有的人平时说话喜欢左右轻微的摇晃，如果出镜记者在报道时不经意的左右或前后摇晃，一定会让观众眼晕。正确的身姿、动作演示、身体位置对于出镜报道会产生积极的正面影响，“站有站相”是老百姓最朴素的想法，十分贴切。

2. 镜头感

出镜记者遇到的最大问题是怎么看镜头，缺少经验的新人“死盯着镜头”成为通病。看镜头时，不要把目光聚集成一个点，那样就容易形成死盯着镜头的感觉。眼神的转移不宜过快，特别是不要扫视。日常生活中，这些动作都不会造成什么影响，可是在出镜报道时，观众会认为你精力不集中，目光闪烁不定，心不在焉。除了看镜头之外，记者的眼神还可以聚焦在被采访者的身上。除非发生紧急情况，记者必须在镜头前转换眼神以便于之后的信息传达，这样的眼神转移是允许发生的。

3. 眼神

出镜记者除了看镜头时注意眼神之外，与被采访对象交流时同样要注意眼神的使用。有的记者采访时，提问之后，示意摄影记者把镜头推上去，给被采访者以特写镜头，因为自己不用出镜，状态立刻松懈下来，甚至是只举着话筒，眼神转移，思考接下来该问什么问题。由于缺少了眼神交流对象，被采访者继续说下去的心情会受到一定的影响。出镜记者要时刻留意自己的言行对周围人将会产生怎样的影响，在报道采访过程中，这些有意或无意的肢体行为都不知不觉地传递出去。

4. 动作的“三度”

记者在报道时，为了表达兴奋、无奈、质疑时会自然使用手势、身体前倾等示意性动作。在演示实物时，出镜记者需要借助体态语言，完成肢体信息的传达。一个简单的转身、伸手示意、打开门闩，出镜记者的“动作力度、动作速度、动作幅度”，这“三度”一定要考虑到观众收看时对于映像画面的接受习惯。

5. 自我研修

对于出镜记者来说，观看自己的出镜画面特别重要。一些日常生活中的小动作、小习惯都会带到出镜报道中去，爱眨眼睛、添嘴唇、说话嘴歪、肩膀一高一低、驼背、站不直、手不知道怎么放，等等。

6. 服饰

服装和发型同样会影响到出镜记者报道效果。

时政新闻的现场报道需要出镜记者穿正装，事件事故新闻报道有时需要记者带好安全帽，娱乐庆典的现场报道需要记者着晚装，但不宜像明星那样前卫时髦。一些主题先行的活动报道时，为了增加可看性着唐装、旗袍或是统一的服饰。

除了服装，发型、化妆也要符合现场气氛。

第九章
出镜记者职业素质要求与能力培养

凤凰卫视中文台台长王纪言在《口述凤凰》中说：做电视人最基本的本领就是“用笔记录生活，用口述来描述生活，用镜头来呈现生活”。首先一点，要有很好的书写记录能力、很好的口头表达能力，听见什么，看见什么，皮肤感觉到什么，都要用你的手记下来，用嘴流利地表达出来，另外还要有很好的镜头感，这种能力的培养要跟摄像师一起训练，带着观众行走，带着观众记忆，用自己的身体，用自己的感觉夹叙夹议，用镜头夹叙夹议。①

出镜记者是播音员、主持人职业生涯的准备，是记者从事电视新闻报道的前沿阵地。要想成为一名合格的出镜记者，到底需要具备哪些职业素质，从哪些方面培养才能获得现场报道能力？

第一节　出镜记者职业素质要求

一、新闻素质

出镜记者职业素质首推：新闻素质。

电视新闻记者需要具备新闻素质这是理所当然的事情，然而，从目前我国电视新闻节目制作整体水平来看，新闻从业人员的新闻素质正是制约电视新闻报道发展的瓶颈之一。肤浅的新闻素质只能制作出快餐式的新闻片，扎实的新闻素养是深刻新闻片的泉眼。新闻素质作为出镜记者知识结构的原始储备，内容既包括新闻业务知识的梳理和更新，同时也涵盖政治、经济、军事、文化等社会生活不同领域发生的新闻事件、新闻话题的最新进展和发展趋势的判定。新闻素质的广度、深度、宽度、厚度，决定了记者的报道视野、思考方式，问题判断以及解析角度。

（一）新闻业务理论知识的及时更新

长期在一线从事新闻报道的人，虽然实践经验丰富，容易养成固定的创作模

① 朱冰、毕蜂：《口述凤凰》，作家出版社，2006年3月，第19页。

式，特别是兄弟电视台中出现了大受欢迎的新型电视节目之后，“模拟创作思维”的作怪抑制了电视节目形式的创新，“复制之风”引发的选秀风潮、民生新闻的兴起便是最有力的证明。北京电视台生活频道的元元，其一手创办的《第七日》节目深受观众欢迎。之后，她辗转到教育电视台创办了节目《今天》，无论从节目包装到节目内容与《第七日》如出一辙，《今天》只维持了一年便停播了。由此看来，奋斗在电视新闻报道一线的新闻人，面对繁忙的工作、收视的竞争压力，在节目形式、创作理念、节目动态等职业意识形态上的更新，除了观摩优秀电视节目之外，最重要的还是需要通过新闻理论业务知识的再学习、再补充才能达到“升级换代”的目的。

笔者曾参加由中国传媒大学电视新闻学院主办的“第五届中美电视新闻深度报道、现场直播高级讲习班”，参加学习的学员除了一线记者之外，主要还是地方电视台主管电视新闻报道的有关领导。从一线人员对国外优秀电视节目、电视新闻报道理念的需求说明，有建设性、蕴含崭新报道理念的新闻业务理论对于电视新闻节目制作具有重要的指导意义和参考价值。在此需要说明的是，对于从事研究电视新闻报道的专家研究者来说，除了撰写基础教材之外，对于国外最新新闻报道理念获取的同时，更需要结合我国实际情况，有针对性的移植和借鉴。

（二）“大新闻概念”下时事资料的积累

1. 来自一线的经验之谈

无论你所在的电视新闻节目是面向全国还是地方，对于出镜记者来说，“新闻事件”本身不存在地域差别。凡是近期发生的重要新闻，都应该成为记者猎取的对象。身为记者对于新闻事件的获取能力，是衡量其新闻辐射范围的标准之一。这既是实际工作的需要，又是职业素质要求。

中央电视台新闻节目主持人康辉在给播音主持学院的学生讲课时说：“当我不当班的时候，我还是要收看新闻节目，因为很多新闻是后续报道，当自己上班时，由于之前知道了该事件的前因，所以，当自己播报或出镜主持、报道时，就会做到心中有数。为了准确把握新闻报道的基调，时时刻刻接收新闻信息是每一位从事新闻工作的人必备的常识。”以新闻播音员出身成为电视新闻节目主持人的康辉，开始活跃在中央电视台的各类大型电视直播活动中。一旦有机会他便会奔赴现场进行报道，其在“印度之旅”中的优秀表现可圈可点，2007 年 10 月 24 日中央电视台有关嫦娥一号的报道他作为主持人参与其中，扎实的新闻播报、自然流畅的人物采访是他从事新闻报道十几年来的经验积累。

2007 年 10 月 23 日日本每日放送大阪支局新闻节目主持人桥本佐与子来到日本关西大学社会学部演讲。身为一名新闻节目主持人，她经常赶赴新闻现场做出镜报道。2005 年 4 月 25 日在兵库县尼崎市发生的 JR 福知线电车脱轨事故，伤亡惨重。桥本佐与子在事故发生后，赶赴现场担负各个时段新闻节目的直播报道工作。

当有关该事件的报道告一段落之后，她利用在直播当时收集的信息为原点，跟踪事故受害者接下来两年的生活治疗过程，制作了一集电视新闻纪录片《我活着》。纪录片中的主人公是此次事故的受害者铃木顺子，从鬼门关走过来的她，在事故发生后的两年时间里，在家人的支持下与病魔斗争，身体机能逐渐恢复。桥本佐与子以“大事件小人生”为创作思想，真实记录了一位普通市民遭遇人生不幸时的坎坷经历。纪录片的明线是铃木顺子两年来的奋斗史，另一条暗线是有关该事故的后续报道。从片中的事故后续报道中，可以发现桥本佐与子的新闻素质与报道功底。该纪录片获得日本 2007 年度日本文化大赏奖，该奖项是日本广播电视界最高奖。

从康辉到桥本佐与子，活跃在电视新闻报道一线的出镜记者、节目主持人们，在其职业成长的历程中，对于“新闻”两个字的理解与感受却是一致的。从实际参与报道到由新闻事件引发的人生思考。笔者在与桥本佐与子交谈时，曾经这样问她：“对于出镜记者来说，在现场什么最重要？”她说：“把我在现场最重要的信息情报，尽可能多地传达给观众，用自己的感受来传达，这是我最想说的，最想告诉给您的。”

2. 事件报道——出镜记者的培训基地

报道就在眼前发生的新闻，不需要记者具备任何专业知识。发生什么，报道什么，这是记者的职业本能。出镜记者只需要把全身的感官系统充分调动起来，去看，去听，去感受，将“5W1H”的相关信息尽可能多地收集并整理报道出去。虽然，记者队伍中有政治记者、经济记者，甚至是犯罪事件报道记者、科学记者，然而一旦发生重大突发事件，对于记者来说，“事件报道”是记者的“看家本领”。而出镜记者是“事件报道”的最佳培养基地。

为了完成新闻信息内容的报道，出镜记者必须具备一些专业知识。报道美国“9·11”恐怖事件，记者需要了解飞机、建筑、世界恐怖组织，伊斯兰教文化等不同领域的知识。这庞杂的知识储备是新闻事实信息构成的关键所在，没有专业知识支撑的新闻文稿是无法承担事实信息传达任务的。

那些发生在非本国的突发事件对于驻外出镜记者来说，报道起来有些难度。

因为作为驻外记者，其报道中心主要围绕所在国的政治、经济、社会现象等，事件事故性新闻报道较少。但是，新闻报道从来不考虑记者适合报道什么，不适合报道什么。日本的电视台对于刚刚从事新闻报道的新人，最基本的训练就是如何报道新闻事件。

从事态表象到问题本质，从相关信息到后续发展，从当事人到一般人，出镜记者“新闻观”不仅仅是围绕自身所在的新闻现场，更应该在“大新闻概念”的指引下，永远抱着一颗兴奋的“好奇心”。对于新闻时事的常态关注是出镜记者的必备新闻素质。

（三）现场报道新闻文稿的写作要领

现场报道是出镜记者以有声语言作为信息传达媒介的，对于出镜记者来说，不仅仅要做到“嘴上说得好听”，更要做到“文字功底扎实”。

随着电视新闻报道理念的更新，各个信息传达环节皆出现了不同样态的发展趋势，新闻导语的短小化、播报风格的多元化，演出元素的多用化的盛行就是在此理念下诞生出来。以往新闻导语中必备的新闻五要素，如今被越来越多的标题性导语、疑问句导语所代替。在新闻叙事中，现场同期声、出镜记者现场报道、效果音，图表模型等演出元素的片段化使用，特别是电视新闻报道的“如何制作得让人更加容易明白理解”理念的提出，给出镜记者现场报道文稿的构成提出新的要求。

对于出镜记者来说，切不可出现“重语轻文”的现象，片面地认为只要在镜头前说得清楚就可以了。现场出镜报道只是出镜记者新闻报道的一个环节，新闻文稿写作能力是对电视新闻记者的基本要求。记者在掌握传统新闻文稿写作基础上，需要思考的是出镜记者现场报道这一直接以有声语言传达事实信息的新闻文稿写作要领。文稿提纲的快速构成、事实信息的逻辑顺序排列、专业用语的口语化解释、单句成段的写作技巧等都是现场报道文稿写作中需要出镜记者必备的素质。

二、语言素质

语言素质是指出镜记者必须具备一定的有声语言表达能力，具体来说，语音标准、恰当准确地使用语言技巧、有声语言表达流畅、语言链条与思维链条同步、面对镜头时交流感强。

出镜记者所有采访行为的最终目的是面对镜头，手持话筒，运用有声语言完成新闻叙事。新鲜的信息、震撼的画面、生动的同期声，这所有的一切都需要出镜记者运用有声语言将其串联起来报道出去，没有有声语言就谈不上出镜记者现场报道。

出镜记者的两项基本业务素质是“新闻采访报道能力”与“有声语言表达能力”。如今，在现场报道一线出现了“重报道轻表达”的现象，新闻制作者对出镜记者人才素质能力考核时，除了关注新闻发掘能力之外，更应该将有声语言表达能力纳入其中。如果一名出镜记者只会采集信息，不善于运用自己的有声语言将信息传达出去的话，这样的记者便无法胜任出镜记者一职。

流畅地说出去、自然地说出去、此时此地必须说出去，“我的现场我表达”，这才是出镜记者最根本的素质体现。

三、合作意识

（一）来自一线的最强音

2006年10月23日中央电视台新闻节目主持人敬一丹在给中国传媒大学播音主持艺术学院的学生讲课时说：“一线需要的出镜记者人才除了具备采编播能力，拥有经济和社会学复式知识结构、镜头前的职业状态，更为重要的是要懂得如何跟他人合作。”

笔者的一位学生通过层层考试最终进入某电视台新闻栏目组工作，在进入栏目组两周时间内便投入到新闻报道工作中。与其他同期进组的年轻记者相比，她的出片速度最快。一方面说明她利用大学实习期间有效地掌握了记者工作的基本要领；另外一方面就是她具备了作为新闻从业人员必备的“合作意识”。一起进组与她年龄相仿的新记者在工作中遭遇最多的不是业务，而是人际关系问题。

电视与报纸、广播、互联网等相比，最大的不同之处在于它是“集体合作型”媒体。文字编辑记者、摄像记者、主持人、灯光，等等，缺少任何一项工种，都无法完成报道工作。在这样一个以相互合作为前提的工作环境中，“合作意识”无疑成为挑选人才的重要标尺。以自我为中心、独断独行的思考方式和处事行为是无法在电视领域工作的。笔者曾经参加某档综艺节目的录制，由于当天演播室空调出了故障，使身在演播室的主持人、工作人员和观众如同到了桑拿室，而中央电视台节目主持人王雪纯则在没有自己出镜的时候，站在摄像记者的后面用一张小纸巾给他扇风。

（二）站在对方立场思考问题

“合作意识”，简而言之，就是要站在合作伙伴的立场上考虑问题，尽可能地为对方创造有利的工作环境和条件，一位处处为别人着想的人，换来的是别人为你的处处着想。笔者的学生是一位女孩，与男性摄像记者一起工作时，能帮忙的地方她一定帮忙拿器材，在拍摄时与摄像记者以商量的口吻对话。在做现场报道时，事前把自己出镜说的话尽力准备充分，她说："'一遍就过'是我对自己镜头前报道能力的要求，为今后有机会参与直播报道做准备，另一方面是考虑到摄像记者。因为摄像记者要肩扛几十公斤重的机器，工作起来非常辛苦。如果我能以最佳状态'一遍就过'的话，就可以减轻摄像记者的工作强度。"还有就是职业角色的快速变身。她的经验是，作为刚刚进入到电视台里的新人，要知晓该栏目的新闻报道取向、目标受众人群、前期拍摄流程、后期编辑流程、节目组人员设置、外联程序、参加节目策划会和总结会、向有经验的出镜记者讨教、仔细观摩去年该栏目的最佳新闻等，"从学生到记者"，社会身份变化的背后不仅仅是把学生证换成了工作证那么简单。

（三）记者是交流的"达人"

合作意识还体现在"人际沟通能力"上。记者的工作是与人打交道的工作，人际交往能力贯穿采访报道整个过程。与被采访对象的事前联络、采访过程中的信息交流、同事之间的意见交换、发生问题时的处理调和，等等，在与他人交流的过程中，如果将"自我意识强加于人"，其后果势必影响自己与他人的合作。电视作为信息交流的媒体，记者作为提供信息产品的传达者，何为"交流"，如何"交流"，怎样才能做到有效的"交流"，获得这样的"交流"技能的前提是记者本身必须是一位善于与他人交流的"达人"。

四、应对能力

在出镜记者现场报道中，经常出现各种突发事态。应对能力需要长期报道经验的积累。

（一）费事也要做

在伊拉克战争报道中，当时中央电视台驻纽约记者刘正铸临时租用了一家境外电视台机构的传送线路，他必须在十分钟的卫星传送时间内把画面信息传回北京。他只雇用了一名老外摄像，单机拍摄。因为没有返送画面，他不知道北京是否在播出还是在收录画面。于是在北京总部的编导们从传送的画面中，看到刘正铸把摄像机冲着自己就开始报道起来。说完后，顿一下，"刚才是第一遍，现在开始第二遍。"就这样反反复复说了三遍，直到北京的编导把国际长途打通，告诉他已经收录完毕，没有问题了，他才收工。[①]

---

① 韩彪：《现场直播——新闻改革的标尺》，当代中国出版社，第 47 页。

现场报道时，由于通信问题导致的信息沟通不畅是常有的事情，也许很多人认为刘正铸这样的做法有些费事，但是正是由于他对待工作的严谨，处理问题的周全，才保证了报道工作的顺利进行。

（二）直接说出来

事实上，在直播过程中，将你面临的困难直接告诉观众也是处理问题的一种做法。

1997 年《长江三峡工程大江截流现场直播》的最后一个直播段落，计划是以燃放烟花结束节目，但临时通知在直播前燃放工作无法实施，船上的主持人只好说："观众朋友，焰火燃放遇到一些故障，而我们的直播节目又要结束了，那么我们很遗憾看不到西凌大桥燃放焰火的壮观景象了，现在我们播放一个事先制作好的专题片来结束我们的 14 小时的直播……"他话还没有说完，又接到通知可以按时燃放了。于是，他又轻松自如的说："直播就是有直播的好处，就是可以随时调整，我们刚刚得到消息，现在焰火晚会已经开始了，您看，要不是直播，我们还真是不好办了。"① 主持人的实话实说丝毫没有影响直播报道，反而让观众觉得他的话真实可信。

"遇事不慌"用在出镜记者现场报道是再贴切不过的词汇了。无论出现什么问题，处理危机的原则是对"报道有利"才行。无论是费事的处理方案，还是不得不告知受众自己面临的困难，冷静思考、快速决断、真挚坦诚，无疑会为记者的人格魅力加分。

第二节　出镜记者报道能力的培养

一、在校生的培养方法

（一）注重选题的新闻性

电视新闻现场报道教学内容与之前的电视新闻播音不同的是，需要学生在训练前就新闻报道选题等相关内容做好充足的前期准备。为了顺利进入该阶段的教学，在实际教学时要事前做好准备，笔者通常是在电视新闻播报的教学周期间，提前两周将小课组的成员分为三个小组，每个小组由一名小组长负责，负责统筹安排文案、外联人员、拍摄人员等事务。

① 韩彪：《现场直播——新闻改革的标尺》，当代中国出版社，第 47 页。

电视新闻现场报道由于条件所限，现场报道的训练内容实行的是“主题先行”的教学策略，也就是说，学生的新闻选题全部是事前策划好，之后到新闻现场完成文案设计内容，经过后期编辑后独立成篇。由于提前两周着手准备，在新闻选题上，最重要的是必须要求学生突出选题的“新闻性”，以当时发生在本市的新闻热点、焦点问题为主。这样做的目的是希望学生开拓新闻视野，从大学校园的生活圈拓展到广阔的社会生活中去，以一个“准新闻人”的视角触摸社会，将新闻意识真正地落实到行为活动中。

负责文案的同学将详细的计划书在拍摄前一周发到辅导老师的邮箱，在仔细阅读之后，辅导老师就文案提出若干意见。通常学生提交的文案内容包括：新闻选题、每位同学的出镜场景安排、出镜报道的文稿内容、拟采访人物、采访提纲等。

文案容易出现的问题是：新闻报道思路模糊、出镜理由牵强、文稿内容信息含量低、采访问题设计缺少逻辑性，比较随意。基于以上问题，可以从以下四方面与学生探讨，修改文案。

1. 新闻选题注重结合新闻事件，帮助学生整理报道思路，从报道目的、报道层次、问题揭示的逻辑关系来明确新闻现场报道所担任的报道任务。

2. 提醒学生细致观察新闻现场，选取典型背景作为出镜画面，注意使用出镜背景的画面信息以辅助有声语言的新闻报道。

3. 出镜文稿切忌不要过于具体详细，必须为临场发挥留出余地，鼓励学生以现场发现、感受为依托，在现场临时组织语言完成出镜报道。

4. 在新闻现场注意选择典型人物，采访问题摆脱空泛的套话，问题设计简短精练，人物采访的目的不仅仅是在节目中直接使用，可以作为配音的文稿内容使用，即作为信息源来使用。

电视新闻现场报道的前期准备为学生的实战打下了坚实的基础，当他们带着疑问投入新闻现场时，内心充满了“验证自我”的求证意识。该阶段的教学重点主要是帮助学生如何把握新闻选题的新闻性，以往学生的新闻选题主要集中在学校周边事物，例如“摩的”影响交通、学校附近银行少等。由于长期处于校园生活，学生的新闻视野还大多停留在报纸、广播、电视、网络等大众媒体所报道的内容，如何将所学知识与实际发生的新闻事实相结合，如何完成新闻事件的报道工作，是他们走进新闻现场需要解决的问题。而前期的文案准备工作让学生心里有了底，在深入新闻现场前做好了心理准备。

（二）新闻现场决定报道内容

当学生进入到现场报道的实际运作阶段时，通常会出现两种情况：

1. 第一次进入现场报道训练的学生，期许新闻现场发生的一切与事前的文案设计一致，这样就可以在毫无删减的情况下完成现场报道。

2. 文案中将新闻报道的叙事层次设计得比较完整周详，学生希望新闻现场的现状符合事前的设计安排，一旦出现与设计不符的情况，学生在报道过程中便会不知所措，即不想放弃原有设计，又对意料之外的突发情况不知如何处理。

针对这样的情况，在学生拍摄阶段，辅导老师需要提醒学生，现场报道注重的是“新闻现场”，不能为了追求“完美”，为了达到使用文案的目的，而无视现场的实际情况，电视新闻现场报道的宗旨是：现场决定报道。

笔者曾经辅导过的一个小课组的新闻选题是《一票难求》，拟拍摄在“五一黄金周”前夕大学生返乡买票难的问题。由于学生之前亲身经历过买票难，所以他们想当然的认为 2006 年“五一黄金周”同样如此。在往年买票难的时间段，他们开始拍摄，结果并没有出现大排长龙的景象。拍摄的几个售票点都是冷冷清清，学生们不甘心，商量决定等人多的时候，再按照原来的文案设计进行拍摄。针对这样的情况，身为辅导老师的我提出了以下意见：“为什么不将实际情况报道出来？”因为这就是 2006 年“五一黄金周”铁路交通的一个新变化。以往“黄金周”前十天出现的买票高峰，变成“黄金周”前三四天出现。根据笔者提出的意见，学生们意识到，现场报道记者不能“导演”现场，不能“设置”新闻现场，应该以新闻现场所发生的实际情况为主要报道内容。虽然，现场报道的教学训练依靠的是“主题先行”的策略，但是，这样的策略并不等于说按照文案“照搬照抄”。新闻选题的事前设计是由于在训练阶段，学生没有渠道获得突发新闻事件的线索，只能在“主题先行”的情况下，依据新闻现场实际情况，完成新闻报道。但是，在实际运作过程中，必须依据新闻现场实际情况进行报道。

（三）根据样片开出“处方”

经过前期的文案设计、实际的现场拍摄报道，学生把相关录像资料进行整合后剪辑成一个独立完整的电视新闻现场报道，把小样片带到了小课组。小片是检验学生训练过程中出现问题的最好方式，也是学生发现自身问题的最佳途径。

从整个节目来看，暴露出的问题主要有：

1. 现场报道语态尚未把握

经过电视新闻播报训练之后，学生的语态还处于演播室新闻播报状态，比较规正。进入现场报道的教学阶段，需要学生的有声语言由新闻播报向现场报道转化。从实际练习情况来看，大多数学生正处于转化过程中，少数学生的有声语言把握能力较强，可以迅速转变语态。针对这样的情况，笔者通过播放典型案例，使学生认识到自己目前在现场报道语态上存在的问题，在演播室里模拟现场报道，摸索出适合现场报道的语态，从而解决好由“新闻报道”向“现场报道”的转变。

关于现场报道，学生还容易出现的问题是“假兴奋”的报道语态。学生片面认为，新闻现场呈现出来的是鲜活、激动人心的场面，身在其中的报道者，必须调动十二分的精气神，以最饱满的热情出现在镜头前，于是“过度兴奋”的“表演报道”会时有发生。这时需要老师一方面肯定学生镜头前的积极状态，同时还要帮助学生把兴奋的出镜状态“收回来”，如何收，收到怎样的程度，需要依据学生的个人情况而定。但是，辅导的宗旨是报道者出现在新闻现场的目的是报道新闻，报道的内容和传播的画面必须忠于现场实际情况，报道者过于渲染气氛是违背新闻报道客观、公正的原则，其后果会使受众对新闻报道产生质疑，影响传播效果。

2. 人物采访语言生硬，欠交流感

学生在现场报道过程中，关注的大多数是自己出镜报道的部分，认为现场报道只要在出镜报道环节表现出色就可以了，至于采访部分不需要过分精心准备。这一想法在小片中可以清晰地反映出来，采访市民时冷淡的语气、提问的冗长、采访之后对被采访对象的置之不理、提问语言过于书面化或口语化，等等。对此，笔者就现场报道中的采访的重要性以及如何完成现场采访进一步予以讲解。报道者在新闻现场的采访：一方面是获取文字稿的信息源，另一方面通过采访相关人员，以同期声的形式报道事件，可以增加新闻的可信度。报道者与被采访人之间的人际交流以大众传播的形式予以放大，采访过程本身不仅仅是获得新闻信息，同时也是一面观察报道者新闻素质的“放大镜”。现场报道通过生动的采访过程体现出报道者的人性化魅力，这一切的实现，需要报道者从点滴做起。

3. 出镜状态随意，与报道者形象不符

学生在做现场报道时，由于缺少新闻现场的紧迫感，学生出镜状态比较松散，有的同学甚至忘记拿掉身上的背包。针对这样的情况，笔者要求学生以“准报道者”的工作状态投入训练中。在服装、道具、现场出镜身姿方面，以实际播出的标准来要求自己。

4. 典型环境选择欠明显，画面信息含量低

电视新闻现场报道的卖点是新闻现场鲜活的画面，报道者的最新发现。成功的电视新闻现场报道缺少不了典型环境和丰富的画面信息。学生在选择出镜背景时，通常比较随意，对于画面信息的重要性缺少认识。曾经有个小组报道交通堵塞情况，学生出镜选择的是中国传媒大学与地铁八通线传媒大学站之间的天桥，从出镜背景来看，根本看不出来报道者所处的位置，笔者对此提出质疑，“选择这个背景的理由是什么?”经过老师的点拨，学生发现了问题所在。之后她还是选择了该地点出镜，但是，她跟摄像同学交换了意见，把标识性的路标作为背景画面的一部分。经过重新选择，学生出镜画面的背景更为典型、信息含量有所增加。

在第一次的外拍作业中，对于典型环境的选择，学生通常未予以重视，需要老师提醒，同时告诉学生典型背景和画面信息的重要性。

5. 新闻叙事冗长，节奏缓慢

电视新闻现场报道阶段的训练内容除了让学生掌握现场报道的语言样态，更需要学生掌握新闻事件的报道要素，以及完整的、顺畅、简洁的新闻叙事结构。通常学生出现的问题是新闻叙事条理不清，也就是说，该说清楚的地方没有说清楚，不该浪费笔墨的地方却加重笔墨，甚至出现报道主线变更的情况。本来可以用三分钟说完的事情，学生会用七八分钟来报道，基本事实的交代欠逻辑，入题慢，新闻事件叙事冗长，节奏缓慢。

出现这一情况的原因是学生对报道目的不能做到始终如一；另一方面就是不愿意放弃自己辛苦拍摄到的素材。针对这样的情况，笔者采用自我发现问题的辅导方法，通过学生之间的相互点评，以学生的视角来彼此发现问题，在给别人找毛病的同时，学生的问题意识被渐渐地培养建立起来，“这个小组拍的现场报道，大家看懂了吗？哪些地方说清楚了，哪些地方没有说清楚？没有说清楚的原因是什么？如何在现有基础上进行修改?”等。通过找问题，使学生知晓新闻素材必须为新闻报道的主线服务，对于学生来说，困难的不是学习如何选择素材，而是学习如何放弃那些与报道主线逻辑关系欠紧密的素材。

(四) 增强学生的竞争心理

根据教学计划的安排，教学组会利用一次大课时间将全班各个小课组的现场报道小片进行综合点评。每个小课组选出二个小片来参加点评。笔者利用全班点

评活动鼓励学生，希望他们在全班同学面前大胆展示自己的专业水平。事实上，这样的鼓励增强了学生的竞争心理，使他们在课下更好地完成现场报道。

笔者所带的小课组中，有一位同学专业条件不错，在体育报道上具有优势。只是学习的积极性欠缺一些。当进入到现场报道的教学阶段时，在训练之初，他有些偷懒。针对这样的情况，笔者任命他为现场报道小组的组长，利用短信提醒他及时交计划书，要求他所负责的小组新闻选题必须具有一定的新闻性，新闻选题要有难度，同时还需要具备专业性。当时是2006年德国世界杯前夕，“一场没有中国球队参加的世界杯，国人是如何迎接它的到来”成为他的最初的设想。于是他提交的选题是《2006国人如何看待世界杯》，从各类媒体相关报道、商家世界杯商品促销、赴德旅游观赛、普通市民反映等方面进行了报道。节目整体叙事完整、节奏紧凑、每一个出镜报道的学生语态积极，状态准确，新闻配音与出镜记者报道有机结合，明快的主题音乐，信息丰富的画面，使得该新闻报道赢得全班同学的高度评价。当天晚上，该学生给我发短信说，经过努力得到同学们的认可，真是感到由衷的高兴。

适当的鼓励学生、增强学生的竞争心理、及时的交流沟通、提出准确的辅导意见，对于电视新闻现场报道教学训练来说十分必要。

(五) 提高性训练的首次尝试

有关电视新闻现场报道训练的难易程度，根据学生的个人情况，可以适当增加训练难度，由浅入深地培养学生的口头表达能力。训练过程可以分为四个阶段。

1. 演播室模拟报道

演播室模拟训练内容是在上小课时，临时发给学生一份约三四百字的文字稿件，要求学生依据文字稿件内容将新闻点进行整合，以现场报道的形式报道出来，分别制作出时长为1、2、3分钟的现场报道。训练要求学生快速将稿件中的有用信息点检索出来，在心中打好腹稿，依据不同的时间要求，按照信息点的重要程度，依次排列顺序完成不同长度的训练。

例如火灾事故的报道，现场报道的信息点应该包括：时间、地点、目前火势情况、人员伤亡情况、消防队情况、起火原因、现场遇到的困难、营救策略、善意提醒等。学生依据报道时长来选择报道的信息点，切忌不可把文字稿件生硬地背下来。学生模拟报道时，信息点的前后顺序，每一个信息点的展开程度都要依据时长有所变换。另外，在训练过程中，需要特别注意学生现场报道的语言把握，因为这是学生从新闻播报向现场报道的转变期，演播室模拟训练的目的是为学生进入新闻现场做好准备。

2. 表层信息报道

电视新闻现场报道的第二阶段的训练内容是，学生以新闻现场为背景，面对摄像机对所处新闻现场的表层信息以有声语言的形式播报、报道出来，要求语言精练、内容充实、现场感和交流感强。

电视新闻现场报道的主要任务是完成对新闻现场表层信息的传达工作，所以，对于新闻现场的描述性训练是重点。新闻现场可以描述的范围比较宽泛，与报道主线最为紧密的内容需要学生认真地筛选，除此之外，还包括安排信息传达的顺序、组织语言、调整状态、确定基调、把握语气等。

笔者在该阶段的辅导重点主要在信息点的选择、口头语言表达两个方面。针对学生信息选择随意、语言表达背诵痕迹明显、报道状态欠积极、交流感弱的情况，笔者首先从出镜目的着手，肯定学生报道亮点的同时，帮助学生梳理新闻的信息点，放弃信息含量低的点，起用重要的信息点。背诵痕迹重，大多是由于学生过分依赖事前文字稿件的原因。由“被动地背着报道”到“主动地说着报道”，实现这一转变需要学生“放弃”文稿的内容束缚。

3. 评论性现场报道

评论性现场报道是在表层信息报道之后完成的内容。评论性现场报道通常出现在两种新闻节目中，第一种是消息类新闻节目，对刚刚报道的新闻事实做三言两语的“小评论”；第二种是在专题类新闻节目中，例如《新闻调查》，记者在新闻现场完成新闻叙事的上下衔接，其出镜的目的不是报道身处的现场信息。所以，关于评论性现场报道的训练，笔者主要侧重三言两语的“小评论”。

训练的重点是新闻评论的切入口要“小”、新闻评论分层次评析、每一个层次选择恰当的关键词。短小精悍的“小评论”，使得电视新闻报道训练难度增加，所以，对于有一定语言表达能力的学生可以在训练过程中，适当提出“拔高”的要求。在评论性报道阶段，学生容易出现的问题是“长篇大论”，新闻评论的中心点模糊。此时需要辅导老师从其表层信息报道入手，寻找新闻评论的切入口。确定切入点之后，分析新闻事件实质问题，是从正反两方面论证还是分层次论述等。最关键的是训练学生学会使用“关键词”，关键词是学生对新闻事件的高度概括和提炼，关键词准确与否直接关系到新闻评论水平的高低。

4. 体验型现场报道

电视新闻现场报道训练难度最高的是“体验型现场报道”，此种报道方式使受众随着出镜记者的动态报道，更加真实地感受到新闻现场。在电视新闻现场报道的前沿，此种报道形式的使用相对较少。那是因为选择此种模式报道，与新闻事件和出镜记者两方面有关。首先，不是所有的现场报道都适合做体验式报道，其次是体验式报道对于出镜记者的业务水平要求更高。

通常而言，在训练过程中很难涉及到“体验型报道”。笔者小课组有一位学生，在电视新闻现场报道训练之前，就已经在电视台做过长时间的出镜记者工作，新闻现场报道经验丰富。由于该学生起点高于一般学生，笔者就安排其完成一次“体验型现场报道”。为了完成任务，她提前做好计划书，并在实际拍摄的前一天到新闻现场考察报道环境，设计行走路线，测算报道时长，考虑每一个出镜场景的报道内容。由于她事前的精心准备，使得第二天的拍摄计划顺利进行，整个报道脉络清晰，新闻现场感强。

体验型现场报道只适用于那些已经具备一定现场报道能力的学生，借助动态报道的方式，增加学生的训练难度。

笔者根据自己两年的教学经验总结了电视新闻现场报道的教学方法，其中的很多方法还有待进一步的检验。在教学过程中，笔者深深地感受“教学相长”的重要意义。电视新闻现场报道阶段的教学内容，在许多环节还需要进一步的探索。随着电视新闻报道水平的提高，电视新闻现场报道教学在完成基础性训练内容的同时，更需要紧密联系实际，只有这样才会让学生“学以致用”。

（六）对指导教师提出的要求

1. 新闻素质的再强调

出镜记者人才培养要求专业教师同时具备播音主持业务能力和电视新闻业务能力两项，只有这样，来自指导老师的意见不仅仅体现在有声语言表达上，还包括新闻线索、报道要素等方面。

2. 学生现场报道能力如何鉴别

出镜记者训练主要是“主题先行”的策划型报道。通常学生依据事前撰写的文本到现场一字不落的“背”着报道出来。往往忽略了对于新闻现场的概括描述、新闻细节的观察报道、出镜形式的合理设计等。这需要指导教师适时指出问题所在，这对培养出镜记者报道能力至关重要。出镜记者现场报道不仅仅要解决“怎么说”的问题，更重要的是“说什么”的问题。在不同的新闻现场，出镜记者的报道要素必须明确，这需要指导教师在训练过程中传授给学生。

3. 多种样态出镜报道的把握

无论是突发事件、预测性事件还是策划型事件，出镜记者画面表现形式越来越多样化。这就要求指导老师掌握基本报道模式的同时，还可以引发学生根据新闻事件特点设计出镜形式。伴随不同的出镜形式，启发学生运用不同的语言表达样式，在自主完成新闻报道情况下培养学生对有声语言的掌控能力。

二、记者的培养途径

电视台内部的人才培养机制在我国电视业界尚未确立，日本电视台的人才培养主要集中在“入台教育”阶段。日本 NHK 电视台的记者“入台教育”是在 NHK 研修中心进行。

首先接受的是新闻业务的培训。包括节目企划、图像表现、纪录片制作、新闻人的条件、报道与人权、电视摄像、电视新闻制作等相关业务内容。此后，新入台记者首先将被派往 NHK 的全国地方支局工作两三年，以后才可能调到东京 NHK 总局或 NHK 驻海外各个支局工作，积累更多的新闻现场采访报道经验。由于目前电视新闻节目中来自新闻现场的直播报道不断增加，NHK 电视台也十分重视对电视记者的语言训练。训练内容除了纠正发音、标准语训练外，还包括会话的训练，目的是培养记者在新闻报道时，具有强烈的交流意识，达到最佳的传播效果。①

与新闻播音员不同，对出镜记者的语音面貌条件的要求相对低一些，但是，这不等于说没有要求。方音过重、吐字不清的记者成为出镜记者的可能性较低。对于那些具有一定语言条件的记者来说，语言内容训练包括：普通话训练、语言表达技巧、镜头前表现等。

经过千分之一的竞争比率筛选进入电视台的播音员，受过专门播音业务训练的人员极少，所以新入台的播音员都要从播音基本业务培训开始。其内容包括发音发声、纠正字音、名词·动词·形容词的重音、呼吸控制、标准语训练、朗读、语言的表现力、镜头前表现、新闻·天气预报播音、配音、新闻节目主持人体验、实物说明训练、商品介绍训练、图表·模型构成说明训练、新闻时事评论、命题题目训练、演讲训练、视线研究等语言实务训练。此外，还包括在播送大型体育赛事时的开场白、体育选手入场、比赛进行中的比赛项目介绍、体育选手介绍、结束语时如何用声及语气的转换、情绪的渲染等十分具体的播音业务训

① NHK 广报局（2000）：《想了解 NHK》讲谈社第 118、119 页。

练。训练内容紧密结合电视制作一线的需要，训练方向非常明确。[①]

经过基本播音业务训练的播音员，还需要经过现场报道、配音、体育赛事的现场直播、演播室节目，舞台司仪等实务锻炼。其中现场报道训练是那些即将从事新闻节目报道播音员的必修训练内容，今后他（她）们到新闻现场从事出镜报道的工作是常态行为。

电视台内部应该如何培养出镜记者呢？

（一）系统专业学习

派遣记者到播音学院系统学习播音发声、普通话以及有声语言表达技巧。在良好的学习氛围中，对于纠正记者的习惯性发音、培养良好的语音习惯十分有利。这些专业教师常年从事播音员、主持人的人才培养工作，“一对一”的教学模式便于及时发现学生问题所在，并可以有针对性地因材施教。特别是这些老师经过长久实践获得的一些改正错误发声、发音习惯的诀窍，可以帮助记者更快地掌握普通话和语言技巧。

（二）台内培训

利用台里的内部资源进行“台内培训”也是培养途径之一。挑选一些经验丰富的新闻播音员、主持人和出镜记者，按照培养训练方案，分别从语音、发声、普通话、表达、采访技巧、出镜注意事项等方面进行训练。参与过重大新闻报道的出镜记者以自己之前的节目为案例，讲解报道技巧和表达技巧。新闻播音员、主持人除了纠正其发音之外，还可以涉及语言表达技巧以及直播报道时如何与演播室主播交流等问题。

台内训练的优势是：训练内容与一线工作实际紧密联系。劣势是：经验丰富的出镜记者、播音员主持人自身可以掌握的技巧，并一定可以有效的传授给他人。

（三）录像型现场报道的常识

录像型现场报道是出镜记者从事现场报道最好的实践基地。从起草计划、节目构成、具体实施、后期编辑各个阶段了解现场报道。

（四）常态新闻节目的直播

经过录像型现场报道之后，具有一些报道经验的出镜记者可以参与到常态新闻节目的直播中来，即介入“事件新闻”的报道。事件新闻与话题新闻最大的

---

① www. nhk. co. jp/www. fujitv. co. jp

不同是，新闻五要素成为现场报道的中心内容。交通事故、火灾事故、犯罪新闻是“事件报道”的基础，之后可以涉及经济事件、时政新闻、重大活动等新闻的直播报道。

（五）大型报道活动的参与

重大直播报道活动需要经验丰富的出镜记者。

经历过录像型现场报道、常态新闻直播报道之后，出镜记者才有资历和能力参与到重大活动的直播报道中来。重大直播活动通常要求某一报道点的出镜记者长时间地进行出镜报道，特别是一些时政活动的直播报道，报道内容政治性强、报道场所受限制多、现场情况难以掌握，这对出镜记者来说，无疑加大了工作难度。

出镜记者的培养在我国尚处于摸索阶段，无论是对在校生的培养，还是对记者的培养，需要大专院校学科体系的建立和完善，更需要电视台相关领导的积极重视。“只用人才，不培养人才”是中国目前电视界人才状况的真实写照，将“拿来主义”置换成“发现·培养主义”的话，中国电视新闻报道的荧屏上就会出现越来越多的孙宝印、任永蔚、王跃军、王小节。

第十章
日本电视新闻出镜记者现状

第一节　日本电视新闻现场报道的现状

一、现场报道全盛时代的到来

20世纪80年代中后期以来，现场报道（现场リポート）形式大量出现在日本的电视节目中，除新闻节目外，少儿节目、综艺节目、体育节目纷纷将这一崭新表现方式应用其中。出镜记者（リポーター）作为信息报道者，来源极其广泛，播音员、记者、社会评论家甚至是家庭主妇。

现场报道形式在电视器材的轻便化、小型化的技术背景下实现，特别是电视直播报道相关技术的成熟使得出镜记者深入新闻事件现场成为可能。电视媒体机动性、灵活性元素的增加，将电视空间由“室内”转向了“室外”，新闻报道的行动“半径”由此发生了根本性的变化。

初期的电视新闻报道属于“演播室中心阶段”，无论是报道者还是嘉宾，只有在封闭的演播室才能将信息传达给观众，此时的电视新闻报道被誉为“室内报道阶段”。媒体技术的进步将电视由室内拓展到室外，“新闻现场”概念的提出与确立预示着电视新闻“现场报道”时代的到来。作为信息报道者，从不同的新闻现场直接发出即时信息，经过采访、编辑，以出镜报道方式将新闻现场一一呈现出来。被采访对象在熟悉的生活、工作环境中接受采访，“此时、此地、此人”的信息传播媒景，将临场感、现场感极富感染力地传递给电视机前的观众。

日本出镜记者现场报道受到美国电视新闻报道的影响，20世纪70年代初期，美国三大电视网将ENG（Electronic News Gathering）方式用来采集新闻，此种采集方式的最大受益者莫过于出镜记者。以出镜记者为首的报道小组像蜜蜂一样飞向新闻现场，即电视新闻节目主持人竞争白热化之后，出镜记者报道小组之间的竞争局面呈上升态势。无论是美国还是日本，从出镜记者队伍中培养出经验丰富的新闻节目主持人早已成为业界共识。

1975年裕仁天皇访问美国时，ENG信息采集系统在日本电视业界推行，之后的十年间是日本电视器材蓬勃发展期，与之相伴的是现场报道形式的普及与深度开发。形式上的推陈出新，出镜记者报道能力的外延，一时间成为电视新闻报道领域的热门话题。“发散型思维”与“随机应变能力”作为出镜记者的基本条件浮出水面，“水陆两用”“全天候型”成为出镜记者职业身份的显著标识。

二、日本现场报道的种类

花样繁多的电视节目为出镜记者现场报道提供了多样的表现舞台。

现场报道，简而言之，是指事件、事故的第一报，即最大限度地发挥电视的速报性。无论是一分半钟的简明新闻，还是像《NHK 特集》这样超长的新闻专题片，出镜记者的作用可以是辅助性的，也可以是处于中心位置的。

根据电视节目的种类，现场报道可以分为四种：

（一）现场报道节目的现场报道

现场报道节目是指那些以出镜记者在室外现场亲自讲述、采访、感想、评论为主要形式的节目。纪录片、科学节目、旅行节目中，出镜记者以调查者、学习者、旅行者的身份带领着观众深入现场，将自己的感受实时、新鲜地传达给观众。日本的现场报道节目通常会邀请社会评论家、画家、作家、艺人等具有一定知名度的人士出演，出演者自身的名人身份加之报道内容的鲜活有趣，使得现场报道节目成为日本电视节目的重要形式一直使用至今，内容的丰富挖掘、表现形式的锤炼创新，出演者将自身的阅历与眼前景物糅合成百味人生感悟，世间万物在细细体味与人文物语碾磨下，如无声的春雨浸入心田。

（二）新闻杂志型节目的现场报道

日本的电视新闻节目以杂志型新闻节目为主要形式。

在《您早日本》《news watch 9》《报道站》《筑紫哲也新闻 23》等大型新闻节目中为不同内容、不同题材的新闻信息设置了各类板块。无论是简明新闻还是深度报道，统统收纳其中。出镜记者来自现场的直播报道作为固定报道形式占据重要位置，出镜记者的存在感自始至终不容忽视，出镜记者与现场报道紧密相连。

2007 年 9 月 12 日上任仅有一年之久的安倍晋三首相提出辞呈，此举掀起轩然大波。日本各家电视媒体的新闻节目打破原来的播出内容和时间，第一时间就这一突发政治动态进行特别报道。12 日晚，日本朝日电视台晚间新闻节目《报道站》中，出镜记者的现场报道除了日本国内的国会、首相官邸之外，还有来自华盛顿、北京、首尔的直播报道。

类似《super morning》这样的资讯杂志型节目采用的是出镜记者汇报阐述式的报道形式。所谓汇报阐述式的报道形式，是指记者、播音员事先到新闻现场，以出镜的形式对新闻事件、现场景物进行更进一步的目击式的报道、描述、评价。节目直播时，出镜记者在演播室陪同主持人及嘉宾共同观看自己制作的VCR，播出后就一些在VCR尚未涉及的细节进行更为细致的解释与说明，同时回答来自演播室现场的节目主持人或者嘉宾的提问，进一步阐述自己的观点。

无论是常态新闻，还是突发新闻事件，出镜记者现场报道成为日本电视新闻节目的重要标志性形式。“请看来自××的直播报道”成为新闻节目主持人的习惯用语，“以上是来自××的直播报道”成为出镜记者的常用语。

（三）资讯杂志型节目的现场报道

生活资讯杂志型节目对于出镜记者的依赖程度之高，是难以想象的。可以说，没有出镜记者，生活资讯类节目就难以成立。

日本TBS电视台早间生活资讯类节目《hatamalu超市》，很多板块都设置了出镜记者（出演者），2007年9月14日星期五的节目中有两个板块的内容是以出镜记者现场介绍、体验为主的。一个板块介绍的是岛取县的土特产，另一个是居家板块——介绍的是一处住家的房屋设计。

介绍岛取县的出镜记者是TBS的播音员，在节目中他与一位女艺人一起来到岛取县，此次的报道主题是“岛取县的日本第一”。VCR中他走入乡间田园，摘西红柿、梨，亲自品尝咖喱味道的点心和冰激凌。在演播室里，他一项一项地向主持人们介绍岛取县的日本第一，从番茄酱、梨、咖喱产品的产量入手，将岛取县的日本第一，有味道的、有香味的、有口感的介绍给观众。

介绍家居的出镜记者，明确地说应该是出演者，她的任务是把有特色的家装居室以亲身触摸、亲身见证、亲身感受的方式介绍给观众。从房间外部质感到内部装修，从结构设计到利用情况，从颜色搭配到庭院花草无一例外地尽收其中。出演者作为“引路人”出现在“现场”，她的感受随同现场景物一同传达给观众。

（四）其他新闻节目的现场报道

周末的政治讨论节目中，事前制作的VCR里有出镜记者的现场报道，此类现场报道的任务是将事态的发展脉络介绍清楚，报道内容是新闻话题而非新闻事件，例如有关医疗保险问题、年金问题等新闻专题性的内容。

根据采访取材方式和表现形态，现场报道可以分为以下四种情况。

1. 直播型现场报道

从事故现场、灾害现场、活动现场，以现场实时直播形式播出的报道。同时性、临场感是直播型现场报道的关键点。

2. 直播 + VCR

从已经扑灭的火灾现场发出的现场直播报道，将事前熊熊燃烧的大火拍摄下来，这样一来，出镜记者现场直播报道段落与事前的现场情景 VCR 可以严格区分，以免造成观众信息理解上的歧义发生。

3. 演播室·现场报道 + VCR

把在新闻现场拍摄的 VCR 带到演播室进行口头汇报的方法，此种现场报道是以演播室的交谈为主、出镜记者 VCR 为辅的方式进行。在节目中实行的是“具体情况具体处理”的新闻信息传播模式。

4. 录像型现场报道

ENG 方式是最为常用的出镜记者现场报道形式。此种形式从操作上来说最为方便，出镜记者利用新闻现场在镜头前就事件发表周详、缜密的新闻评述，也可以将自己的出镜时间自由地进行控制，镜头前的报道内容根据情况酌情处理。不足的部分可以通过后期编辑弥补，出镜方式、报道内容、表现手法等各种尝试皆可以利用 ENG 方式进行。

无论是何种形式的现场报道，对于出镜记者来说，深入了解节目宗旨极为重要。自己的现场报道对于整个节目到底产生怎样的影响、给节目会带来哪些附加值、自己在现场报道中的作用是什么，除此之外，还要考虑电视器材和节目制作手法方面的因素，所有的这一系列问题对于现场报道的顺利进行起到很多的作用。

三、日本出镜记者现场报道的“现在时”

（一）接力赛式的现场报道

2007 年 9 月 12 日对于日本民众来说，是不寻常的一天。

朝日电视台上午直播报道了“秋田儿童连续被杀害事件”犯罪嫌疑人畠山铃香的首次庭审。报道设立了两处演播室，一个是在秋田法院前的临时演播室，另一个是在东京朝日电视台总局演播室。节目以秋田法院前的临时演播室为主，东京朝日电视台总局为辅。根据日本庭审制度新闻媒体不允许在庭审时拍摄法庭审理过程，有关庭审最新情况只能依靠出镜记者的现场记录之后再跑到临时演播室镜头前转述给观众。

有着丰富现场报道经验的渡边宜嗣担任秋田法院前临时演播室的主持人，大野公二、小久保知之等几位出镜记者以接力赛的形式，轮流听审后，以最快的速度跑到临时演播室做“转述”报道。主持人渡边宜嗣通过现场采访的方式，调动这几位出镜记者，将庭审中最新情况报道出来。年轻的出镜记者们上气不接下气，耳机还未带好，渡边宜嗣的提问就已经“杀到”了。新闻“现场”的紧张气氛就在记者的喘嘘声中，在渡边宜嗣有条不紊的支配下顺利进行着。紧张与有序、快捷与清晰成为此次直播报道的特征。除了接力赛式的现场报道之外，在直播时还穿插了两个小孩被害地、犯罪嫌疑人家等三处现场直播报道。在被害地的报道中，出镜记者主要就周围环境进行了介绍，由于弃尸地点十分隐秘，使得被害儿童未能在案发时被及时发现。

秋田儿童连续被杀害事件发生在2006年，被告畠山铃香在2006年4月和5月分别将自己的女儿彩香和邻居家的小男孩豪宪杀害并弃尸。这一案件的发生震惊了日本社会，母亲亲手杀害自己孩子的事情实在令人难以理解。9月12日中午之前的电视新闻就这一事件展开充分的报道。

（二）电视直播的饕餮之夜

就在人们还在热闹地讨论畠山铃香的庭审表述时，日本首相安倍晋三的突然辞职无疑成为当日最大新闻。

从当天下午直到深夜，有关首相辞职一事的新闻报道开始了。朝日电视台晚间新闻节目《报道站》，TBS电视台晚间新闻节目《筑紫哲也新闻23》放弃了之前的播出内容，纷纷以该事件为中心进行报道。本来应该放假休息的《筑紫哲也新闻23》的中心节目主持人筑紫哲也先生也一时放弃了休息，以电话连线的方式参与到节目的直播报道中来。来自国会、首相官邸、自民党总部、自民党各派系会议现场等不同地点的现场直播报道将最新政治动态传达给观众。演播室里的主持人和政界人士基于出镜记者的最新信息展开话题的讨论，“新闻现场”的影响力再次得以印证。

2007年9月12日在日本电视屏幕上，来自不同新闻现场的出镜记者直播报道将最新鲜的信息，以最快捷的速度，凭借最具震撼力的形式一一展现出来。电视新闻直播报道的魅力就在观众毫无心理准备时，为观众提供了一道丰富的中继（直播）大餐。

第二节　日本出镜记者现场报道的相关研究

日本有关出镜记者现场报道的相关研究始于20世纪80年代中后期，由日本放送协会出版的《NHK 播音指南》一书中就出镜记者现场报道进行了较为细致的归纳与总结。

一、出镜记者的必备条件

“现场报道”，简单地说，就是通过出镜记者的“人格”来传达信息情报。

广播电视等新闻媒体所报道的世间万事，在客观、公正的原则下进行信息传达，信息报道者基于个人视点和价值观将事态本质报道出来。有关水涝灾害的报道，受灾情况、受灾民众数量作为客观存在的信息从演播室传达出去，然而有关受灾地区的实际情况采用出镜记者现场报道的形式来传达更具有贴近性。出镜记者的亲身体验，使得现场报道具备了“人性化”“人格化”的传播要素。

那么，与出镜记者报道身份吻合的到底是怎样的一个“人格”呢？

（一）与年龄相应的感性认识

作为自然人而言，喜怒哀乐是人之常情。

取得成功时的喜悦、面对不平之事的怒容、失去亲人朋友的哀伤，在出镜记者进行采访的过程中，这些作为自然人的感性表达被直接表现出来最为重要，人性元素的渗透与发挥皆来源于此。但是，毫无掩饰的表达感情是不具有说服力的，而与出镜记者实际年龄相应的成熟意见的换位思考则显得更为明智。“感性”“理性”的并用，这才是作为出镜记者的第一必要条件。

（二）新闻人的职业敏感

出镜记者要想成为一名优秀的新闻采访者，新闻敏感的具备和灵活运用是不可或缺的。

从事物的正面考虑问题的同时，新闻人更需要从事物的内部出发以多视点、多角度、反复思考的方式梳理新闻事实之间的逻辑链接。在宏观社会情景的衬托下，在散落繁杂的背景资料掩映中，在法律的视角剔析验证下，事实本质的深度挖掘与合理表达逐步浮出水面。对于专业新闻人来说，“新闻敏感”是一条职业生命线。

（三）语言表达能力

理性、感性的兼顾，新闻敏感的锤炼，出镜记者最终需要运用有声语言将新闻事实报道出去。对于出镜记者而言，报道新闻事件的关键，不在采访取材之辛苦，不在现场环境之混乱，不在新闻事实之杂乱，而在于如何把深思熟虑的思考淬炼得明白易懂，把点滴微妙的体味感触准确地传达给观众。

电视是画面与语言效果相乘的视听媒体，再触目惊心的画面没有了有声语言，说服力势必受到影响。在报道时间上，受到严格限制的出镜记者，准确、清晰地将新闻事实报道出去，其口头语言表达能力的重要性毋庸置疑。

二、现场报道的前期准备

（一）事前的调查与资料收集

出镜记者的前期准备由于报道题目、节目类型的差异，准备过程也会有所不同。

以“校园暴力”这样的新闻话题性的现场报道为例。事前需要调查的内容包括：

1. 具体实例的寻找

尽可能多地找到一些具体实例，特别是具有典型性特征的校园暴力的具体实例。

2. 多角度的验证

某一具体实例中，只听取一方的证言是缺少说服力的。在具体背景的情况下，听取第三方意见更为重要。

3. 画面表现

对于电视来说，最为重要的莫过于画面的表现力。调查而来的信息点以画面的方式如何体现？“校园暴力”此类新闻话题势必涉及到人权和个人隐私，出镜记者的职业意识需要时刻谨慎对待这些敏感问题。

4. 事实统计的精确与证明

“校园暴力呈现上升趋势”，为了证明这一点，需要客观的数据辅助说明。当前事实情况与之前的科学比较，呈现上升态势的实际情况便会清晰体现出来。

5. 专家的意见

社会评论家、专业人士等权威专家的发言对于加强报道深度起到一定的作用，在采用采访内容的同时，对专家本身的立场和论调同样需要调查。

6. 现在，有什么样的新闻与此新闻话题比较贴近

事件的逐步升级到形成某一社会问题？还是出现了事态缓和的局面？记者将最新事态的发展融入到报道中是关键。另外，作为报道小组，形成统一的问题认识也是极为重要的。

以“校园暴力”为主题的现场报道，在取材前必须整理的事项包括上述内容，在条件允许的情况下，报道小组要对报道内容进行一定的分工，为这个报道的顺利进行发挥自己的力量。

（二）报道构成表的制定

现场报道的主题决定之后，报道的方向也随之明晰，报道构成表的制定以书面化的形式便可以确定下来。报道构成表的制定，使得无论是五分钟的现场报道，还是30分钟的现场报道，只用一张纸便将所有项目收纳其中，这样做从开头到结尾都会一目了然。另外，哪个部分需要添加哪些内容，前后顺序的安排与设计，报道小组成员之间内容的讨论，在意见的统一与沟通上，以一张纸的形式体现也是十分方便的。

按照事前制定的报道构成表开始采访取材的出镜记者，经常会遇到现场实际情况与事前纸面调查不符的问题。此时，对于出镜记者来说，必须放弃之前的构成表，在现有采访的基础上修正之前的构成表，并在后期编辑阶段进一步修正，具体情况具体处理，这是现场报道出镜记者需要具备的能力之一。与之前报道构成表的制定不同的是，在实际取材过程中适时展开发散性思维，将最新要素融汇其中，对于出镜记者来说更能体现其随机应变、现场信息第一重要的报道理念。

（三）现场报道的取材

1. 电视取材是集体结晶

纸媒记者一个人可以独立完成新闻记事的撰写，电视新闻报道需要报道小组成员之间的通力合作。虽然，在数字化取材设备发达的当下，录像型新闻记者在CNN、BBC这样的全球型电视媒体中普遍采用，但是，对于一般的电视新闻媒体而言，两个人的报道小组通常是最简单的组合了。出镜记者与摄像记者之间的默契合作，有效地提高了现场报道的可看性。对于新闻现场细节的捕捉与适时拍摄，除了出镜记者自身的敏感度之外，摄像记者的职业意识同样会为出镜记者的现场报道锦上添花。美国NBC电视台摄像记者李若，在《第五届中美电视新闻现场报道、深度报道高级讲习班》讲课时说："现场报道不仅仅是出镜记者一个人的事情，摄像记者的报道意识同样十分重要。"

2. 具体事实的体味与积累

出镜记者面对受灾民众，听到"真是恐怖呀！""不安的一夜！""真是太惨了！"之类的话，尚未接触到具体事实时，其心理感受仅停留在浅层意识阶段，只有真正深入受灾地区才会明白受灾民众所表达的语义背后的心酸与无奈。

出镜记者在新闻现场对于具体事实细节的把握与理解、选择与表现直接反映到对报道主题的深化与提升上，出镜记者调动自己的眼、耳以及其他感官系统，将报道构成表中预订的具体事实一一落实，这其中倾注了出镜记者灵活的思考与精练的总结。如果说构成表是枝干的话，具体事实就是将这些干瘪的质感筋骨彼此相连的血肉。

3. 当事人鲜活的语言

电视的媒体魅力就在于可以将现实感极强的画面随同声音一起传达给观众。事件的当事人，在镜头前谈及经验感受时，真实的脸部表情与鲜活的个性语言一同扑面而来，纸媒无法再现的生动场景，在电视媒体看来是再简单不过的事情。

那些在人们印象中有着固定脸谱的人士，面对质疑与责难时的反常表情，通过电视画面，为受众展示了此类人物另一幅世间形象。对于出镜记者来说，新闻取材人的语言表达说服力远没有新闻事件相关人员、当事人的“真人肉声”来得铿锵有力。与在演播室的人物采访不同的是，现场报道的人物采访传播效果意外地具有说服力。周遭环境对于被采访对象的感官刺激，从一个侧面激发了被采访对象的表达欲望，出镜记者希望的“关键点”“具体事实”通过这样的采访都可以挖掘出来。

例如，一辆开往滑雪场的旅游巴士出了交通事故，出镜记者对司机的采访可能出现以下两种情况。

A 记者：今天早上的道路情况怎么样？

司机：可以说是今年冬天最不好的路了。路面像滑冰场一样，亮亮的呀！真是把我吓坏了。

出镜记者现场采访的成功之处在于，通过恰当的提问让被采访者自己将关键的信息点表达出来。

B 记者：今天早上的道路是最恶劣的情形吗？

司机：是的，说实话，也就是那个样子。

出镜记者现场采访时，一定要避免先入为主，因为先入为主的后果是间接阻止了被采访对象的顺畅表达。对于出镜记者来说，采访的关键是：使被采访对象可以直截了当地表述自己的意见和看法。没有其生动的表述，现场报道在资料收集与意见表达上势必缺少强有力的有声语言的支持。

4. 在移动中利用头脑编辑

出镜记者在报道时，将话筒对着采访对象的那一刻起，就已经开始进行编辑工作了，编辑工作是在头脑里无形中进行的。“这个回答还不能说明问题，还得进一步追问。”“这个回答很有趣，接着再追问一个。”在采访报道的过程中，出镜记者就已经在头脑中就采访到的素材进行整理和信息的提取了。

现场报道根据构成表进行取材，然而，事实上，诸多信息点是出镜记者在现场临时发现的，制定的构成表与当前收集到的最新信息会反反复复地在出镜记者的头脑中被打乱、组合，再打乱、再组合。

对于出镜记者来说，直播前的时间紧迫与直播过程中的时间限制都直接影响到现场报道的质与量。出镜记者在采访过程中，在新闻现场的移动中，利用一切可以使用的时间为直播报道做内容与画面的统筹。出镜记者需要具备准确的判断力与优秀的新闻编辑意识，在清晰易懂的语言表述下完成报道。

三、现场报道的表现

（一）有声语言与影像的相乘互补效果

电视作为视听媒体，有声语言与画面影响是其媒体特性的两大支柱。电视画面多义性特质诱使观众多角度、多视点读取影像画面含义。处于画面中心的人物虽是制作者力图诉求的对象，然而，“不听话”的观众往往还对画面的背景和边缘“情有独钟”，那些移动中的人、移动中的事物分散了观众的注意力。

在电车站前做现场报道时，画面上市民走路的样子是上下班高峰时急匆匆的脚步，还是周末悠哉游哉的散步，是年轻人多，还是一家出行的多，气候和天气又如何，一个车站前的报道需要容纳各种信息要素。依据报道主题，镜头采用何种角度，拍摄怎样的画面，收录何种现场同期声，这一切都需要出镜记者慎重地做出判断。出镜记者报道中的语言，一定慎重斟酌，准确使用。

“我现在所在的位置是举行成人仪式的××市民会馆。”画面上是“××市民会馆”，旁边竖着“成人仪式”的看板。这样的现场报道毫无意义。

在市民居住较为集中的工厂发生了爆炸事故，摄像机无法靠近拍摄。而当浓烟向居民区蔓延，居民们不安的情绪逐渐显现的信息出现在画面上时，出镜记者此时说：“我现在所在的位置距离发生爆炸事故的工厂有一公里，在这里就可以闻到强烈的化学药品味道。”此时出镜记者的现场报道就有力地弥补了影像画面信息的不足。

影像画面与有声语言的作用各有不同，影像画面可以表现的要素与有声语言可以表现的要素也是各有不同，对于出镜记者来说，需要掌握两种要素的特性，以便发挥各自的信息传达优势。

（二）生机勃勃的交流会话式语言

活生生的人从现场将自己倾注全部感受的信息传达给观众是出镜记者报道的一大魅力。在现场面对镜头，出镜记者的语言既不是书面语，也不是朗诵式语言，而应该是生机勃勃的交流会话式语言。

出镜记者好不容易赶到激动人心的新闻现场，手里拿着画了不知道有多少个圈圈点点的文稿，带着硬邦邦的表情说着不容易理解的艰涩内容，这样的实例并不少见。或者照读写在纸上一字一句的唯恐出错的文稿，句子长而且修饰成分居多，一个小部分出错，后面的话就难以成句，意思不明，文脉不通，这种情况也不新鲜。

此外，声音的表现也是非常重要的。在辽阔的大自然中，小声说话肯定叫人觉得奇怪。然而在传统节目中，声音一旦缺少张扬的味道，现场火热的气氛是无法渲染给观众的。倘若在会议现场一角做报道，考虑声音的音量是必须的。出镜记者结合现场情况与状态，选择恰当的语言表达方式是需要时间和经验磨炼的。

（三）具体事实的证据占有

电视新闻的制作流程是，采访之后记者写出新闻文稿，责编审稿后是主任编辑审稿，最后由播音员传达出去。出镜记者的现场报道与上述严密的、多次审查的电视新闻制作流程相比，其制作过程较为简单。作为一个报道小组，每个人在报道流程中的职责不同，要求现场报道制作流程向一般电视新闻报道那样严谨是不现实的，这里需要报道小组的其他成员的尽力配合，以帮助出镜记者把握报道内容与语言表述上的准确与恰当。出镜记者在报道火灾现场时，一会儿说自动扶梯，一会儿说电梯，直到后期编辑时才发现这个问题。倘若在现场拍摄时，其他的工作人员有意识地注意记者的报道内容，就会避免此类事情的发生。现场报道的特点是：在现场所说的话，不是你想删掉就可以删掉的。

使用数字是同样一个道理。“很多”是多少？“众多”又是多少？报道中倘若涉及到“××第一”“世界首次”之类非常有价值的新闻时，更是需要二度、三度的核实与确认。

“好像是……”“大概是……那样”，这样暧昧的表述方式直接影响到出镜记者的媒体形象，观众的信赖感在“好像是……”“大概是……那样”声中渐渐远去。肯定语句的使用前提是出镜记者对数字的精确统计与核实。

“放假了，和家人一起出行真是幸福的事情呀！”出镜记者的报道内容中尽可能不要使用类似的概括、抽象的语言。在报道中，尽可能地使用一些具体事实，在精心确认之后，以生动积极的有声语言表达出来。

（四）站在他人立场上考虑问题

“现场报道”，简单地说，就是通过出镜记者的“人格”来传达信息情报。这个“人格”主要就是体现在语言上。

出镜记者现场报道的内容与人的生死、企业的存亡、个人隐私和名誉有着紧密关系。不经意间出镜记者就有可能伤害到那些无辜的人，所以，为了不影响到电视媒体的权威性，出镜记者要时刻认识到自己的艰巨使命。

失去亲人尚未从事故中挣脱出来的当事人家属，处于舆论旋涡中的话题人物，出镜记者不能为了报道出隐秘消息而不择手段，保持正义是出镜记者的基本职业原则。在实际采访报道中，站在对方立场考虑问题，即便是遇到被采访者的无理拒绝，也不能违背原则报道。作为新闻人来说，关心他人是职业良心的重要体现。

四、事件、事故、灾害报道的现场直播

（一）信息传达者的位置在哪里

重大突发新闻事件、灾害事件报道发生时，电视台全局上下共同努力。一旦某地发生重大灾害时，临近地域的电视台工作人员便会前来支援。1983 年日本海中部地区发生地震，除了临近地区的秋田、青森、八户、山形等 NHK 支局之外，仙台、东京等 NHK 电视台纷纷派出记者支援报道工作。这么多工作人员一起参与报道，不能每一个人都有一个非常明确的位置，因为在报道的过程中突发事态较多，临时变动的情况时有发生。报道小组深入到现场的最前端，拍到极具冲击力的画面，但是这只是整体中的一部分，不一定能够代表整个局势的重要特征。对于坐在电视机前的观众来说，需要了解的是整个事件的综合状况。

飞行事故等情况也是一样的。飞机坠毁的现场，当然是“第一现场”。被营救出来的伤员所在的医院、航空公司的记者见面会也都是直播报道的现场。出镜记者来自各种各样的“现场”，在整个事件的报道中，“我的现场”处于何种位置，需要出镜记者主动地意识到。自己所处的“现场”已经掌握到的信息是什么？还未掌握的信息如何才能采访到，如何进一步地确认？报道小组全体成员的通力合作是出镜记者完成现场报道的有力保证。

在整个的报道形势中，“部分”与“全体”之间的关系包括以下三种情况。

1. 事件、事故、灾害的整体报道中，你目前的现场需要了解的信息是什么？
2. 在整个信息播出的流程中，你所在的团队的作用是什么？
3. 你所在的团队中，你的作用是什么？

（二）赶赴现场——掌握全局

电视新闻的“第一报”的实现离不开紧急报道制度的设立与实施。对于出

镜记者来说，知晓事件发生之后，分秒必争的赶赴现场是首要职责。报道取材设备尽快赶赴现场，微波、卫星直播设备尽快安装投入使用。在播出设备准备阶段时，出镜记者在现场应该尽可能多的采访到事件目击者、当事人、相关人员，还要向警察局、消防局的人员进一步确认核实信息。出镜记者最重要的报道武器“麦克”要在短时间内准备好。另外，还要同其他取材记者、编辑取得联系，之后的信息追加体制的完善等。

在尚未赶到现场时，这期间需要获得有关事件的进一步消息。死伤者和去向不明的人数会随时有变，为了获得更多相关信息，出镜记者在赶赴现场的途中，通过广播、互联网等其他媒体了解最新情况，以便为现场采访梳理出报道点。在接近现场时，仔细观察周围环境，道路状况、毁坏的住宅、倒掉的电线杆，这些都可以作为现场解说的基本材料来用。

为了尽快掌握事态的全局情况，将过去报道经验整理成便捷式资料是非常必要的，其作用也是明显的。在 NHK 的播音员室中就备有一个《灾害笔记》。地震、航空、灾害天气等背景数据资料十分完备，根据不同的着眼点、确认项目分门别类将以往报道资料汇集其中。在赶赴现场的车中，在到达现场时，使用这样的“报道目录笔记”其便利性不言而喻，灾害的特征和取材关键点可以充分明确、考虑周全。

一般来说，梅雨季节末期的大雨，受灾地域通常是在直径 50 公里、60 公里的样子。从过去的报道实例可以清楚地发现此次暴雨灾害的特点。地震的情况下，如果震源是在海底，那么发生海啸的可能性较大，陆地部分便会发生直下型地震。利用过去的记录和统计资料，可以清晰地判明此次灾害的破坏程度到底有多大。这些对于出镜记者把握事态的全局有着重要的作用。

（三）城市化进程中报道要素的复杂化

在城市化发展进程中，事故或事件引起的受害情况，出现了影响地域广、事态复杂化、多样化的趋势。

日本长崎发生洪水灾害时，大多数死者是那些房屋建在较陡斜面的住民。洪水导致地面坍塌，一发不可收拾。城市内的河流，两岸用水泥板予以加固，发生洪水时，河水泛滥殃及两岸密集住宅中的市民。

在医院的建筑下面设置了发电机设备，发生水灾时发电设备进水，这是发生水灾时根本无法预料的问题点。停电、断水、停气、电话不通，作为城市生活必不可少的生命线系统的恢复需要很长时间，而这些都是以往报道中没有涉及的报道点。

1984 年日本东京世田谷发生了一起由电话线引发的火灾，89000 户电话线整整八天都未能恢复使用。由于这一火灾使得该地区的银行无法正常营业。新型的“城市灾害”报道，是出镜记者不能忽视的崭新议题。

伴随城市生活愈加复杂化的是“潜在的受害要素”呈逐渐上升趋势。一旦事故发生或天气发生异样变化，有可能出现超出想象之外的紧急事态。

另外，伴随信息情报的复杂化而来的是，毫无依据的传闻和毫无责任感的流言可以引发极为严重的混乱局面。日本长野县西部地区发生地震时，在王泷村播出的通知就出现了严重的错误。本应是：“请大家做好避难的准备”，结果说成了：“上游的水坝决堤了，马上避难”。结果造成了住民的极度惶恐。在灾害报道时，无论是受灾的居民，还是灾区外的民众，“安心的灾害信息”是最主要的。

从“受灾报道”到“防灾报道”，当前的灾害报道的方向应该发生变化了。事件·灾害的现场直播报道中，以迅速、正确的原则报道受灾情况的同时，更应该做到冷静、从容，为了防止“二次灾害”的形成，将受灾损失降到最小限度是每一位新闻工作者的职责。

五、活动、仪式的现场直播

（一）活动前的充足准备

在突发新闻事件的直播报道中，摄像机位想要拍摄到满意画面，从操作上来说难度较大；通常是在没有监视器、设备不完备的情况下，进行直播报道的情形居多。与之相比较而言，有关活动、仪式的现场直播，事前对活动程序、进程、整体安排都可以做到心中有数，事前准备也会十分充裕。活动当时的现场气氛也可以做到预见性的掌握。事前准备得越充分，直播过程中成功的可能性越大。

在对茨城县筑波科学万博开幕仪式进行直播时，除了在中心会场之外，在展示馆、广场、直升飞机等直播点共设置了 16 台摄像机。如此大规模的活动直播，以总司仪位置的播音员为中心，在不同的直播点分别设置了几位播音员进行现场报道解说，立体的报道空间由此建立。每一位直播点的播音员在确认自己所在直播点的报道重点之外，还要从已经设置好的摄像机里了解自己的出镜背景。在这样的出镜背景里，自己应该配合使用怎样的解说内容，具体需要多少时间，所有的这一切，作为出镜记者的播音员必须事前明确。

处于总司仪位置的中心播音员，在推进节目进程的同时，每一阶段的报道中心要时刻铭记在心。通常类似这样的直播活动，活动程序、注意事项较为繁多复杂，操持这样的工作比较辛苦。

另外，直播过程中，意外突发事件时有发生。特别是天气变化对于此类直播活动的影响较大，为了防止突发事态，事前要制定摄像机和麦克风等设备故障、演出中出现差错等的处理预案。在启动预案时，对于突发事件的发生还要保持冷静的心理。

(二) 仪式直播——精炼的解说词

仪式直播中事项繁杂，需要高度集中注意力。小小的疏漏可能导致重要失误的发生。出于对仪式的重要性与安全上的考虑，摄像机位置和直播报道点的设定、直播报道工作人员的人数，活动范围都受到严格限制。

庆典、纪念等仪式的程序大都是一样的，外国元首的欢迎仪式每次由于元首国家和名字不同，要有所区别，至于仪仗队和乐队的动作都是一样的。

做仪式直播报道时，将之前播过的文稿脚本、资料、VCR 作为参考来用，从而确认播出时的关键点。特别是关于实况解说词，在之前的播出内容基础上，注意那些特殊的措辞和说法。仪式庆典中不需要即兴发挥，所以，解说词需要事前精炼考虑准备。有时，报道席与摄像机位置有一定的距离，播音员在对画面进行解说时，一定要明确出现在画面中的重要人物的身份。

重要的活动、仪式本身就是一条重要新闻，从对该活动、仪式予以直播的情况就能得到答案。但是，对于出镜记者来说，此次报道有什么新的、值得关注的信息点，此次直播报道的特征是什么，这是现场报道解说内容的关键要素所在。

六、播出后的再弥补

有可能出现在社会生活中任何一个新闻现场的出镜记者们，参与一次现场报道后新闻职业意识和报道能力都将有所提升和深化，其新闻职业财产数量逐渐丰厚殷实。在报道中结识的专家和学者、企业人士和政府职员，在今后的报道中都可以作为丰富的人脉资源使用。与教育、医疗、科学等不同领域专家的接触，可以发现自己的报道兴趣所在，从而为自己的职业报道生涯确立方向。在不断积蓄的过程中，在电视新闻报道领域中建立“信赖感”，成为某方面的专业出镜记者也是可能的。

直播报道结束后，再次检查一下自己的报道过程，相信从中你会发现不少问题。特别是对于一些专业问题上的解说，联络有关专家，得到其批评指正是再好不过的事情。无论是赞扬还是批评，对于出镜记者来说，都是一次学习的好机会。

直播报道时，收集的资料和使用的解说词尽可能地整理到电脑保存下来。特别是有关事件的事后处理和跟踪报道素材的保存是非常重要的。飞行事故导致的火灾，事后许多年会对事故原因进行调查，围绕刑事责任和资金赔偿的审判等后续报道都会用到这些资料。现场直播的结束并不意味着对该事件报道的结束，相关新闻的内容记录，纸面新闻记事的剪报工作还是要继续做下去。

这样播出之后的再弥补式的研修，无论今后遇到怎样的突发事件，出镜记者都会立刻做出积极应对，发挥出丰富的报道能力；在社会生活各个领域以恰切的、巧妙的构思展示出出镜记者的“人格”魅力。

参考文献

中文

陈力丹、闫伊默：《传播学纲要》，中国人民大学出版社，2007 年 6 月。
李幼蒸：《理论符号学导论》，中国人民出版社，2007 年 6 月。
塞缪尔·G. 弗里德曼：《媒体的真相》，中信出版社，2007 年 5 月。
赵凯：《解码新媒体》，文汇出版社，2007 年 5 月。
邓科：《南方周末（后台）》，南方日报出版社，2007 年 4 月。
陈力丹：《传播学是什么》，北京大学出版社，2007 年 3 月。
W. J. T. 米歇尔：《图像理论》，北京大学出版社，2007 年 3 月。
吴洪林：《主持艺术》，上海三联书店，2007 年 3 月。
叶子：《电视新闻：与新闻事件同步》，北京师范大学出版社，2007 年 1 月。
韩彪：《现场直播——新闻故事的标尺》，当代中国出版社，2007 年 1 月。
罗海岩：《法拉奇——向世界投不信任票》，新华出版社，2007 年 1 月。
《新闻调查》栏目组编著：《“调查”十年》，生活·读书·新知三联书店，2006 年 12 月。
新京报：《新评论》（第一集），南方日报出版社，2006 年 12 月。
新京报：《新评论》（第二集），南方日报出版社，2006 年 12 月。
马歇尔·麦克卢汉：《麦克卢汉如是说》，中国人民大学出版社，2006 年 12 月。
张红军、邹举：《实用电视新闻采编》，中国广播电视出版社，2006 年 11 月。
威廉·E. 布隆代尔，徐扬译：《华尔街日报是如何讲故事的》，华夏出版社，2006 年 10 月。
布鲁斯·D. 伊图尔等著，贾陆依等译：《当代媒体新闻写作与报道》，中国人民大学出版社，2006 年 9 月。
徐莉：《女人是一种态度》，中信出版社，2006 年 8 月。
张志安：《报道如何深入》，南方日报出版社，2006 年 8 月。
鲁景超：《广播电视即兴口语表达》，中国传媒大学出版社，2006 年 6 月。
何纯：《新闻叙事学》，岳麓书社，2006 年 6 月。
翁贝尔托·埃科著，王天清译：《符号学与语言哲学》，百花文艺出版社，2006

年5月。
沃尔特·李普曼著，阎克文等译：《公众舆论》，上海世纪出版集团，2006年4月。
赵世林：《突发事件与媒体报道》，复旦大学出版社，2006年3月。
马立诚、胡百精：《凤凰魂》，中国友谊出版社，2006年3月。
凯利·莱特尔等著，宋铁军译：《全能记者必备》，中国人民大学出版社，2006年3月。
朱冰、毕峰：《口述凤凰》，作家出版社，2006年3月。
张颂：《语言传播文化（第三集）》，中国传媒大学出版社，2006年2月。
段鹏：《传播学基础》，中国传媒大学出版社，2006年2月。
徐列：《在追问中逼近真实》，南方日报出版社，2006年1月。
苗棣、王怡林：《脱口成秀》，中国广播出版社，2006年1月。
陈正荣：《电视第三次浪潮——解析"南京现象"》，中国传媒大学出版社，2006年1月。
陈作平：《新闻理论·新思路》，中国传媒大学出版社，2006年1月。
方延明：《新闻实物方法论》，南方日报出版社，2005年12月。
李希光：《转型中的新闻学》，南方日报出版社，2005年11月。
胡百精：《危机传播管理》，中国传媒大学出版社，2005年10月。
林晖：《新闻报道新教程》，复旦大学出版社，2005年10月。
白岩松、刘爱民、王立明：《岩松看台湾》，九三出版社，2005年9月。
张林、蓝艺：《大事背后》，中国和平出版社，2005年9月。
梁建增、孙克文：《新闻背后》，人民文学出版社，2005年9月。
朱羽君、高传智：《进退之间——中国电视新闻从业人员心态录》，中国传媒大学出版社，2005年8月。
黄晓钟、杨效宏、冯钢：《传播学关键术语释读》，四川大学出版社，2005年8月。
靖鸣：《（采访对象）主体论》，人民出版社，2005年8月。
刘建明：《当代新闻学原理》，清华大学出版社，2005年8月。
徐德仁：《世界明星主持人》，复旦大学出版社，2005年7月。
朱涛、袁雷：《中国调查报道》，复旦大学出版社，2005年7月。
余香顺：《传媒·语言·社会》，新华出版社，2005年7月。

李法宝:《新闻评论(发现与表现)》，中国传媒大学出版社，中山大学出版社，2005 年 7 月。
威廉·C. 盖恩斯著，刘波等译:《调查性报道》，中国人民大学出版社，2005 年 6 月。
杨新敏:《当代广播新闻评论》，中国广播电视出版社，2005 年 3 月。
理查德·A. 布鲁姆:《电视与银屏写作》，中国友谊出版社，2005 年 3 月。
吕宁思:《凤凰卫视新闻总监日记》，昆仑出版社，2005 年 1 月。
马克·柯里:《后现代叙事理论》，北京大学出版社，2005 年 1 月。
曾庆香:《新闻叙事学》，中国广播电视出版社，2005 年 1 月。
刘海贵:《新闻采访教程》，复旦大学出版社，2005 年 1 月。
佐藤卓己著，诸葛蔚方译:《现代传媒史》，北京大学出版社，2004 年 11 月。
梅尔文·门彻著，展江译:《新闻报道与写作》，华夏出版社，2004 年 10 月。
谢丽尔·吉布斯、汤姆·瓦霍沃著，姚清江、刘肇熙译:《新闻采写教程》，新华出版社，2004 年 10 月。
史安斌:《危机传播与新闻发布》，南方日报出版社，2004 年 9 月。
苗棣:《苗棣自选集——解读电视》，北京广播学院出版社，2004 年 8 月。
刘东华:《当代电视新闻报道理念与技巧》，新华出版社，2004 年 8 月。
郑思礼、郑宇:《现代新闻报道》云南大学出版社，2004 年 6 月。
迈克尔·埃默里等著:《美国新闻史》，中国人民出版社，2004 年 4 月。
卡罗尔·里奇:《新闻写作与报道训练教程》，中国人民大学出版社，2004 年 4 月。
师永刚:《揭秘凤凰》，作家出版社，2004 年 3 月。
沈忱:《中国电视新闻现场直播》，中国广播电视出版社，2004 年 1 月。
王阳:《电视新闻节目中的创新思维》，中国广播电视出版社，2004 年 1 月。
沃纳·赛弗林、小詹姆斯·坦卡德著，郭镇之译:《传播理论》，华夏出版社，2004 年 1 月。
约翰·埃尔德里奇著:《获取信息》，张威、邓天颖译，新华出版社，2004 年 1 月。
托伊恩·A 梵·迪克著，曾庆香译:《作为话语的新闻》，华夏出版社，2004 年 1 月。
于丽爽、宋茜:《谈话的力量》，中央编辑出版社，2004 年 1 月。

大卫·麦克奎恩著，苗棣等译：《理解电视》，华夏出版社，2003年8月。
杰里·施瓦茨：《如何成为顶级记者——美联社新闻报道手册》，中央编译出版社，2003年7月。
朱羽君、雷蔚真：《电视采访学》，中国人民大学出版社，2003年6月。
桑德拉·黑贝尔斯、理查德·威沃尔著，李业困译：《有效沟通》，华夏出版社，2003年1月。
闾丘露薇：《凤凰卫视——闾丘露薇采访手记》，昆仑出版社，2002年11月。
张颂：《播音语言通论》，北京广播学院出版社，2002年1月。
蓝鸿文：《新闻采访学》，中国人民出版社，2001年5月。
加里·惠内尔、安德·鲁温著，魏礼庆、王丽丽译：《电视的真相》，中央编译出版社，2001年1月。
丹尼尔·戴扬、伊莱休·卡茨著，麻争旗译：《媒介事件》，北京广播学院出版社，2001年1月。
艾佛·约克著，叶周译：《电视新闻实用技巧》，新华出版社，2001年1月。
斯蒂文·小约翰著，陈德民、叶晓辉译：《传播理论》，中国社会科学出版社，1999年12月。
王纬：《镜头里的“第四势力”》，北京广播学院出版社，1999年6月。

日文

《メディアと権力：情報学と社会環境の革変を求めて》ジェームジ·カラン著、渡辺武達　訳　　論創社
《マスコミ生存の条件：Web2.0が変えるメディア地図》吉村久夫　著　日経BP企画
《メディア学の現在》　　山口功二、渡辺武達、岡満男　編　　世界思想社
《デジタル社会と「テレビ」の位置》日本放送協会放送文化研究所編丸善プラネット
《放送メディアの現代的展開：デジタル化の波のなかで》音好宏 著ニューメディア
《報道とメディア》各務英明　著　　酒井書店
《災害情報とメディア》　　平塚千尋　著　　リベルタ出版
《CM化するニッポン なせテレビが面白くなくなったにか》谷村智康　著

WAVE 出版
《マスコミの現場：このままでいいのか?》　桐山勝　　白桃書房
《放送を学ぶ人のために》小野善邦　編　　世界思想社
《ニュースの国際流通と市民意識》伊藤陽一　編　　慶應義塾大学出版会
《戦争とマスメディア：湾岸戦争における米ジャーナリズムの「敗北」をめぐって》　　石澤靖治　著　　ミネルヴァ書房
《巨大メディアの逆説：娯楽も報道もつまらなくなっている理由》原真　著
リベルタ出版
《アメリカ大統領の嘘：選挙と戦争の政治学》石澤靖治　著　　講談社（講談社現代新書
《メディア理論の脱西欧化》J. カラン、朴明珍編 、杉山光信、大畑裕嗣　訳
勁草書房
《報道危機：リ・ジャーナリズム論》徳山喜雄　著　　集英社（集英社新書）
《映像情報論 》今村庸一　著　丸善
《マスメディアの周縁、ジャーナリズムの核心 》林香里　著　　新曜社
《現代メディアスポーツ論》橋本純一　編　　世界思想社
《報道は欠陥商品と疑え》　鳥越俊太郎　著　　ウェイツ
《情報化の普及過程 》　石井健一　著　　学文社
《テレビ報道論》田宮　武　　明石書店
《テレビ視聴の50年》　日本放送協会放送文化研究所編　NHK 出版
《人気テレビ番組の文法》純丘曜彰　film art
《テレビ業界まるみえ読本》　田波伊知郎　技術評論社
《わかりやすい図解コミュニケーション術》篠沢晃治　講談社（新書）
《「視聴率の怪物」プロデューサー現場発想力》　王東順　品川裕香　講談社（新書）
《アナウンサー私が絶対してあげる!》　高野美穂　東邦出版株式会社
《テレビニュースの社会学》伊藤守　編　世界思想社
《テレビニュースは終わらない》金平茂紀　集英社新書

后　记

作为国内首部有关出镜记者现场报道的书籍，此书细致总结了出镜记者现场报道的形式、种类、不同新闻现场的报道要素，诸多理论概念皆是首次提出。书中出镜记者现场报道的文稿内容，是本人从2000年起在日留学、回国任教、在日作访问学者近七年间所收集的上百个小时的新闻视频资料中节选出来的。资料翔实、内容丰富是本书一大特点。

本书虽然经过多次修改，但由于本人水平有限，书中难免有不妥之外，敬请专家和读者批评指证。

谨以此书悼念已故日本关西大学田宫武教授。

感谢大石准一教授、黑田勇教授。

感谢中国传媒大学播音主持艺术学院院长鲁景超教授、副院长陈京生教授、李红岩副教授为我完成此书提供出国学习研究的条件。

感谢吴郁老师。

感谢高子如老师，她对本书的指导和帮助，保证了此书最终顺利出版。她的温柔细语平复了我写作时的急躁心理。

作者

2007年11月

于日本关西大学社会学部特别研究室